suhrkamp taschenbuch
wissenschaft 106

Talcott Parsons, geb. 1902, ist seit 1944 Professor an der Harvard University.
Parsons' Analyse verschiedener historischer Gesellschaften zeigt, daß die fundamentalen Gesellschaftstypen multiple und variable Ursprünge in den frühen Phasen der Evolution haben. Daher ist es nicht notwendig, einen einzigen primitiven Ursprung aller intermediären Gesellschaften zu postulieren, auch wenn man Faktoren wie etwa die unabhängige Legitimation und Stratifikation von Kultur als notwendige Bedingungen aller intermediären Gesellschaften voraussetzt. Die Bedeutung solcher Variationen auf allen Entwicklungsstufen kann, meint Parsons, nur durch eine analytische Theorie der variablen Faktoren und Komponenten adäquat erfaßt werden. Die eindrucksvolle Entwicklung dieser Theorie seit Spencers Zeiten erlaubt Parsons, ein viel anspruchsvolleres Evolutionsschema zu entwerfen als es damals möglich war.

# Talcott Parsons
# Gesellschaften

Evolutionäre und
komparative Perspektiven

Suhrkamp

Titel der Originalausgabe:
Societes. Evolutionary and Comparative Perspectives.
© Copyright 1966 by Prentice-Hall, Inc.,
Englewood Cliffs, New Jersey
Aus dem Amerikanischen von Nils Thomas Lindquist

suhrkamp taschenbuch wissenschaft 106
Erste Auflage 1975
© der deutschen Ausgabe Suhrkamp Verlag,
Frankfurt am Main 1975
Suhrkamp Taschenbuch Verlag
Alle Rechte vorbehalten, insbesondere das des
öffentlichen Vortrags, der Übertragung durch
Rundfunk oder Fernsehen und der Übersetzung, auch einzelner Teile.
Satz: Libripresse, Kriftel/Ts.
Druck: Nomos, Baden-Baden.
Printed in Germany.
Umschlag nach Entwürfen
von Willy Fleckhaus und Rolf Staudt.

# Inhalt

Vorwort .................................................. 7

I   Das Studium der Gesellschaft ......................... 9
II  Der Begriff der Gesellschaft: seine Komponenten
    und deren Verhältnis zueinander ...................... 14
    *Das allgemeine begriffliche Schema des Handelns* .... 14
    *Der Begriff des Sozialsystems* ...................... 17
    *Der Begriff der Gesellschaft* ....................... 19
    *Die gesellschaftliche Gemeinschaft und ihre Milieus* . 21
    *Gesellschaftliche Gemeinschaft und Selbständigkeit* .. 31
    *Die strukturellen Komponenten von Gesellschaften* .... 34
    *Prozeß und Veränderung* ............................. 36
    *Ein Paradigma der evolutionären Veränderung* ........ 39
    *Die Differenzierung der Subsysteme der Gesellschaft* . 43
    *Stufen der Evolution von Gesellschaften* ............ 46
    *Tabelle 1: Subsysteme des Handelns* ................. 50
    *Tabelle 2: Die gesellschaftliche Gemeinschaft und ihre Milieus* .. 52
III Primitive Gesellschaften ............................. 54
    *Die Komponenten der primitiven Gesellschaft* ........ 57
    *Die primitive Gesellschaft der Ureinwohner Australiens* .. 62
    *Der Übergang zum »fortgeschrittenen« primitiven Typus* .. 71
    *Typen fortgeschrittener primitiver Gesellschaften* .. 80
IV  Archaische Gesellschaften ............................ 85
    *Das alte Ägypten* ................................... 88
    *Die mesopotamischen Imperien* ....................... 101
V   Die »historischen« intermediären Imperien ............ 111
    *China* .............................................. 114
    *Indien* ............................................. 123
    *Die islamischen Reiche* ............................. 130
    *Das römische Reich* ................................. 137
VI  Zwei »Saatbett«-Gesellschaften:
    Israel und Griechenland .............................. 149
    *Israel* ............................................. 151
    *Griechenland* ....................................... 160
VII Schluß ............................................... 168

Anmerkungen .............................................. 178
Ausgewählte Literaturhinweise ............................ 195

# Vorwort

Als der Autor vom Herausgeber der Reihe *Foundations of Modern Sociology*, Alex Inkeles, gebeten wurde, einen Band beizusteuern, der sich mit der Gesamtgesellschaft als einem sozialen System befassen sollte, da war dies eine verlockende Aufgabe, doch eine, die sich auch als unerwartet schwierig erwies. Es verstand sich von selbst, daß die Perspektive des Buches eine komparative sein sollte, daß die theoretischen Werkzeuge der Soziologie eingesetzt werden sollten, um nicht nur die zwischen verschiedenen Teilen ein und derselben Gesellschaft bestehenden Verbindungen und die Kräfte, welche den Wandel ihrer Struktur bewirken, sondern auch die Variationen des Typus zu untersuchen, die zwischen verschiedenen Gesellschaften bestehen.

Die Entscheidung für ein komparatives Vorgehen stellte unmittelbar die Forderung, auf die gesellschaftliche Evolution einzugehen, und dies wurde als eine Verpflichtung akzeptiert, die korrekterweise nicht umgangen werden konnte – vor allem weil das neuerlich zunehmende Interesse der Sozialwissenschaftler für komparative Probleme und die daraus resultierende umfangreiche Forschungsliteratur die Fragen der Evolution mit neuer Bestimmtheit und Dringlichkeit aufgeworfen haben. Dies wurde auch durch neue Bestrebungen zur Vereinheitlichung der Wissenschaftstheorie – in diesem Fall besonders zwischen Biologie und Sozialwissenschaft – stimuliert.

Diese Entscheidungen warfen schwerwiegende Probleme hinsichtlich der Auswahl des empirischen Materials und seiner theoretischen Anordnung und Analyse auf. Um diesen Problemen einigermaßen »gerecht« zu werden, wäre eine sehr umfangreiche Abhandlung, wahrscheinlich von mehreren Bänden, erforderlich. Die starke räumliche Beschränkung der in dieser Reihe vorgelegten Bände schließt dergleichen aus. Gleichwohl ging der erste vollständige Entwurf weit über diese Grenzen hinaus; der Herausgeber und der Verleger waren freundlicherweise damit einverstanden, das Material – entsprechend geordnet – auf zwei Bände der Reihe zu verteilen. Die Aufteilung erfolgte unter dem Gesichtspunkt der Evolutionsstufen. Den vorliegenden Band wird daher ein Überblick über die wichtigsten als »fortgeschritten intermediär« klassifizierten Gesellschaften abschließen, zu denen auch die beiden in Kapitel 6 als »Saatbett«-Gesellschaften bezeichneten, nämlich das alte Israel und das klassische Griechenland, gehören. Darauf wird ein Band mit dem Titel *System of Modern Societies* [deutsch: Das System moderner Gesellschaften, München 1972] folgen, der ein System behandelt, das nur an einem Ort und zu einer Zeit, nämlich in Europa am Ausgang des Mittelalters, entstand, wenngleich seine fundamentalen Strukturen sich heute auch außerhalb Europas verbreiten. Die beiden Bände sind als genügend unabhängig voneinander geplant, so daß jeweils einer ohne Heranziehung des anderen gelesen werden kann. Die allgemeineren Gedanken des Autors über das Problem der komparativen und evolutionären Analyse von Gesellschaften sind jedoch am besten durch die Lektüre beider Bände zu verstehen.

Ein jedes Unternehmen dieser Art, besonders wenn es sich über einige Zeit erstreckt, beinhaltet notwendig über den Anteil des Autors hinaus wichtige kritische Beiträge von anderer Seite. Alex Inkeles, der Herausgeber der Reihe, war stets verständnisvoll und hilfsbereit, was auch für die übrigen Mitarbeiter von *Prentice-Hall, Inc.*, gilt, mit denen ich es zu tun hatte. Eine weitere wichtige Dankesschuld erkenne ich gegenüber Miss Constance Barron an, die als meine Sekretärin die Hauptverantwortung für die Bearbeitung des Manuskripts trug. Besonders verpflichtet bin ich aber Victor M. Lidz für seine gänzlich unentbehrlichen Dienste als mein wissenschaftlicher Assistent, der den größten Teil der Literatur sichtete und sortierte. In langen Diskussionen über empirische und theoretische Probleme hat er sehr viel zur Klärung und Systematisierung der Analyse beigetragen. Schließlich redigierte er das gesamte Manuskript im Hinblick auf Klarheit des Ausdrucks und Stil. Ohne seine Hilfe hätte dieses Buch auch nicht annähernd in der vorliegenden Form geschrieben werden können.

*Talcott Parsons*

# I.
# Das Studium der Gesellschaften

Die Buchreihe »Foundations of Modern Sociology«, zu der dieser Band gehört, befaßt sich unter verschiedenen Gesichtspunkten und auf verschiedenen Ebenen mit Gesellschaften und ihren konstituierenden Bestandteilen. Einige Bände befassen sich primär mit kleineren konstituierenden Elementen, wie etwa der Familie oder der Gemeinde, andere mit speziellen Gegenständen, wie etwa Theorie und Methoden der Wissenschaft. Der vorliegende Band nimmt insofern eine extreme Position ein, als er die umfassendste von Soziologen untersuchte Einheit, nämlich die Gesamtgesellschaft behandelt. Selbstverständlich gibt es eine immense Vielfalt von Gesellschaftstypen, von den sehr kleinen primitiven Gesellschaften bis hin zu den neuen übernationalen Gesellschaften der Vereinigten Staaten und der Sowjetunion. Außerdem gibt es auch auf gleicher Entwicklungsstufe einen breiten Spielraum von Variationen, etwa von den rigiden Zuordnungen des traditionellen indischen Kastensystems bis hin zur relativen Offenheit und Mobilität des chinesischen Reiches. Mit diesem Essay wollen wir versuchen, eine gewisse Ordnung in den sehr komplexen Sachverhalt zu bringen.

Die Behandlung von Gesellschaften als Ganzen erschöpft keineswegs die Möglichkeiten der empirischen Anwendung des Begriffs Sozialsystem. Viele Sozialsysteme wie Gemeinden, Schulen, Firmen und verwandtschaftliche Gruppen sind nicht Gesellschaften, sondern eher Subsysteme einer Gesellschaft. Auch können in einer hinreichend realistischen Welt viele Sozialsysteme, die in bezug auf den Begriff Gesellschaft »Teil«-Systeme sind, Bestandteile von mehr als einer Gesellschaft sein. Die einfachsten Beispiele repräsentieren eine sich wechselseitig durchdringende Mitgliedschaft. So wird eine Kernfamilie, wenn sie auswandert, schrittweise zu einer strukturellen Einheit der Gesellschaft, in die sie eintritt. Doch viele Verwandte bleiben im »Heimatland«. Zusammen mit der auswandernden Familie konstituieren sie zweifellos Sozialsysteme, welche zwei oder mehr Gesellschaften durchdringen oder überlagern. Dasselbe gilt für Unternehmen, Berufsverbände, Kirche und andere Organisationen, die in zwei oder mehr Ländern »Filialen« unterhalten. In gewissem Sinn ist eine Gesellschaft schließlich nicht das umfassendste Sozialsystem, sondern sie ist Teil eines noch größeren internationalen oder intersozietären Systems.

Der Begriff Gesellschaft wird im nächsten Kapitel ausführlicher diskutiert. Für den Augenblick genügt die Feststellung, daß eine Gesellschaft der relativ selbständigste Typ eines Sozialsystems ist. Eine Gesellschaft vereinigt in sich mehr Voraussetzungen der unabhängigen Existenz als etwa Einheiten wie das Unternehmen, das zu spezialisiert ist, oder die »Christenheit«, die zu locker organisiert ist, um gemeinsam als eine einzige Gesellschaft zu funktionieren. Daher sind die Einheiten einer Gesellschaft, insofern sie differenziert oder segmentiert sind, stärker von anderen Einheiten derselben Gesellschaften als von den Einheiten anderer Gesellschaften abhängig.

Aus Gründen, die im folgenden diskutiert werden, ist eine Gesellschaft in erster Linie, wie Roscoe Pound feststellt, »politisch organisiert«. Sie muß Loyalität gegenüber einem Gemeinschaftsgefühl sowie gegenüber einer »korporativen Agentur« der Art, die wir üblicherweise als Regierung bezeichnen, aufweisen, und sie muß auf einem bestimmten Territorium eine relativ effektive normative Ordnung etablieren.

Bei unserer Untersuchung der Gesellschaften werden wir uns sowohl von einer evolutionären als auch von einer komparativen Perspektive leiten lassen. Erstere begreift den Menschen als integralen Bestandteil der organischen Welt und meint die menschliche Gesellschaft und Kultur zweckmäßigerweise mit Hilfe eines dem Lebensprozeß angemessenen Begriffsrahmens analysieren zu können. Ob das Adjektiv »biologisch« benutzt wird oder nicht – es ist eine feststehende Tatsache, daß das Evolutionsprinzip auf die Welt des Lebenden Anwendung findet. Hierzu gehört auch der soziale Aspekt des menschlichen Lebens. Fundamentale Begriffe der organischen Evolution wie Variation, Auslese, Anpassung, Differenzierung und Integration sind, wenn sachgemäß an den sozialen und kulturellen Gegenstand angepaßt, zentrale Bestandteile unserer Terminologie.

Wie die organische Evolution, so schritt auch die soziokulturelle Evolution durch Variation und Differenzierung von einfachen zu immer komplexeren Formen fort. Im Gegensatz zu manchen früheren soziologischen Auffassungen fand dieser Fortschritt jedoch nicht in einer einzigen, scharf definierbaren Linie statt, sondern entwickelte auf jeder Stufe eine breite Vielfalt verschiedener Formen und Typen.[1] Gleichwohl zeigt ein längerfristiger Überblick, daß Lebensformen, die auf bestimmten Entwicklungsstufen und unter bestimmten Umständen gleich lebensfähig waren, hinsichtlich ihrer Möglichkeiten einer weiteren evolutionären Entwicklung nicht gleich waren. Dennoch ist die ungeheure Vielfalt der menschlichen Verhaltensformen eine der wichtigsten Tatsachen der *conditio humana*.

Betrachten wir die Dinge so, dann ergeben sich vier interdependente, wiewohl in mancher Hinsicht unabhängige Aspekte der theoretischen Problematik. Erstens, wir müssen das allgemeine Begriffsschema des Sozialsystems benutzen, das aller soziologischer Analyse zugrunde liegt, unabhängig von der Größe und der funktionalen Bedeutung des betreffenden Systems im Vergleich zu anderen Systemen.

Zweitens, wir müssen jene Probleme der Gesellschaft untersuchen, die sich aus der Tatsache ergeben, daß diese ein Sozialsystem ist, das mehr Verhaltenskontrollen beinhaltet als alle anderen und daher besondere Merkmale besitzt, die eine besondere Analyse erfordern. Unser aktuelles Thema: das Studium der Gesellschaften, ist nicht identisch mit dem Studium sozialer Systeme im allgemeinen.[2]

Drittens, wir müssen uns mit der evolutionären Entwicklung von Gesellschaften – sowohl insgesamt als auch ihrer wichtigsten strukturellen Bestandteile – befassen. Wir befassen uns mit den Sequenzen der sich verändernden Strukturformen, welche Gesellschaften im Lauf ihrer Evolution als soziale Systeme charakterisieren, und – soweit die Beschränktheit unseres Wissens wie auch des uns zur Verfügung stehenden Raumes es erlaubt – mit jenen Prozessen, mittels derer die Übergänge stattfanden. Wir hoffen, in dieser Hinsicht gewisse, einigermaßen kohärente Ordnungsformen nachweisen zu können.

Und schließlich müssen wir auch die Variabilität als ein von der Frage der Evolutionsstufe und -sequenz unterschiedenes – wenn auch mit ihr interdepentes – Problem erörtern. Die bloße Tatsache, daß das kulturelle, physische, biologische, psychologische und soziale Milieu von Gesellschaften, wie auch von anderen sozialen Systemen, in hohem Maß variabel ist, begründet hinreichend die Erwartung, daß die Gesellschaften, da sie sowohl mit diesen Milieufaktoren interdependent als auch autonom sind, ebenfalls erheblich variieren. Der Versuch, die auf verschiedenen Entwicklungsstufen festgestellten Variationen zu spezifizieren, die Feststellung der Gründe für diese sowie ihre weiteren Entwicklungsmöglichkeiten sind wesentliche Bestandteile einer solchen Untersuchung.

Im nächsten Kapitel werden wir ein sehr allgemeines – und provisorisches – Schema entwerfen, das die Evolution von Gesellschaften in (bislang) drei Stufen unterteilt: die primitive, die intermediäre und die moderne. In diesem Buch wird im wesentlichen nur die Analyse der ersten beiden Kategorien behandelt. Außerdem werden wir uns vor allem mit den intermediären Gesellschaften befassen, zum einen weil sie breitere und bedeutsamere Variationen als die primitiven Gesellschaften aufweisen, zum anderen weil unsere Nachbardisziplin, die Sozialanthropologie, die primitiven Gesellschaften so ausführlich und eingehend untersucht hat. Die anthropologischen Studien, welche die primitiven Gesellschaften mit Hilfe einer komparativen und evolutionären Methode untersuchen, sind zahlreich. Doch die intermediären Gesellschaften wurden vor allem von Archäologen, Historikern, Linguisten und anderen spezialisierten Wissenschaftlern untersucht, denen es mehr um einzelne Zivilisationen oder einzelne Aspekte der sozio-kulturellen Struktur als um ganz allgemeine Vergleiche ging.

Der Verfasser bereitet ein Buch mit dem Titel *The System of Modern Societies* vor, das sich an das vorliegende anschließen und ebenfalls in der Reihe *Foundations of Modern Sociology* erscheinen soll; die beiden Bände sind so konzipiert, daß sie je einzeln zu lesen sind, doch beide befassen sich – sehr weitgehend – mit *einem* allgemeinen empirischen Problem. Daher mag es für jene, die beide Bände lesen werden, nützlich sein, hier gewisse Merkmale dieses Problems explizit darzustellen. Auch wird dies dazu beitragen, die Gründe für die Aufteilung der allgemeinen Überlegungen zur sozialen Evolution in zwei Bände zu verdeutlichen.

Der Verfasser ist der Meinung, daß die wichtigsten Organisationsformen von Gesellschaften jenes Typs, der zu Recht als modern zu bezeichnen ist, auf einen gemeinsamen Ursprung zurückgehen. Für die westeuropäischen Gesellschaften liegt dieser Ursprung in ihrer Entwicklung aufgrund der nach dem Niedergang des weströmischen Reiches entstandenen mittelalterlichen Basis. Insofern beruhen die wichtigsten Strukturmerkmale anderer moderner Gesellschaften auf einer von diesem Ursprung ausgehenden Diffusion, wenngleich sie häufig sehr wichtige strukturelle

Innovationen (Variationen) aufweisen, die sich in den älteren westeuropäischen Systemen nicht finden. Die am weitesten »entwikkelten« dieser Gesellschaften sind die USA und die UdSSR, deren europäische Ursprünge evident sind, und Japan, dessen Modernisierung eindeutig eine Reaktion auf den Einfluß des europäisch-amerikanischen Systems war, auch wenn einheimische Elemente einen wichtigen Einfluß gehabt haben mochten.

Diese These, welche die Einzigartigkeit der ursprünglichen Entwicklung des modernen westlichen Gesellschaftstyps postuliert, wirft für einen Wissenschaftler, der Teil des Systems ist, das er zu bewerten sucht, gewisse Probleme der Objektivität auf. Wie dem auch sei, unser Insistieren auf der Tatsache des gemeinsamen Ursprungs bietet auch eine Möglichkeit, die wichtigsten modernen Gesellschaften so aufzufassen, als bildeten sie ein System, d. h. ein extensiveres und differenzierteres System als jede einzelne Gesellschaft.

Die Spielarten der primitiven und intermediären Gesellschaften lassen sich offenbar nicht allgemein und sinnvoll so auffassen, als bildeten sie größere Systeme im Sinn des modernen Systems. Dieser Unterschied bedingt eine natürliche Zäsur zwischen den thematischen Gegenständen der beiden Bände. Unsere Diskussion der fortgeschritteneren intermediären Gesellschaften folgt daher einer Reihe von Interpretationsfragen, deren Bedeutung Max Weber demonstriert hat.

Das *Maß* an Variation zwischen den fortgeschrittenen intermediären Gesellschaften war sehr hoch – man denke an die Gegensätze zwischen dem chinesischen Reich auf seinem Höhepunkt und dem Kastensystem Indiens, den islamischen Reichen und dem römischen Imperium! All diese Gesellschaften besaßen eine sehr hoch entwickelte Zivilisation. Warum ereignete sich der Durchbruch zur Modernisierung dann nicht in irgendeiner der fortgeschrittenen intermediären Zivilisationen des Orients? Oder umgekehrt gefragt, welche Konstellation von Faktoren bewirkte diesen Durchbruch vor dem Hintergrund der radikalsten strukturellen Regression in der Geschichte bedeutender Gesellschaften – des »Sturzes« des weströmischen Reiches und der Rückkehr seiner Territorien zu mehr oder minder »archaischen« sozialen Zuständen im »dunklen Zeitalter«? Dies ist die historisch-interpretative Perspektive – im Unterschied zu jener der systematischen Theorie–, welche unsere Analyse leiten soll.

## II
## Der Begriff Gesellschaft:
## Seine Komponenten
## und deren Verhältnis zueinander

Wie wir sagten, ist die Gesellschaft ein Sozialsystem besonderer Art. Wir fassen das Sozialsystem als eines der primären Subsysteme des Systems menschlichen *Handelns* auf; wobei die übrigen der Verhaltensorganismus, die Persönlichkeit des Individuums und das kulturelle System sind.[1]

*Das allgemeine begriffliche Schema des Handelns*

Handeln besteht aus den Strukturen und Prozessen, mittels derer Menschen sinnvolle Intentionen entwickeln und diese mehr oder minder erfolgreich in konkreten Situationen verwirklichen. Das Wort »sinnvoll« impliziert die symbolische oder kulturelle Ebene der Repräsentation und Bezugnahme. Intention und Verwirklichung zusammengenommen bedingen eine Disposition des – individuellen oder kollektiven – Systems des Handelns zur Modifikation seines Verhältnisses zur jeweiligen Situation oder Umwelt in einer intendierten Richtung.

Wir bevorzugen den Terminus »Handeln« gegenüber dem Wort »Verhalten«, denn wir interessieren uns nicht für die physischen Vorgänge des Verhaltens um ihrer selbst willen, sondern für ihre Strukturierung und ihre strukturierten sinnvollen (physischen, kulturellen u. a.) Produkte, vom Werkzeug bis hin zum Kunstwerk, und für die Mechanismen und Prozesse, welche diese Strukturierung regieren.

Menschliches Handeln ist »kulturell«, insofern auf Handlungen bezogene Sinnbedeutungen und Intentionen entwickelt werden (einschließlich der Codes, durch welche diese in Strukturen operieren), die sich ganz allgemein auf das universelle Merkmal menschlicher Gesellschaften, die Sprache, konzentrieren.

In gewissem Sinn ist alles Handeln das Handeln von Individuen. Doch sowohl der Organismus als auch das kulturelle System beinhalten wesentliche Elemente, die nicht auf der Ebene des Individuums untersucht werden können.

Für den Organismus ist der strukturelle primäre Bezugspunkt nicht die Anatomie des jeweiligen Organismus, sondern der Spezies-Typus.[2] Selbstverständlich aktualisiert sich dieser Typus nicht selbst, sondern er wirkt über die genetischen Konstitutionen der einmaligen individuellen Organismen, welche sowohl variierende Kombinationen des für die Spezies charakteristischen genetischen Materials als auch die Effekte verschiedener Milieubedingungen darstellen. Doch wie wichtig die individuellen Variationen für die Bestimmung des konkreten Handelns auch sein mögen, es sind die gemeinsamen Strukturen großer menschlicher Gruppen – einschließlich ihrer Differenzierung in zwei Geschlechter –, welche das massive organische Substrat des Handelns bilden.

Es wäre nicht richtig zu sagen, daß die genetische Konstitution eines Organismus durch Milieueinflüsse modifiziert wird. Vielmehr umfaßt die genetische Konstitution eine allgemeine »Orientierung«, welche sich, während sie in der Lebenszeit des Organismus mit Milieufaktoren interagiert, zu spezifischen anatomischen Strukturen, physiologischen Mechanismen und Verhaltensmustern entwickelt. Die Milieufaktoren lassen sich analytisch in zwei Kategorien unterteilen: erstens jene, die für die nicht-hereditären Elemente des physischen Organismus verantwortlich sind; und zweitens jene, die für die gelernten Elemente der Verhaltenssysteme verantwortlich sind – und auf diese letztere Kategorie müssen wir unser Interesse konzentrieren. Gewiß mag ein Organismus fähig sein, in einem unmittelbaren Milieu ohne andere sich verhaltende Organismen zu lernen, doch die Theorie des Handelns befaßt sich primär mit jenem Lernen, bei dem andere Organismen der gleichen Spezies den wichtigsten Bestandteil des allgemeinen Milieus bilden.

Die symbolisch *organisierten* kulturellen Formen sind sicher, wie auch alle anderen Komponenten lebender Systeme, durch Evolution entstanden. Doch die linguistische Stufe ihrer Entwicklung beim Menschen ist ein ausschließlich dem Menschen eigenes Phänomen. Die Fähigkeit, Sprache zu lernen und zu gebrauchen, beruht eindeutig auf der besonderen genetischen Konstitution des Menschen, was auch das Scheitern von Versuchen zeigt, sie anderen Arten (besonders den Primaten und »sprechenden« Vögeln) beizubringen.[3] Doch nur diese allgemeine Fähigkeit ist genetisch bestimmt, *nicht* aber die spezifischen symbolischen Systeme, die durch spezifische menschliche Gruppen tatsächlich gelernt, verwendet oder entwickelt werden.

Hinzu kommt, daß trotz der großen Fähigkeit menschlicher Organismen, zu lernen und sogar kulturelle Elemente hervorzubringen, kein Individuum ein kulturelles System erschaffen kann. Die wichtigsten Formen kultureller Systeme verändern sich nur über Zeiträume von mehreren Generationen hinweg und sind *stets* relativ großen Gruppen gemeinsam; niemals sind sie das besondere Merkmal eines oder einiger Individuen. Sie werden daher immer vom Individuum gelernt, das nur ganz marginale kreative (oder destruktive) Beiträge zu dieser Veränderung leisten kann. Die allgemeineren kulturellen Formen bilden also strukturell sehr stabil verankerte Systeme des Handelns, analog denen, welche das genetische Material des Spezies-Typus bilden, und diese zentrieren sich um gelernte Elemente des Handelns, genau wie die Gene sich um die vererblichen Elemente zentrieren.[4]

Innerhalb der Grenzen, die einerseits durch den genetischen Spezies-Typus und andererseits durch die Formung der Kultur gesetzt sind, liegt für bestimmte Individuen und Gruppen die Chance, unabhängig strukturierte Verhaltenssysteme zu entwickeln. Weil der Handelnde genetisch ein Mensch ist, und weil sein Handeln im Kontext eines bestimmten kulturellen Systems stattfindet, hat sein gelerntes Verhaltenssystem (das ich seine Persönlichkeit nenne) mit anderen Persönlichkeiten bestimmte Merkmale gemeinsam – z. B. die Sprache, die er gewöhnlich spricht. Zugleich sind sein Organismus und sein – physisches, soziales und kulturelles – Milieu stets in mancher Hinsicht einmalig. Daher ist sein Verhaltenssystem eine *einmalige Variante* der Kultur und ihrer jeweiligen Formen des Handelns. Es ist also wichtig, das Persönlichkeitssystem als nicht reduzierbar auf den Organismus oder die Kultur aufzufassen; *was* gelernt wird, ist weder Bestandteil der »Struktur« des Organismus im üblichen Sinn noch ein Merkmal des kulturellen Systems. Es stellt ein *analytisch unabhängiges System* dar.[5]

Obgleich der Prozeß der sozialen Interaktion eng mit den Persönlichkeiten der interagierenden Individuen und den Formen des kulturellen Systems verwoben ist, bildet er ein viertes System, das analytisch sowohl von persönlichen und kulturellen Systemen als auch vom Organismus unabhängig ist.[6] Diese Unabhängigkeit zeigt sich am deutlichsten in bezug auf die Erfordernisse der Integration, die für Systeme sozialer Beziehungen wegen ihres inhärenten Konflikt- und des Organisationspotentials gelten. Dieser Sachverhalt ist als das *Problem der Ordnung* in der Gesellschaft bekannt, das in klassischer Form von Thomas Hobbes formuliert wurde.[7] Das System der Interaktion konstituiert das Sozialsystem – das Subsystem des Handelns, mit dem dieses Buch sich primär befaßt.

Die obige Klassifikation der vier sehr allgemeinen Subsysteme des menschlichen Handelns – Organismus, Persönlichkeit, Sozialsystem und kulturelles System – ist die Anwendung eines allgemeinen Paradigmas, das auf das ganze Gebiet des Handelns anwendbar ist und das ich im folgenden zur Analyse sozialer Systeme verwenden werde. Dieses Paradigma untersucht *jegliches System* des Handelns hinsichtlich der folgenden vier funktionalen Kategorien: (1) alles, was mit der Aufrechterhaltung der höchsten »regierenden« oder kontrollierenden Formen des Systems zu tun hat; (2) die innere Integration des Systems; (3) seine Ausrichtung auf das Erreichen von Zielen in bezug auf sein Milieu; (4) seine allgemeinere Anpassung an die generellen Bedingungen des Milieus – z. B. Nicht-Handeln, physisches Milieu. Innerhalb der Systeme des Handelns sind kulturelle Systeme auf die Funktion der Erhaltung von Formen, Sozialsysteme auf die Integration der handelnden Einheiten (menschliche Individuen oder, genauer gesagt, Persönlichkeiten, die Rollen spielen), Persönlichkeitssysteme auf das Erreichen von Zielen und der Verhaltensorganismus auf die Anpassung spezialisiert (siehe Tabelle 1).

*Der Begriff des Sozialsystems*

Da das Sozialsystem durch die Interaktion menschlicher Individuen entsteht, ist jedes seiner Mitglieder *sowohl Handelnder* (der Ziele, Ideen, Attitüden usw. hat) *als auch Objekt* der Orientierung für andere Handelnde wie für es selbst. Das Interaktionssystem ist also ein *analytischer Aspekt*, der von der Gesamtheit der Prozesse des Handelns der Teilnehmer *abstrahiert* werden kann. Zugleich sind diese »Individuen« auch Organismen, Persönlichkeiten und Teilnehmer an kulturellen Systemen.

Wegen dieser wechselseitigen Durchdringung konstituiert jedes der drei übrigen Systeme des Handelns (Kultur, Persönlichkeit,

Verhaltensorganismus) einen Teil des Milieus – oder, wie wir sagen könnten, *ein* Milieu – eines Sozialsystems. Jenseits dieser Systeme liegen die Milieus des Handelns selbst, sie stehen über oder unter der allgemeinen Hierarchie jener Faktoren, welche das Handeln in der Welt des Lebenden kontrollieren. Diese Beziehungen sind in Tabelle 1 dargestellt.

Unterhalb des Handelns befindet sich in der Hierarchie das physisch-organische Milieu, zu dem auch die sub-humanen Arten von Organismen und die »nicht-verhaltensmäßigen« Komponenten menschlicher Organismen gehören. Dies ist eine besonders wichtige Grenze des Handelns, denn als Menschen kennen wir die physische Welt *nur* durch die Organismen. Unser Verstand besitzt keine direkte Erfahrung von einem äußeren physischen Objekt, solange wir nicht durch physische Prozesse und die »Prozesse« unseres Gehirns Informationen darüber erhalten. Doch im psychologisch bekannten Sinn sind physische Objekte Aspekte des Handelns.

Im Prinzip gelten ähnliche Überlegungen auch für das über dem Handeln gelegene Milieu – die »letzte Realität«, mit der wir es schließlich zu tun haben, wenn wir uns mit dem auseinandersetzen, was Max Weber als die Probleme des »Sinns« bezeichnete – z. B. Krankheit und Leiden, die zeitliche Beschränkung des menschlichen Lebens und dergleichen. Auf diesem Gebiet sind die »Ideen«, ähnlich wie die kulturellen Objekte, in gewissem Sinn symbolische »Repräsentationen« (z. B. Vorstellungen über Götter, Totems, das Übersinnliche) der letzten Realitäten, doch sie sind selbst keine solchen Realitäten.

Es ist ein fundamentales Prinzip der Organisation lebender Systeme, daß ihre Strukturen sich hinsichtlich der verschiedenen, ihnen von ihrem jeweiligen Milieu auferlegten Notwendigkeiten differenzieren. So sind die biologischen Funktionen der Atmung, der Nahrungsaufnahme und Ausscheidung, der Fortbewegung und der Informationsverarbeitung die Grundlagen unterschiedlicher Organsysteme, deren jedes auf die Notwendigkeit gewisser Beziehungen zwischen dem Organismus und seinem Milieu spezialisiert ist. Wir werden dieses Prinzip zur Organisation unserer Analyse sozialer Systeme verwenden.

Wir wollen die sozialen Systeme in ihrem Verhältnis zu ihrem jeweils wichtigsten Milieu untersuchen. Ich behaupte, daß die Differenzierungen zwischen den drei neben dem sozialen bestehenden

Subsystemen des Handelns – dem kulturellen System, dem Persönlichkeitssystem und dem Verhaltensorganismus – sowie die Verschränkung von zweien von ihnen mit den beiden Milieus des gesamten Systems des Handelns sehr wichtige Bezugspunkte für die Analyse der zwischen sozialen Systemen bestehenden Unterschiede sind. Das heißt, ich werde meine Analyse aufgrund der fundamentalen Beziehungen zwischen System und Milieu, wie Tabelle 1 sie zeigt, entwickeln.

Unter dem funktionalen Gesichtspunkt unseres Paradigmas ist das Sozialsystem das integrative Subsystem des Handelns im allgemeinen. In bezug auf dieses bilden die drei übrigen Subsysteme des Handelns primäre Milieus. Bei der Analyse von Gesellschaften oder anderen Sozialsystemen kann also obiges Prinzip angewandt werden. Wir werden feststellen, daß drei der primären Subsysteme der Gesellschaft (Tabelle 2, Spalte III) funktional auf ihre Interrelationen mit den drei primären Milieus eines Sozialsystems spezialisiert sind (Tabelle 2, Spalte IV), wobei jedes in direkter Beziehung zu einem dieser Milieus steht. Jedes dieser drei gesellschaftlichen Subsysteme kann auch als ein eigenes Milieu des Subsystems aufgefaßt werden, welches das integrative Kernstück der Gesellschaft ist (Tabelle 2, Spalte II). Diese *doppelte* Bedeutung des funktionalen Paradigmas werden wir durchweg beim Entwurf unseres allgemeinen theoretischen Schemas sowie bei der Analyse einzelner Gesellschaften in den folgenden Kapiteln anwenden.[8]

### Der Begriff der Gesellschaft

Zur Definition einer Gesellschaft können wir ein Kriterium verwenden, das mindestens bis auf Aristoteles zurückgeht. Eine Gesellschaft ist ein Typus des Sozialsystems innerhalb eines Universums sozialer Systeme, welches als System den höchsten Grad der Selbständigkeit in bezug auf sein Milieu erreicht.

Diese Definition bezieht sich auf ein abstrahiertes System, für das die anderen, ähnlich abstrahierten Subsysteme des Handelns die primären Milieus sind. Diese Auffassung unterscheidet sich deutlich von unserer alltäglichen Vorstellung, daß die Gesellschaft sich aus konkreten menschlichen Individuen zusammensetzt. Die Organismen und die Persönlichkeiten der Mitglieder der Gesellschaft gehörten demnach zu dieser Gesellschaft und wären nicht Teil ihres Milieus. Wir können die Vorzüge dieser beiden Auffassungen von Gesellschaft hier nicht gegeneinander abwägen, doch der Leser muß sich darüber klar sein, welche in diesem Buch verwendet wird.

Dies vorausgesetzt, läßt das Kriterium der Selbständigkeit sich in fünf Unterkriterien unterteilen, deren jedes sich auf eines der fünf Milieus sozialer Systeme – die letzte Realität, kulturelle Systeme, Persönlichkeitssysteme, Verhaltensorganismen sowie das physisch-organische Milieu – bezieht. Die Selbständigkeit einer Gesellschaft ist eine Funktion der ausgeglichenen Kombination ihrer Kontrolle über ihr jeweiliges Verhältnis zu diesen fünf Milieus und ihres eigenen Zustands der inneren Integration.

Wir sprachen von einer Hierarchie der Kontrolle, welche die Interrelationen der analytisch unterschiedenen Systeme organisiert. Dazu gehört der kybernetische Aspekt der Kontrolle, durch welchen Systeme mit hohem Informationsgehalt, aber geringer Energie andere Systeme mit stärkerer Energie, aber geringerem Informationsgehalt zu regulieren vermögen (Tabelle 1, Spalte V).[9] So kann eine programmierte Sequenz mechanischer Operationen (z. B. in einer Waschmaschine) durch einen Zeitschalter kontrolliert werden, der, verglichen mit der Energie, welche die beweglichen Teile der Maschine treibt und oder das Wasser erhitzt, sehr wenig Energie verbraucht. Ein anderes Beispiel ist das Gen und seine Kontrolle über die Proteinsynthese und andere Aspekte des Stoffwechsels der Zellen.

Das kulturelle System strukturiert Verpflichtungen gegenüber der letzten Realität zu sinnvollen Orientierungen im Hinblick auf das restliche Milieu und das System des Handelns, die physische Welt, die Organismen, Persönlichkeiten und sozialen Systeme. Im kybernetischen Sinn sind diese am stärksten innerhalb des Systems des Handelns, als nächstes folgt das Sozialsystem, und Persönlichkeit und Organismus bleiben erheblich darunter. Das physische Milieu ist letzte Realität im konditionalen zum Unterschied vom organisationalen Sinn. Insofern physische Faktoren nicht durch kybernetische Systeme höherer Ordnung kontrollierbar sind, müssen wir uns an diese anpassen, oder das menschliche Leben verschwindet. Ein vertrautes Beispiel bietet die Abhängigkeit des Menschen von Sauerstoff, Nahrung, erträglichen Temperaturen usw.

Wegen unserer breiten evolutionären Perspektive werden wir uns unter den nicht-sozialen Subsystemen des Handelns hauptsächlich mit dem kulturellen System befassen. Bedingt durch eine Entwicklung über lange Zeiträume und unter stark variierenden Umständen, entstehen Formen der sozialen Organisation mit zunehmenden Fähigkeiten zur Anpassung. Hinsichtlich ihrer allgemeinen Merkmale tendieren sie dazu, in abnehmendem Maß größeren Veränderungen durch enge, partikularisierte, konditionale Ursachen unterworfen zu sein, welche sich über spezifische physische Bedingungen oder individuelle organische oder Persönlichkeits-Unterschiede auswirken. In den fortgeschritteneren Gesellschaften kann die Variationsbreite der individuellen Persönlichkeit sogar zunehmen, während die Struktur und die Prozesse der Gesellschaft weniger abhängig von individuellen Idiosynkrasien werden. Daher müssen wir uns den Strukturen höherer kybernetischer Ordnung – dem kulturellen System unter den Milieus der Gesellschaft – zuwenden, um die wichtigsten Ursachen tiefgreifender Veränderungen zu untersuchen.

### *Die gesellschaftliche Gemeinschaft und ihre Milieus*[10]

Das Kernstück einer Gesellschaft, als System, ist die geformte normative Ordnung, welche das Leben einer Population kollektiv organisiert. Als Ordnung enthält es Werte sowie differenzierte und partikularisierte Normen und Regeln, die sämtlich, um sinnvoll und legitim zu sein, kultureller Bezüge bedürfen. Als Kollektivität zeigt es eine geformte Konzeption der Mitgliedschaft, die zwischen Individuen, die dazugehörigen, und solchen, die nicht dazugehören, unterscheidet. Probleme, zu denen auch die »Jurisdiktion« des normativen Systems gehört, mögen eine exakte Koinzidenz zwischen dem Status des durch normative Verpflichtungen »Erfaßtseins« und dem Status der Mitgliedschaft verhindern, denn die Durchsetzung eines normativen Systems scheint wesentlich mit der Kontrolle (z. B. durch die »Polizeifunktion«) von Sanktionen verbunden zu sein, die von und gegen Menschen, die tatsächlich auf einem Territorium leben, gehandhabt werden.[11] Solange diese Probleme nicht kritisch werden, kann das gesellschaftliche Kollektiv, wenn erforderlich, effektiv als Einheit handeln, und dies können auch seine verschiedenen Sub-Kollektive.

Diese Entität der Gesellschaft – unter ihrem kollektiven Aspekt –

wollen wir die gesellschaftliche Gemeinschaft nennen. Als solche wird sie sowohl durch ein normatives Ordnungssystem als auch durch Status, Rechte und Verpflichtungen der Mitglieder konstituiert, welche für die verschiedenen Untergruppen innerhalb der Gemeinschaft variieren können. Um zu überleben und sich zu entwickeln, muß die soziale Gemeinschaft die Integrität einer gemeinsamen kulturellen Orientierung aufrechterhalten, die – als Grundlage ihrer gesellschaftlichen Identität – allgemein (wenn auch nicht notwendig uniform oder einstimmig) von ihren Mitgliedern geteilt werden muß. Dieses Problem betrifft ihre Verbindung mit dem untergeordneten kulturellen System. Doch sie muß auch systematisch den konditionalen Notwendigkeiten hinsichtlich der Integration der Organismen (sowie ihrer Beziehungen zum physischen Milieu) und Persönlichkeiten der Mitglieder gehorchen. Zwischen all diesen Faktoren besteht eine komplexe Interdependenz, doch jeder von ihnen ist ein Kristallisationskern für einen bestimmten Typus des sozialen Mechanismus.

Das kulturelle System als Milieu der Gesellschaft[12]

Das zentrale funktionale Erfordernis der Interrelationen zwischen einer Gesellschaft und einem kulturellen System ist die *Legitimation* der normativen Ordnung der Gesellschaft. Legitimationssysteme definieren die Gründe für die Rechte der Mitglieder und für die ihnen auferlegten Beschränkungen. Vor allem, wenn auch nicht ausschließlich, erfordert der Gebrauch der Macht Legitimation. Der hier verwendete Legitimationsbegriff impliziert nicht notwendig das Adjektiv »moralisch« im modernen Sinn. Wohl aber impliziert er, daß es in gewissem Sinn »richtig« ist, wenn etwas in Übereinstimmung mit der institutionalisierten Ordnung geschieht.

Die Funktion der Legimation ist unabhängig von den *operativen* Funktionen eines Sozialsystems. Keine normative Ordnung ist durch sich selbst legitimiert in dem Sinn, daß gebilligte oder verbotene Lebensformen einfach richtig oder falsch wären und keiner Hinterfragung bedürften. Auch ist sie niemals zureichend legitimiert durch die auf den niedrigeren Stufen der Kontrollhierarchie bestehenden Notwendigkeiten – z. B. daß etwas in *spezifischer* Weise geschehen *muß*, weil die Stabilität oder gar das Überleben des Systems auf dem Spiel steht.

Doch das *Maß* der kulturell begründeten Unabhängigkeit der

Legitimationsgründe von spezifischen operativen Mechanismus niedrigerer Ordnung (z. B. demokratische Organisation und ökonomische Märkte) variiert stark von Gesellschaft zu Gesellschaft. Im großen und ganzen ist die Zunahme dieser Unabhängigkeit ein Haupttrend des evolutionären Prozesses, zu dem auch die Differenzierung zwischen kulturellen und gesellschaftlichen Strukturen und Prozessen gehört. Aber welche Stellung ein Legitimationssystem innerhalb dieser Entwicklung auch immer einnimmt, es ist stets angewiesen auf eine – und sinnvoll abhängig von einer – Begründung durch geordnete Beziehungen zu einer letzten Realität. Das heißt, seine Begründung ist immer im gewissen Sinn eine religiöse. In ganz primitiven Gesellschaften gibt es tatsächlich wenig Differenzierung zwischen den allgemeinen Strukturen einer Gesellschaft und ihrer religiösen Organisation. In fortgeschritteneren Gesellschaften involviert die Interrelation sozialer und kultureller Systeme in religiösen und Legitimations-Kontexten hochspezialisierte und komplizierte Strukturen.

Bei der Legitimation der normativen Ordnung einer Gesellschaft stellen die Formen kultureller Werte die unmittelbarste Verbindung zwischen den sozialen und kulturellen Systemen dar. Der Modus der Legitimation ist wiederum in religiösen Orientierungen begründet. In dem Maß, wie kulturelle Systeme sich zunehmend differenzieren, gewinnen jedoch andere kulturelle Strukturen zunehmend unabhängige Bedeutung, besonders die Kunst, die in einer besonderen Beziehung zur Autonomie der Persönlichkeit und zum empirischen kognitiven Wissen steht, welch letzteres auf fortgeschrittener Stufe zur Wissenschaft wird.

Persönlichkeit als Milieu der Gesellschaft

Das Verhältnis einer Gesellschaft zum Persönlichkeitssystem unterscheidet sich radikal von ihrem Verhältnis zum kulturellen System, denn die Persönlichkeit (wie auch der Verhaltensorganismus und das physisch-organische Milieu) steht in der kybernetischen Hierarchie *unter* dem sozialen System. Die Gesellschaft als System sowie jede ihrer konstituierenden Einheiten sind in jedem dieser drei Kontexte Zwangsbedingungen unterworfen – welche andererseits Chancen sind, die genutzt werden können. Verhalten, dessen einer analytischer Aspekt die Sozialsysteme sind, ist unter einem anderen Aspekt stets das Verhalten lebender menschlicher Organismen. Jeder dieser Organismen hat ein bestimmtes Moment der feststehenden Lokalisierung im physischen Raum, das durch bloße physische Bewegung nicht verändert werden kann. Daher darf der ökologische Aspekt der Beziehungen zwischen Individuen und ihren Handlungen nicht vernachlässigt werden. Ähnliche Erwägungen gelten für organische Prozesse sowie für das Funktionieren und die Entwicklung der Persönlichkeit, die beide als Faktoren konkreten Handelns dauernd präsent sind. Die Erfordernisse bezüglich Persönlichkeiten, Verhaltensorganismen und dem physisch-organischen Milieu sind für viele der komplexen, sich überschneidenden Dimensionen der tatsächlichen Organisation und Funktionsweise sozialer Systeme verantwortlich, welche eine sorgfältige Analyse erfordern und dem Sozialwissenschaftler stets Schwierigkeiten bereiten. Das wichtigste funktionale Problem hinsichtlich des Verhältnisses des sozialen Systems zum Persönlichkeitssystem involviert lebenslanges Lernen, Entwickeln und Aufrechterhalten einer adäquaten Motivation zur Partizipation an sozial bewerteten und kontrollierten Formen des Handelns. Umgekehrt muß eine Gesellschaft auch ihre Mitglieder durch solche Formen des Handelns adäquat befriedigen oder belohnen, wenn sie langfristig auf deren Leistungen angewiesen ist, um als System zu funktionieren. Diese Beziehung konstituiert »Sozialisation« – den gesamten Komplex von Prozessen, durch welche Personen zu Mitgliedern der gesellschaftlichen Gemeinschaft werden und diesen Status beibehalten.

Da Persönlichkeit die *erlernte Organisation* des sich verhaltenden Individuums ist, ist der Sozialisationsprozeß immer wesentlich für deren Entstehen und Funktionieren. Die erfolgreiche Sozialisation erfordert, daß das soziale und kulturelle Lernen stark durch das Engagement der Lustmechanismen des Organismus motiviert ist. Daher ist sie auf relativ stabile intime Beziehungen zwischen Kleinkindern und Erwachsenen angewiesen, deren eigene erotische Motive und Beziehungen ebenfalls meist stark engagiert sind. Dieser Komplex von Erfordernissen, die wir seit Freud besser verstehen, ist ein wesentlicher Aspekt des Funktionierens von Verwandtschaftssystemen in allen menschlichen Gesellschaften. Verwandtschaft involviert stets eine Ordnung der erotischen Beziehungen von Erwachsenen, ihres jeweiligen Status im Verhältnis zur präsumptiven Elternschaft, des Status der neuen Generation und der Sozialisationsprozesse selbst.[13] Sie ist ein evolutionär universales

Merkmal, das sich in *allen* Gesellschaften findet, obgleich ihre Formen und Beziehungen zu anderen strukturellen Komplexen erheblich variieren.

Ein Verwandtschaftssystem erfordert eine gewisse stabile Ordnung des täglichen Lebens, welche sowohl organische und psychologische als auch soziale Faktoren enthält. Es ist daher eine Zone der wechselseitigen Durchdringung von Verhaltens-, Persönlichkeits- und sozialen Systemen und den physischen Milieus. Letzteres bedingt die lokale Institutionalisierung des *Wohnorts* sowie die Konstitution der sozialen Einheit, die wir als *Haushalt* bezeichnen. Die Mitglieder des Haushalts sind Menschen, die als Einheit zusammenleben. Es ist ihnen ein bestimmter Standort mit physischen Ordnungen gemeinsam, etwa eine Hütte, ein Haus oder – in befristeten Siedlungen – ein »Lager«. In den meisten Gesellschaften ist es dieser physische und soziale Ort, an dem die Menschen normalerweise schlafen, den größten Teil ihrer Nahrung zubereiten und verzehren und weitgehend ihre formal gebilligte sexuelle Aktivität verrichten. Die Einheit des Haushalts mit all ihren Variationen ist vielleicht die primäre Einheit der Solidarität in sozialen Systemen.

Obgleich die Formen des Erwachsenenstatus stark variieren, schließt er in allen Gesellschaften einen gewissen Grad der autonomen Verantwortung ein. Das Individuum erbringt *Dienstleistungen* in irgendeinem Kontext der kollektiven Organisation. Diese Leistungen werden, infolge eines langen evolutionären Prozesses, in den modernen Gesellschaften primär um die Berufsrolle innerhalb eines Kollektivs mit spezifischen Funktionen oder einer bürokratischen Organisation institutionalisiert. Auf jeden Fall bezieht sich die primäre funktionale Relation zwischen den erwachsenen Individuen und ihren Gesellschaften auf die Beiträge, welche Erwachsene durch ihre Dienstleistungen erbringen, und die Befriedigungen oder Belohnungen, die sie von diesen erhalten. In hinreichend differenzierten Gesellschaften wird die Fähigkeit, Dienste zu leisten, zu einem mobilen Vermögen der Gesellschaft, das durch den Markt mobilisierbar ist. Wenn diese Stufe erreicht ist, können wir Dienstleistungen als einen *Output* des ökonomischen Prozesses ansprechen, der für die »Konsumtion« in nicht-ökonomischen Bereichen zur Verfügung steht.

Bei den meisten Menschen in den meisten Gesellschaften sind Wohnort und Arbeitsplatz nicht voneinander getrennt. Wo eine solche Trennung statthat (vor allem in fortgeschrittenen urbanen Gemeinschaften), konstituieren diese beiden Orte die lokale Achse der Lebensroutine des Individuums. Außerdem müssen die beiden Plätze wechselseitig erreichbar sein – eine funktionale Anforderung, aufgrund deren die ökologische Struktur moderner Städte vor allem entsteht.

Eine Vielzahl funktionaler Beziehungen zwischen Persönlichkeiten und ihren Milieus muß in anderen Kontexten als dem Sozialsystem untersucht werden. Die Verpflichtungen eines Individuums gegenüber Werten und deren Aufrechterhaltung sind primär mit dem kulturellen System verbunden, besonders hinsichtlich seiner durch die Religion gegebenen Interrelation mit der Gesellschaft. Die Aufrechterhaltung eines adäquaten Maßes an Motivation involviert hauptsächlich die mit der Sozialisation verbundenen Sozialstrukturen, besonders die Verwandtschaft. Die körperliche Gesundheit ist zwar anderer Natur, aber sie hat komplexe Auswirkungen auf die wichtigen, doch vagen Bereiche der geistigen Gesundheit und den Willen des Kranken, wieder gesund zu werden. Anscheinend fehlen keiner Gesellschaft bestimmte Mechanismen der Motivationserhaltung, welche durch eine Art »therapeutischer« Verfahren wirksam sind.[14] In vielen Gesellschaften sind diese Verfahren vorwiegend religiöser oder magischer Natur, in modernen Gesellschaften treten sie als angewandte Naturwissenschaft in Erscheinung. Doch in keiner Gesellschaft sind diese radikal von der Verwandtschaft auf gesammtgesellschaftlicher Grundlage getrennt – vielmehr ergänzt die Therapie im allgemeinen die Verwandtschaftsbezüge, welche die zentrale Stütze der Sicherheit der Persönlichkeit sind.

Das Verhältnis zwischen Persönlichkeit und Sozialsystem, das sozial durch das strukturiert wird, was wir als *Dienstleistung* bezeichneten, bildet – so überraschend dies erscheinen mag – die Grundeinheit für die *politischen* Aspekte von Gesellschaften.[15] Politische Strukturen dienen der Organisation kollektiven Handelns zum Zweck der Erreichung kollektiv bedeutsamer Ziele, ganz gleich ob dies auf gesamtgesellschaftlicher Basis oder auf territorial oder funktional enger definierter Basis geschieht. Die fortggeschrittene politische Entwicklung erfordert eine Statusdifferenzierung innerhalb der erwachsenen Bevölkerung aufgrund der Kombination zweier Grundlagen. Die erste betrifft das Maß der Verantwortung für koordiniertes kollektives Handeln und begründet die Institutionen der Führung und Autorität. Die zweite betrifft das Maß an Kompetenz, beruhend auf Wissen, Fertigkeiten und dergleichen, und weist dem kompetenteren Individuum bei kollektiven Überlegungen größeren Einfluß zu. Die Differenzierung eines politischen Systems von der Matrix der gesellschaftlichen Gemeinschaft führt zur Institutionalisierung höherrangiger Statuspositionen in diesen beiden Kontexten, häufig in sehr komplexen Kombinationen. Das Verhältnis solcher Statuspositionen zur religiösen Führung, besonders das Maß der Differenzierung zwischen der Führung in politischen und religiösen Kontexten, kann ebenfalls wesentliche Komplikationen schaffen. Das Gebot, nicht nur die gesellschaftliche Ordnung, sondern besonders auch die politische Autorität zu legitimieren, weist auf einen wichtigen Kontext solcher Komplikationen hin.

Auf einer niedrigeren Stufe der kybernetischen Hierarchie finden wir eine weitere Ursache der Komplikation. Wie bereits erwähnt, erfordert die Aufrechterhaltung einer normativen Ordnung, daß sie in vielfältiger Hinsicht durchgesetzt wird; es muß eine ganz beträchtliche – wenn auch häufig recht unvollkommene – Übereinstimmung mit den durch Werte und Normen etablierten Verhaltenserwartungen bestehen. Die wichtigste Bedingung einer solchen Übereinstimmung ist die Internalisierung der Werte und Normen einer Gesellschaft durch ihre Mitglieder, denn diese Sozialisation unterliegt dem Konsensus einer gesellschaftlichen Gemeinschaft. Die Sozialisation aufgrund des Konsensus wird an verschiedenen Punkten durch verschachtelte Interessen, vor allem ökonomischer und politischer Art, verstärkt. Doch keine Gesellschaft kann angesichts der variierenden Erfordernisse und Belastungen ihre Stabilität aufrecht erhalten, wenn nicht die Interessenkonstellationen ihrer Mitglieder auf Solidarität, internalisierten Loyalitäten und Verpflichtungen beruhen.

Neben dem Konsensus und dem Ineinandergreifen der Interessen ist auch noch ein *Durchsetzungsapparat* erforderlich. Dessen Notwendigkeit hängt wiederum mit der Notwendigkeit einer autoritativen Interpretation der institutionalisierten normativen Verpflichtungen zusammen. Alle Gesellschaften verfügen also über gewisse »legale« Verfahren, durch welche ohne Rückgriff auf Gewalt über richtig oder falsch entschieden werden kann und durch welche Parteien, deren Standpunkt als falsch gilt, daran gehindert werden können, auf Kosten anderer gemäß ihren Interpretationen,

Interessen oder Gefühlen zu handeln.

Wegen der aufgewiesenen territorialen Bedingungen des Wohnorts, des Arbeitsplatzes, der religiösen Aktivitäten, der politischen Organisation und verschiedener anderer Faktoren kann die Aufrechterhaltung einer normativen Ordnung nicht von der Kontrolle über die Aktiviäten innerhalb von Territorien geschieden werden. Zur Funktion der Regierung gehört notwendig die Verantwortung für die Erhaltung der *territorialen Integrität* der normativen Ordnung der Gesellschaft. Dieses Gebot hat sowohl interne als auch externe Bedeutung. Erstere betrifft die Bedingungen der Durchsetzung allgemeiner Normen und die Forderung der Leistung wesentlicher Funktionen durch die verschiedenen Einheiten der Gesellschaft. Letztere betrifft die Verhütung der störenden Einmischung von Nicht-Mitgliedern der Gemeinschaft. Kraft der bereits erwähnten organischen und lokalen Erfordernisse ist diesen beiden Beziehungen eines gemeinsam: die *letzte* Maßnahme zur *Verhinderung* störenden Handelns ist der Einsatz physischer Gewalt.[16] Der Einsatz von Gewalt nimmt viele Formen an, darunter vor allem die Verteidigung gegenüber dem äußeren Territorium und der Entzug der Freiheit (Inhaftierung) im Inneren. Die Kontrolle oder Neutralisierung des organisierten Gebrauchs der Gewalt ist eine funktionale Notwendigkeit der Aufrechterhaltung einer gesellschaftlichen Gemeinschaft. In höher differenzierten Gesellschaften involviert dies stets ein gewisses Maß an Monopolisierung der gesellschaftlich organisierten Gewalt durch die Regierung.

Daher ist die *primäre* Anforderung einer Gesellschaft gegenüber den Persönlichkeiten ihrer Mitglieder die Motivation ihrer Partizipation, einschließlich ihrer Übereinstimmung mit den Forderungen ihrer normativen Ordnung. Dieses Erfordernis läßt sich in drei Stufen unterteilen. Die erste ist die stark verallgemeinerte Verpflichtung auf die zentralen Werte, welche sich direkt auf religiöse Orientierungen beziehen. Die zweite ist das »Substrat« der Persönlichkeit, welches, da es aus der frühen Sozialisation stammt, mit dem erotischen Komplex und der motivationalen Bedeutung der Verwandtschaft und anderer Intimbeziehungen zusammenhängt. Die dritte Stufe ist unmittelbar durch Dienstleistungen und durch die je nach Zielen und Situationen variierenden instrumentelle Aktivitäten bedingt. Diese Stufen der Persönlichkeit entsprechen in etwa Freuds Klassifikation von Über-Ich, Es und Ich.

In zweiter Linie ist die Verbindung zwischen Persönlichkeit und dem Organismus sowie den Beziehungen des Organismus zur physischen Welt in zwei relevanten Kontexten wirksam, die wir bereits erwähnten. Der erste betrifft die allgemeinen organischen Prozesse, welche das adäquate Funktionieren der Persönlichkeit, besonders hinsichtlich der Komplexe von Verwandtschaft, Wohnort und Gesundheit konditionieren. Der zweite betrifft das Verhältnis zwischen Zwang durch physische Gewalt und dem Problem der Aufrechterhaltung der Integrität einer gesellschaftlichen normativen Ordnung auf einem vielgestaltigen Territorium.

Organismus und physische Situation als Milieu der Gesellschaft

Die Erörterung der Beziehung des Sozialsystems zu seinem organischen Fundament und damit zur physischen Welt muß bei den physischen Erfordernissen des organischen Lebens einsetzen. Ursprüngliche Probleme sind hier die Bereitstellung von Nahrung und Obdach, doch in allen Gesellschaften sind auch viele andere Faktoren problematisch. In ihrer Verzweigung von den relativ einfachen Werkzeugen und Fertigkeiten primitiver Völker zu den sehr komplexen Systemen der Moderne ist die Technologie die sozial organisierte Fähigkeit, Objekte des physischen Milieus im Interesse menschlicher Wünsche oder Bedürfnisse zu kontrollieren und zu verändern. In beschränkten Fällen beinhaltet die soziale Organisation vielleicht lediglich die Vermittlung von Fertigkeiten an Einzelne, selbstproduzierende Handwerker. Doch selbst in solchen Fällen wird der Handwerker, wenn die Technologie wichtig ist, wahrscheinlich nicht von anderen sein Handwerk Ausübenden neben dem Meister, der ihn unterwiesen hat, isoliert bleiben. Außerdem *muß* er, wenn seine Arbeit spezialisiert ist, gewisse organisierte Beziehungen zu den Konsumenten seines Produkts und höchstwahrscheinlich zu den Lieferanten seiner Rohstoffe und Werkzeuge unterhalten. In Wahrheit kann also kein Handwerk völlig getrennt von der sozialen Organisation bestehen.

Offensichtlich dienen technologische Prozesse dazu, menschliche Bedürfnisse und Wünsche zu befriedigen. Ihre *Techniken*[17] beruhen auf dem kulturellen System – der Beitrag eines Einzelnen zur Gesamtheit der technischen Kenntnisse einer Gesellschaft ist stets eine Hinzufügung, nicht aber ein völlig »neues System«. Auch werden technologische Aufgaben in diesem Sinn stets in einer sozial definierten *Rolle* ausgeführt. Die Produkte sind zumeist, wenn auch keineswegs immer, das Ergebnis *kollektiv* organisierter Prozesse, nicht aber der Arbeit eines Einzelnen. Gewisse ausführende oder koordinierende Funktionen müssen also innerhalb einer breiten Vielfalt sozialer Beziehungen zwischen Konsumenten, Lieferanten, Arbeitern, Forschern usw. erfüllt werden.

Die Technologie ist folglich der primäre physische Bezugspunkt jenes Komplexes, der die *Ökonomie* als primäres soziales Bezugssystem beinhaltet. Die Ökonomie ist jener Aspekt des gesellschaftlichen Systems, der dazu dient, technologische Verfahren nicht nur sozial zu ordnen, sondern, was noch wichtiger ist, sie in das Sozialsystem einzufügen und sie im Interesse der – individuellen oder kollektiven – sozialen Einheiten zu kontrollieren.[18] In diesem Zusammenhang sind die institutionellen Komplexe des Eigentums, des Vertrags und der Regulierung der Arbeitsbedingungen wichtige integrierende Elemente. Die strikt ökonomischen Aspekte des Komplexes sind in primitiven und archaischen Gesellschaften in diffuse Strukturen eingebettet, unter denen Verwandtschaft, Religion oder politische Interessen hervorragen. Unter gewissen Umständen entwickeln sich jedoch Märkte zusammen mit der Entstehung des Geldes als Tauschmittel.

Die technologische Organisation muß also als Grenzstruktur zwischen der Gesellschaft als System und dem organisch-physischen Milieu aufgefaßt werden. Auf der gesellschaftlichen Seite der Grenze ist die Ökonomie die zentrale Struktur, welche die Verbindung mit der gesellschaftlichen Gemeinschaft herstellt. Hier ist, wie die Tradition der ökonomischen Theorie hervorhebt, die Funktion der *Verteilung* wesentlich. Die Ressourcen müssen im Hinblick auf die Befriedigung der in *jeder* Gesellschaft vorhandenen breiten Vielfalt von Bedürfnissen verteilt werden, und die Chancen zur Befriedigung von Bedürfnissen müssen unter verschiedenen Kategorien der Bevölkerung verteilt werden. Technologische Erwägungen, soweit sozial organisiert, gelten auch für die Nutzung von Dienstleistungen. Da die Dienstleistungen von Individuen eine wirklich mobile und *verteilbare* Ressource darstellen, bilden sie eine ökonomische Kategorie, wie ihre Gleichstellung mit physischen Gütern in der kaufmännischen Wendung »Güter und Dienstleistungen« deutlich zeigt. Sobald sie (durch das Beschäftigungsverhältnis) Teil einer operierenden Organisation sind, gehen sie jedoch in das ein, was analytisch als politische Funktion bezeichnet wird – Organisationsprozesse, die auf die Erreichung spezifischer Ziele der Gesellschaft oder eines relevanten Sub-Kollektivs gerichtet sind.

Aus diesen Erwägungen folgt, daß die Technologie einen Komplex von territorialen Bezügen involviert, der eine Parallele zum Komplex des Wohnorts darstellt. Tatsächlich scheidet sie sich erst zu einem späten Zeitpunkt der sozialen Entwicklung vom Komplex des Wohnorts.[19] Ihr wichtigster Gesichtspunkt ist der Standpunkt der »Industrie«. Insofern Beschäftigte differenzierte Berufs- oder Dienstleistungsrollen ausfüllen, müssen sie dort arbeiten, *wo* ihre Dienstleistungen benötigt werden, wenngleich dieser Standort mit wohnortbedingten Faktoren koordiniert werden muß. Doch dieser Standort ist notwendig auch vom Zugang zu Materialien und Werkzeugen und von der Verteilung des Produkts abhängig. Industrie im strengen Sinn repräsentiert den Fall, in dem solche ökonomischen Erwägungen Priorität gewinnen. Ganz ähnlich können die Standortprobleme der Regierungsexekutive oder spezialisierter religiöser Berufe analysiert werden.

*Gesellschaftliche Gemeinschaft und Selbständigkeit*

Den Verbindungen zwischen dem gesellschaftlichen Subsystem, welches die Gesellschaft zu ihrem Milieu in Beziehung setzt, und der gesellschaftlichen Gemeinschaft selbst sind gewisse Prioritäten der Kontrolle inhärent. Die gesellschaftliche Gemeinschaft ist auf ein übergeordnetes *kulturelles* Orientierungssystem angewiesen, welches vor allem die primäre Basis der Legitimation seiner normativen Ordnung ist. Diese Ordnung wiederum konstituiert den wichtigsten Bezugsrahmen höherer Ordnung für die politischen und ökonomischen Subsysteme, welche ganz unmittelbar mit der Persönlichkeit bzw. dem organisch-physischen Milieu verbunden sind. In der politischen Sphäre zeigt sich die Priorität der gesellschaftlichen normativen Ordnung am deutlichsten in der Funktion der Durchsetzung[20] sowie im Bedürfnis der Agenturen der Gesellschaft nach einer gewissen letzten Kontrolle über die Sanktionen durch physische Gewalt – nicht weil physische Gewalt der kybernetische Kontrollmechanismus wäre, sondern weil sie kontrolliert *werden* muß, damit die Kontrollen höherer Ordnung funktionieren. In der ökonomischen Sphäre besteht insofern eine Parallele, als die ökonomischen Prozesse der Gesellschaft (z. B. die Verteilung) institutionell kontrolliert werden müssen. Beide Fälle zeigen auch die funktionale Bedeutung der *normativen Kontrolle* über den Organismus und das physische Milieu. Gewalt und andere physisch-organische Faktoren tragen, wenn sie als Sanktionen eingesetzt werden, wesentlich mehr zur Sicherheit kollektiver Prozesse bei, als sie dies als bloße »konditionale Erfordernisse« könnten. Ähnlich ist auch die Priorität ökonomischer Erwägungen vor technologischen – die Frage, *was* produziert werden soll (und für *wen*), gewinnt vor der Frage, *wie* etwas produziert werden soll, Vorrang – eine Grundvoraussetzung für die tatsächliche Nutzung der Technologie.[21]

Wir sind nun in der Lage, die Verzweigungen des Kriteriums der Selbständigkeit zusammenzufassen, das uns zur Definition des Gesellschafts-Begriffs diente. Eine Gesellschaft muß eine gesellschaftliche *Gemeinschaft* konstituieren, welche sich durch ein adäquates Maß an Integration oder Solidarität und einen besonderen Mitglieds-Status auszeichnet. Dies schließt Kontrollbeziehungen oder Symbiosen mit nur partiell in die gesellschaftliche Gemeinschaft intergrierten Bevölkerungsteilen nicht aus, wie im Fall der Juden in der Diaspora, doch es muß einen Kern von vollkommener integrierten Mitgliedern geben.

Diese Gemeinschaft muß der »Träger« eines kulturellen Systems sein, das ausreichend verallgemeinert und integriert ist, um die normative Ordnung zu legitimieren. Diese Legitimation erfordert ein System von konstitutiven Symbolen, welche die Identität und Solidarität der Gemeinschaft sowie Glaubensinhalte, Rituale und andere Komponenten der Kultur begründet, die einen solchen Symbolismus beinhalten. Kulturelle Systeme sind für gewöhnlich umfangreicher als eine einzige Gesellschaft und ihre Gemeinschaftsorganisation, wiewohl auf Gebieten, die mehrere Gesellschaften enthalten, unterschiedliche kulturelle Systeme sogar ineinander übergehen können. In diesem Kontext bedingt die Selbständigkeit einer Gesellschaft also, daß sie eine ausreichende Zahl kultureller Komponenten integriert, um ihre gesellschaftlichen Erfordernisse erträglich befriedigen zu können. Selbstverständlich werfen die Beziehungen zwischen Gesellschaften, die gleiche oder eng verwandte kulturelle Systeme haben, besondere Probleme auf, von denen einige an späterer Stelle diskutiert werden.

Das Element der kollektiven Organisation verlangt zusätzliche Kriterien der Selbständigkeit. Selbständigkeit erfordert keineswegs, daß *alle* Rollen-Engagements aller Mitglieder innerhalb der Gesellschaft stattfinden. Doch eine Gesellschaft muß ein Repertoire von Rollen-Chancen bieten, das ausreicht, damit die Individuen ihre fundamentalen persönlichen Bedürfnisse auf allen Stufen des Lebenszyklus befriedigen können, ohne sich außerhalb der Gesellschaft zu stellen, und damit die Gesellschaft selbst ihre eigenen Bedürfnisse befriedigen kann. Ein zölibatärer Mönchsorden erfüllt dieses Kriterium nicht, denn er kann nicht neue Mitglieder durch Geburt rekrutieren, ohne seine fundamentalen Normen zu verletzen.

Wir haben gezeigt, daß die Verwirklichung einer normativen Ordnung innerhalb einer kollektiv organisierten Bevölkerung die Kontrolle über ein Territorium bedingt. Dies ist ein ganz fundamentales Gebot hinsichtlich der Integrität der Regierungsinstitutionen. Außerdem ist es einer der Hauptgründe, warum kein funktional spezifisches Kollektiv, etwa eine Kirche oder ein Unternehmen, als Gesellschaft bezeichnet werden kann. Hinsichtlich der Mitglieder als Individuen erfordert die gesellschaftliche Selbständigkeit also – und dies ist vielleicht das wichtigste – eine adäquate Kontrolle über die Motivationen. Abgesehen von inhärent beschränkten Ausnahmen (etwa der Erwerb neuer Kolonien) erfordert dies, daß die Mitgliedschaft durch Geburt und Sozialisation, ursprünglich und primär durch ein Verwandtschaftssystem, erworben wird – auch wenn dies durch formale Bildung und andere Mechanismen ergänzt werden mag. Der Komplex der Rekrutierung kann als ein Mechanismus der sozialen Kontrolle über die Persönlichkeitsstrukturen der Mitgliedschaft aufgefaßt werden.

Und schließlich impliziert die Selbständigkeit die adäquate Kontrolle über den ökonomisch-technologischen Komplex, so daß das physische Milieu zweckvoll und ausgeglichen als Quelle von Ressourcen genutzt werden kann. Diese Kontrolle ist mit der politischen Kontrolle über das Territorium und mit der Kontrolle über die Mitgliedschaft in Beziehung zum Wohnort-Verwandtschafts-Komplex verwoben.

Keines dieser Subkriterien der Selbständigkeit genießt Vorrang vor den anderen, außer hinsichtlich ihrer allgemeinen Beziehungen zu den kybernetischen und konditionalen Hierarchien. Schwerwiegende Mängel eines (oder einer Kombination) dieser Kriterien können ausreichen, um eine Gesellschaft zu zerstören oder um eine chronische Instabilität oder Rigidität zu schaffen, welche deren weitere Evolution verhindert. Daher erweist dieses Schema sich als besonders nützlich zur Erklärung von Zusammenbrüchen im Prozeß der sozialen Evolution.

*Die strukturellen Komponenten von Gesellschaften*

Die obige Darstellung der Beziehungen zwischen einer Gesellschaft und ihrem Milieu verwendete eine relativ systematische Klassifikation der strukturellen Komponenten. Es ist wichtig, dieses Schema ausführlich zu erläutern, denn es liegt großen Teilen der in diesem Buch angestellten Analyse zugrunde.

Unsere ursprüngliche Definition der gesellschaftlichen Gemeinschaft konzentrierte sich auf die Interrelation zweier Faktoren – einer *normativen Ordnung* und einer *kollektiv* organisierten Bevölkerung. Zum ganz allgemeinen Zweck der Analyse von Gesellschaften brauchen wir unsere Klassifikation der Komponenten nicht über eine einzige Unterscheidung innerhalb jedes dieser Faktoren hinaus zu erweitern. Wir unterscheiden zwischen jenen Aspekten eines jeden Faktors, welche primär der gesellschaftlichen Gemeinschaft innewohnen, und jenen, welche primär mit den Milieu-Systemen verbunden sind.

Hinsichtlich des Normativen können wir zwischen *Normen* und *Werten* unterscheiden. Werte – im formalen Sinn[22] – erachten wir als das primäre verbindende Element zwischen den sozialen und kulturellen Systemen. Normen sind jedoch primär sozial. Sie haben regulierende Bedeutung für soziale Prozesse und Beziehungen, doch sie beinhalten nicht »Prinzipien«, welche über die *soziale* Organisation, häufig nicht einmal über ein einzelnes soziales System hinaus anwendbar wären. In fortgeschritteneren Gesellschaften ist der strukturelle Mittelpunkt der Normen das legale System.

Hinsichtlich der organisierten Bevölkerung ist die *Kollektivität* die Kategorie der intra-sozialen Struktur, und die *Rolle* ist die Kategorie der Grenz-Struktur. Die relevante Grenzbeziehung betrifft die Persönlichkeit des einzelnen Mitglieds des sozialen Bezugssystems. Beim organisch-physischen Komplex gehört die Grenze einer Ordnung an, welche in diesem Kontext keiner besonderen Konzeptualisierung bedarf, obgleich Leistungen sowohl der Personen als auch des kulturellen Systems in den Sozialisationsprozessen, in der Ausübung von Fertigkeiten und in verschiedenen anderen Formen im Organismus konvergieren.

Diese vier strukturellen Kategorien – Werte, Normen, Kollektive, Rollen – können zu unserem allgemeinen funktionalen Paradigma in Beziehung gesetzt werden.[23] Werte haben eine primäre Funktion für die Aufrechterhaltung der Strukturen eines Sozialsystems. Normen sind primär integrierend; sie regulieren die Vielzahl jener Prozesse, die zur Verwirklichung strukturierter Wert-Verpflichtungen beitragen. Die primäre Funktion der Kollektivität betrifft das tatsächliche Erreichen von Zielen im Sinne des Sozialsystems. Wo Individuen *gesellschaftlich* wichtige Funktionen erfüllen, ist es ihre Eigenschaft als Mitglieder des Kollektivs. Und schließlich ist die primäre Funktion der Rolle für das Sozialsystem eine adaptive. Dies wird besonders deutlich bei der Kategorie der Dienstleistung, denn die Fähigkeit, hoch bewertete Rollen zu erfüllen, ist die fundamentalste allgemeine Quelle der Anpassung jeder Gesellschaft, wenngleich sie mit kulturellen, organischen und physischen Ressourcen koordiniert werden muß.

Jegliche konkrete strukturelle Einheit eines Sozialsystems ist stets eine Kombination aller vier Komponenten – die hier getroffene Klassifikation betrifft *Komponenten, nicht Typen*. Wir sprechen oft von einer Rolle oder einem Kollektiv wie von einer konkreten Entität, doch es handelt sich, streng genommen, um ein elliptisches Verhältnis. Es gibt keine Kollektivität ohne Mitglieds-Rollen und, vice versa, keine Rolle, die nicht Teil eines Kollektivs wäre. Auch gibt es keine Rolle und kein Kollektiv, die nicht durch Normen »reguliert« und durch eine Verpflichtung auf Werte gekennzeichnet wären. Zum Zweck der Analyse können wir z. B. die Wert-Komponenten von einer Struktur abstrahieren und sie als *kulturelle* Objekte beschreiben, doch wenn sie technisch als Kategorien der Sozialstruktur verwendet werden, beziehen sie sich *immer* auf Komponenten des Sozialsystems, welche *ebenfalls* alle drei anderen Typen von Komponenten enthalten.

Gleichwohl sind die vier Kategorien von Komponenten, das liegt in der Natur der Sache, unabhängig variabel. So ermöglicht z. B. die Kenntnis der Wertstruktur eines Kollektivs nicht, seine Rollen-Zusammensetzung zu deduzieren. Fälle, in denen die Inhalte zweier Inhalte zweier oder mehrerer Typen von Komponenten gemeinsam variieren, so daß der Inhalt des einen direkt aus dem anderen deduziert werden kann, sind spezielle und beschränkte, nicht allgemeine Fälle.

Die *gleichen* Wertstrukturen bilden daher für gewöhnlich strukturelle Teile einer Vielfalt verschiedener Einheiten oder Subsysteme einer Gesellschaft und finden sich häufig auf vielen Stufen struktureller Hierarchien. Außerdem sind die *gleichen* Normen oft wesentlich für das Funktionieren operativer Einheiten verschiedenster Art. So beinhalten die legalen Eigentumsrechte gemeinsame normative Elemente – gleichgültig ob der Inhaber dieser Rechte eine Familie, eine religiöse Körperschaft oder ein kommerzielles Unternehmen ist. Selbstverständlich unterscheiden sich diese Normen nach Situation und Funktion, doch die Grundlagen ihrer Differenzierung sind nie die gleichen wie jene der Kollektive und Rollen. Innerhalb gewisser Grenzen wird also jedes in einer bestimmten Situation stehende oder eine bestimmte Funktion erfüllende Kollektiv von einer gewissen Norm reguliert werden, *ungeachtet* seiner übrigen Merkmale. Schließlich zeichnet eine solche unabhängige Variation auch die Rollen aus. Zum Beispiel sind bestimmte Verwaltungs- oder Manager-Rollen und bestimmte Typen der freien Berufsrollen nicht einem, sondern vielen Typen der Kollektivität gemeinsam.

Das gleiche Grundprinzip der unabhängigen Variation gilt auch für die Beziehungen zwischen dem Sozialsystem und den benachbarten Systemen. Nicht das totale, konkrete Individuum, sondern die Person in ihrer Rolle ist das Mitglied eines Kollektivs, auch der gesellschaftlichen Gemeinschaft. Zum Beispiel bin ich Mitglied gewisser internationaler Kollektive, die nicht Teile der gesellschaftlichen Gemeinschaft Amerikas sind. Der pluralistische Charakter der von einer Person beanspruchten Rollen ist eine wichtige Grundlage der soziologischen Theorie und darf nie vergessen werden. Im Lauf der Evolution einer Gesellschaft nimmt die Bedeutung des Rollenpluralismus eher zu als ab, doch er charakterisiert *jede* Gesellschaft.

## Prozeß und Veränderung

Der Untertitel dieses Buches lautet: »Evolutionäre und komparative Perspektiven«. Das soeben skizzierte Schema struktureller Kategorien wird den wichtigsten Bezugsrahmen für den komparativen Aspekt unserer empirischen Analyse liefern. Evolution ist jedoch eine summarische Verallgemeinerung, die für einen Typ des Veränderungsprozesses einsteht. Bevor wir zu empirischen Sachverhalten übergehen, müssen wir kurz die Begriffe Prozeß, Veränderung und gesellschaftliche Evolution behandeln.

Den Typ von Prozeß, der für soziale Systeme charakteristisch ist, bezeichnen wir als *Interaktion*.[24] Damit dieser Prozeß Handeln in unserem Sinn einbegreife, muß er sich auf die *symbolische* Ebene konzentrieren. Damit meinen wir im wesentlichen die linguistische Ebene des Ausdrucks und der Kommunikation – die Konzeption einer breiten Ebene ist berechtigt, weil Faktoren wie Sprache und Schrift mit vielen anderen sinnvollen Vorgängen, wie »Gesten«, physische »Verwirklichung« von Zielen usw., verwoben sind. Außerdem gibt es neben der Sprache noch weitere symbolische Medien der Interaktion, wie etwa das Geld, die wahrscheinlich besser als spezialisierte Sprachen denn als wesensverschiedene Arten der Kommunikation aufzufassen sind.

Eine Sprache ist nicht ein bloßes Aggregat von in der Vergangenheit verwendeten Symbolen; sie ist ein *System* von Symbolen, die im Hinblick auf einen *Code* sinnvoll sind.[25] Ein linguistischer Code ist eine *normative* Struktur, die parallel zu jener Struktur liegt, welche die gesellschaftlichen Werte und Normen bilden, sie ist sogar korrekterweise als ein Spezialfall der Norm aufzufassen, wenn man ihren kulturellen – zum Unterschied vom sozialen – Schwerpunkt berücksichtigt.

Kommunikationsprozesse beeinflussen für gewöhnlich die Empfänger von Botschaften, obgleich es stets problematisch ist, in welchem Maß diese Effekte mit den vom Kommunikator intendierten identisch sind. Der Input einer Botschaft kann einen Output stimulieren, der in gewissem Sinn eine Antwort ist. Es besteht jedoch auch die Alternative, daß keine Antwort erfolgt, besonders wenn Botschaften »publiziert« (z. B. in einer Zeitung gedruckt) werden, so daß »jedermann« sie zur Kenntnis nehmen kann oder nicht und darauf antworten kann oder nicht.

Den Prozeß, der zu einer Antwort führt, die in irgendeiner Beziehung zu einem oder mehreren Kommunikations-Inputs steht, können wir als »Entscheidung« bezeichnen. Dieser Prozeß findet in einer »Black-Box« – der Persönlichkeit des Handelnden – statt. Insofern die Kommunikation Teil eines sozialen Prozesses ist, agiert die Persönlichkeit in einer Rolle, deren Charakter von ihren Beziehungen zu den tatsächlichen oder potentiellen Empfängern der Botschaft sowie zu den Quellen der ihr übermittelten Kommunikations-Inputs abhängig ist.

Obleich eine Entscheidung scheinbar eine Antwort auf eine bestimmte Botschaft sein kann, wäre es unvollständig, sie als Folge eines einzigen Stimulus aufzufassen. Eine Entscheidung ist *immer* die Folge einer Kombination von Faktoren, unter denen der unmittelbare Input nur einer ist. Alle sozialen Prozesse müssen als Kombination und Wiederkombination von Variablen, kommunizierbaren Faktoren aufgefaßt werden.

Der Einsatz von Machtmitteln z. B. kann als eine an die betroffenen Parteien gerichtete Kommunikation einer Entscheidung aufgefaßt werden, deren Implikationen ein Kollektiv und die Handlungen seiner relevanten Mitglieder binden. So gibt ein Offizier, um seine Einheit zu veranlassen, einen Angriff durchzuführen, lediglich einen Befehl, womit er bei seinen Soldaten ein komplexes Verhaltenssystem aktiviert. Solche kybernetischen *Kommunikationsprozesse* können jedoch *nur* in solchen Kontexten effektiv funktionieren, in denen institutionelle Strukturen eine enge kybernetische Kontrolle über die verschiedenen, an früherer Stelle diskutierten Faktoren ausüben.[26]

Detaillierter werden die Sozialprozesse in den folgenden Kapiteln dargestellt, wo einzelne Beispiele aus einzelnen Gesellschaften oder deren Klassen und Systemen diskutiert werden. Der besondere Typus von Prozeß, um den es in diesem Buch geht, ist jedoch die *Veränderung*. Obgleich alle Prozesse etwas verändern, ist es unserem Zweck dienlich, jene Prozesse, welche soziale Strukturen verändern, von anderen zu unterscheiden. Dabei ist evident, daß viele komplexe Prozesse notwendig sind, um das Funktionieren jeglichen gesellschaftlichen Systems *aufrechtzuerhalten;* wenn die Mitglieder einer Gesellschaft nie etwas täten, dann würde diese bald zu bestehen aufhören.

Auf allgemeinster theoretischer Ebene gibt es keinen Unterschied zwischen solchen Prozessen, die zur Aufrechterhaltung eines Systems dienen, und solchen, die seiner Veränderung dienen. Der Unterschied liegt in der Intensität, Verteilung und Organisation der »elementaren« Komponenten der einzelnen Prozesse in bezug auf den Zustand der Strukturen, welche sie beeinflussen. Wenn wir aber eine charismatische Revolution oder die Entwicklung eines bürokratischen Systems als Prozesse beschreiben, dann sprechen wir nicht auf so elementarer Ebene, sondern wir treffen Verallgemeinerungen über sehr komplexe Kombinationen elementarer Prozesse. Wir werden dies selbstverständlich an vielen Stellen tun müssen, zum einen weil die räumliche Beschränkung eine detailliertere Darstellung verbietet, und zum anderen weil uns die Kenntnis der feineren Zusammensetzung vieler solcher Prozesse fehlt.

*Ein Paradigma der evolutionären Veränderung*

Unter den Veränderungsprozessen ist der für die evolutionäre Perspektive wichtigste Typus die *Steigerung der Anpassungsfähigkeit*, die einen neuen Strukturtypus entweder innerhalb der Gesellschaft oder – durch kulturelle Diffusion und Einbeziehung anderer Faktoren in die Kombination mit dem neuen Strukturtypus – in anderen Gesellschaften und vielleicht in späteren Phasen hervorbringt. Manche Gesellschaften waren ein Saatbeet für Entwicklungen, die erst lange, nachdem diese Gesellschaften selbst zu existieren aufgehört hatten, große Bedeutung erlangten. Das alte Israel und das klassische Griechenland bestanden nicht lange als selbständige, politisch unabhängige Gesellschaften, doch sie steuerten wesentliche Bestandteile zum System der modernen Gesellschaften bei.

Gleichwohl ist es offenbar möglich, sowohl »Saatbeet«-Entwicklungen wie Fälle einer unmittelbaren Steigerung der Anpassung (etwa die Entstehung großer bürokratischer Organisationen in gewissen Reichen) unter dem Gesichtspunkt eines gemeinsamen Paradigmas zu analysieren, das ich hier kurz skizziere und erst in den folgenden Kapiteln weiter ausführen werde.

An erster Stelle steht der Prozeß der *Differenzierung*. Eine Einheit, ein Subsystem oder eine Kategorie von Einheiten oder Subsystemen, die einen relativ gut definierten Platz in der Gesellschaft einnimmt, teilt sich in Einheiten oder Systeme (für gewöhnlich zwei) auf, die sich hinsichtlich ihrer Struktur *sowie* ihrer funktionalen Bedeutung für das größere System unterscheiden. Um ein bereits erwähntes Beispiel anzuführen, in vorwiegend bäuerlichen Gesellschaften ist der aufgrund von Verwandtschaftsbeziehungen organisierte Haushalt *sowohl* Wohneinheit als auch primäre Einheit der landwirtschaftlichen Produktion. In manchen Gesellschaften aber wird der größte Teil der produktiven Arbeit in spezifizierten Einheiten geleistet, etwa in Werkstätten, Fabriken oder Büros, in denen Menschen beschäftigt sind, die *ebenfalls* Mitglieder von Familienhaushalten sind. So differenzieren sich zwei Systeme von Rollen und Kollektiven voneinander und erfüllen getrennte Funktionen. Es muß jedoch auch eine gewisse Differenzierung auf der Ebene der Normen und eine gewisse Spezifikation der den verschiedenen Situationen gemeinesamen Wertstrukturen stattfinden.

Wenn die Differenzierung ein ausgeglichenes, höher entwickeltes System erreichen soll, dann muß jede sich neu differenzierende Substruktur (z. B. im obigen Fall die Organisation der Produktion) eine verbesserte Anpassungsfähigkeit zur Erfüllung ihrer *primären* Funktion im Vergleich zur Erfüllung *dieser* Funktion innerhalb der vorhergehenden, diffuseren Struktur aufweisen. Die ökonomische Produktion ist typischerweise in Fabriken leistungsfähiger als in Haushalten. Diesen Prozeß können wir als den Aspekt der steigenden Anpassung des evolutionären Veränderungszyklus bezeichnen. Er gilt sowohl für die Rolle als auch für das Kollektiv; die beteiligten Menschen müssen, gemessen anhand irgendeines Ertrag-Kosten-Verhältnisses, produktiver werden als vorher. Diese Veränderungen implizieren nicht, daß die ältere »residuale« Einheit in allen ihren operativen Kontexten ihre »Funktion« verliert. Der Haushalt ist kein wichtiger ökonomischer Produzent mehr, doch vielleicht erfüllt er seine übrigen Funktionen heute besser als in seiner früheren Form.

Die Differenzierungsprozesse stellen das System auch vor neue Probleme der *Integration*. Wo vorher nur eine Kategorie existierte, müssen nun die Operationen von zwei (oder mehr) Kategorien struktureller Einheiten koordiniert werden. So kann in Systemen mit abhängiger Berufstätigkeit der Vater als Haushaltsvorstand nicht mehr die Produktion in seiner *Verwandtschaftsrolle* überwachen. Daher muß die produzierende Organisation ein Autoritätssystem entwickeln, das nicht auf Verwandtschaft beruht, und die produzierenden und Haushalts-Kollektive müssen mit dem größeren System koordiniert werden – z. B. durch Veränderungen in der Struktur der lokalen Gemeinschaft.

Die Steigerung der Anpassung erfordert, daß spezialisierte funktionale Fähigkeiten von der Zugehörigkeit zu diffuseren strukturellen Einheiten befreit werden müssen. Es besteht also eine Abhängigkeit von *allgemeineren* Ressourcen, die unabhängig von den Ursachen der Zuschreibung sind. Aus diesen Gründen können die Differenzierungs- und Steigerungsprozesse die *Einbeziehung* von vorher ausgeschlossenen Gruppen in das relevante allgemeine Gemeinschaftssystem erfordern, sobald diese Gruppen legitime Fähigkeiten entwickelt haben, die zum Funktionieren des Systems »beitragen«.[27] Den wohl allgemeinsten Fall stellen Systeme mit einer Trennung zwischen Ober- und Unterklassen dar, in denen die Oberklasse den Status der »wirklichen« Mitgliedschaft für sich monopolisiert und die Unterklasse, soweit diese überhaupt als zugehörig betrachtet wird, als Bürger zweiter Klasse behandelt. Die Prozesse der Differenzierung und Steigerung erschweren es zunehmend, solche einfachen Dichotomien aufrechtzuerhalten. Besonders die Differenzierung führt zu Fällen, in denen die Notwendigkeit, neudifferenzierte Subsysteme zu integrieren, stark auf die Einbeziehung andernfalls ausgeschlossener Elemente hinweist.

Schließlich gibt es noch jene Komponente des Veränderungsprozesses, die sich in seinem Verhältnis zum Wertsystem der Gesellschaft darstellt. Jedes gegebene Wertsystem zeichnet sich durch ein bestimmtes *Muster* aus, so daß es, wenn es institutionalisiert wird, die Erwünschtheit eines *allgemeinen Typus von Sozialsystem* etabliert. Durch das, was wir als Spezifikation bezeichneten, wird eine solche allgemeine Wertung in ihren Implikationen für die verschiedenen differenzierten Subsysteme und die verschiedenen Segment-Einheiten »ausgedeutet«. Daher ist die einem bestimmten Kollektiv, einer Rolle oder einem Normenkomplex entsprechende Wertorientierung nicht das allgemeine Muster des Systems, sondern eine angepaßte, spezialisierte »Anwendung« von diesem.

Ein System oder Subsystem, welches einen Differenzierungsprozeß durchmacht, steht jedoch vor einem funktionalen Problem, welches das Gegenteil der Spezifizierung darstellt: die Einführung einer dem neu entstehenden *Typus* von System angemessenen Version des Wert-Musters. Da dieser Typus für gewöhnlich komplexer ist als sein Vorläufer, muß sein Wertmuster sich auf einen größeren Allgemeinheitsgrad stützen können, um die größere Vielfalt von Zielen und Funktionen seiner Untereinheiten zu legitimieren. Der Prozeß der Verallgemeinerung stößt jedoch häufig auf harten Widerstand, denn die Verpflichtung gegenüber einem Wert-Muster wird häufig von den verschiedenen Gruppen als Verpflichtung gegenüber seinem jeweiligen Inhalt auf der früheren, niedrigeren Stufe der Allgemeinheit verstanden. Dieser Widerstand kann als »Fundamentalismus« bezeichnet werden. Dem Fundamentalisten erscheint die Forderung nach einer größeren Allgemeinheit der Wertungsstandards als eine Forderung nach Abschaffung der

»wirklichen« Verpflichtung. An solchen Fragen entzünden sich häufig sehr schwere Konflikte.[28]

Der Zustand jeder gegebenen Gesellschaft – und dies gilt noch mehr für ein System verwandter Gesellschaften (wie das der antiken Stadtstaaten des Mittleren und Nahen Ostens) – ist ein Komplex, der aus progressiven Zyklen solcher (und anderer) Veränderungsprozesse resultiert. Diese Resultante wird auf jeder Hauptstufe eines allgemeineren Prozesses dazu tendieren, ein fächerartiges Spektrum von Typen hervorzubringen, die, je nach ihrer jeweiligen Situation, ihrem Maß an Integration und ihrem funktionalen Standort im größeren System variieren.

Manche Varianten innerhalb einer Klasse von Gesellschaften mit weitgehend ähnlichen Charakteristiken werden stärker als andere zusätzliche Evolutionsschritte begünstigen. Unter diesen anderen werden einige sogar so stark mit inneren Konflikten oder anderen Hemmnissen behaftet sein, daß sie sich kaum erhalten können oder sogar verfallen. Zu diesen können jedoch, wie wir sagten, Gesellschaften gehören, die unter dem Gesichtspunkt der Entstehung langfristig bedeutsamer Komponenten am kreativsten sind.

Wenn irgendwo in einer buntgestaltigen Population von Gesellschaften ein entwicklungsmäßiger »Durchbruch« geschieht, dann wird der daraus folgende Erneuerungsprozeß, behaupte ich, stets annäherungsweise unserem Paradigma der evolutionären Veränderung entsprechen. Ein solcher Durchbruch verleiht der betreffenden Gesellschaft ein neues Maß an Anpassungsfähigkeit in lebenswichtigen Bereichen, und dadurch verändern sich die Bedingungen des Wettbewerbsverhältnisses mit anderen zum System gehörenden Gesellschaften. Eine solche Situation eröffnet etwa vier Möglichkeiten für jene Gesellschaften, die nicht unmittelbar an der Neuerung teilhaben. Die Neuerung kann einfach durch mächtigere, wenn auch weniger fortgeschrittene Rivalen zerstört werden. Wenn es sich um eine kulturelle Neuerung handelt, ist es jedoch schwierig, sie vollständig zu zerstören, und sie kann, sogar nachdem die Gesellschaft, in der sie entstand, zerstört wurde, große Bedeutung gewinnen. Zweitens können die Wettbewerbsbedingungen durch die Übernahme der Neuerungen ausgeglichen werden. Die gegenwärtigen »Modernisierungs«-Bestrebungen der unterentwickelten Gesellschaften bieten ein anschauliches, wichtiges Beispiel. Eine dritte Alternative ist die Entstehung einer isolierten Nische, in der die Gesellschaft weiterhin relativ ungestört ihre alte

Struktur beibehalten kann. Die letzte Möglichkeit ist der Verlust der gesellschaftlichen Identität durch Desintegration oder Absorption durch ein größeres gesellschaftliches System. Diese Möglichkeiten sind Typen-Konzepte, und sie können in vielen komplexen Kombinationen und Schattierungen auftreten.

*Die Differenzierung der Subsysteme der Gesellschaft*

Wir müssen uns nun den allgemeinen Linien zuwenden, nach denen die gesellschaftliche Differenzierung meist fortschreitet. Die kybernetische Natur gesellschaftlicher Systeme vorausgesetzt, müssen diese Linien *funktional* sein. Die zunehmende Komplexität der Systeme, insofern sie nicht durch bloße Segmentierung bedingt ist, beinhaltet die Entwicklung von Subsystemen, die auf spezifische Funktionen innerhalb der Operation des Systems als Ganzem spezialisiert sind, sowie von Integrationsmechanismen, welche die funktional differenzierten Subsysteme miteinander verbinden.

Für unsere Zwecke ist es wichtig, die Funktion auf zwei prinzipiellen Ebenen – der des allgemeinen Systems des Handelns und der des sozialen Systems – zu analysieren. Auf jeder Ebene besteht das Potential zu einer Steigerung ihrer Differenzierung in Subsysteme gemäß den vier funktionalen Bezugspunkten, die wir dargestellt haben.

Die auffälligsten Prozesse der Evolution aus primitiven sozialen Verhältnissen heraus finden sich auf der allgemeinen Ebene des Handelns, hier besonders die Beziehung zwischen dem sozialen und dem kulturellen System. Doch die besonderen Beziehungen der Organismen zur Technologie und des Persönlichkeitssystems zur politischen Organisation zeigen, daß die beiden anderen primären Subsysteme des Handelns ebenfalls stark einbezogen sind.

Im nächsten Kapitel werden wir feststellen, daß das wichtigste entscheidende Kriterium des primitivsten Gesellschaftstyps ein sehr geringes Maß an Differenzierung zwischen diesen vier Subsystemen ist – nämlich beinahe ein eben noch mit menschlichen Handlungsmodi vereinbares Minimum.

Die Differenzierung zwischen kulturellen und gesellschaftlichen Systemen ist auf früheren Stufen am auffälligsten auf dem Gebiet der Religion und wird in dem Maß, wie eine größere »Distanz«

zwischen Göttern und der *conditio humana* entsteht, zunehmend evident.[29] Diese entwickelt sich zuerst in fortgeschritteneren primitiven Gesellschaften, tritt in archaischen Gesellschaften wesentlich deutlicher hervor und erreicht mit dem, was Bellah die »historischen« Religionen nennt[30], eine neue kritische Stufe. Ein paralleler Differenzierungsprozeß läßt sich zwischen Persönlichkeit und Gesellschaft hinsichtlich des Maßes an Autonomie der Individuen feststellen. Zwischen dem Organismus und der Gesellschaft tritt eine Differenzierung zwischen der Ebene der physischen Technologie und der Ebene der ökonomischen Prozesse ein, welche die Verteilung der mobilen Ressourcen, der »angeeigneten« oder produzierten konsumierbaren Güter und der Produktionsfaktoren betrifft.

Wie die oben skizzierten Beziehungen zwischen den Systemen zeigt, sollte man erwarten, daß dieser Differenzierungsprozeß auf der Ebene des allgemeinen Handlungssystems ähnliche, der Gesellschaft als einem System innewohnende Prozesse stimuliert und durch diese stimuliert wird.

Das, was wir als das Struktur-Erhaltungs-System der Gesellschaft ansprechen, hat insofern *kulturellen* Vorrang, als es der Ort einer direkten Beziehung zum kulturellen System ist. Es differenziert sich erstmals deutlich von anderen gesellschaftlichen Subsystemen, wenn letztere sich als eindeutig »säkulare« Sphären etablieren, welche, obgleich religiös legitimiert, nicht unmittelbar Bestandteil des religiösen Systems sind. Dieser Prozeß führt zur Differenzierung von »Kirche und Staat«, die erst in den nach-römischen Phasen des Christentums voll erreicht wurde.

Die Entwicklung eines autonomen Rechtssystems ist vielleicht der wichtigste Indikator einer Differenzierung zwischen dem gesellschaftlichen Integrationssystem, das sich auf die gesellschaftliche Gemeinschaft bezieht, und der politischen Ordnung, die sich auf die Selektion, Ordnung und Erreichung kollektiver Ziele, weniger auf die Aufrechterhaltung der Solidarität (der Einbeziehungsordnung) als solcher bezieht. Unter allen vor-modernen Systemen machte die römische Gesellschaft den größten Fortschritt in dieser Richtung.

Schließlich tendiert die Ökonomie zur Differenzierung nicht nur von der Technologie, sondern auch von der politischen Ordnung und den mit der Verwandtschaft verbundenen Aspekten der Struktur-Erhaltung. Geld und Märkte gehören zu den wichtigsten institutionellen Komplexen, die zur Differenzierung der Ökonomie gehören. Die Unterschiede zwischen der mesopotamischen und der griechischen Gesellschaft markieren vielleicht die wichtigsten frühen Schritte dieser institutionellen Entwicklung, doch beim Übergang zu modernen Systemen traten viele zusätzliche Entwicklungen ein.

Das Hauptschema der vier Funktionen und unsere Analyse der Tendenz gesellschaftlicher Systeme, sich in vier *primäre* Subsysteme zu differenzieren, bilden die Leitlinien unserer ganzen Analyse.[31] Wo es anscheinend mehr als vier wichtige Subsysteme gibt, werden wir diese unter einem oder einer Kombination von drei Gesichtspunkten behandeln: Erstens, das wesentliche Phänomen kann durch Segmentierung statt durch Differenzierung bedingt sein. Zweitens, es kann mehr als eine Ebene des Systembezuges im Spiel sein. Zum Beispiel involvieren verwandtschaftliche Institutionen eine spezielle Integration zwischem zum Strukturerhaltenden Subsystem gehörenden Komponenten und der Persönlichkeit und sind daher funktional weniger differenziert als solche Strukturen wie etwa moderne Universitäten oder Kirchen. Drittens, es gibt eine verschiedene Verteilung von Prioritäten unter den funktional signifikanten Komponenten, daher müssen die typologischen Unterscheidungen *innerhalb* eines relativ hoch differenzierten Subsystems – z. B. einer Wirtschaft oder politischen Ordnung – getroffen werden. Häufig resultieren diese Unterschiede aus der gegenseitigen Durchdringung mit Elementen aus anderen Systemebenen oder anderen Subsystemen auf gleicher Ebene.

Es sollte daher klar sein, daß die obige Klassifikation nicht konkret, sondern analytisch begründet ist.[32] Jedes einzelne Subsystem einer Gesellschaft kann alle drei Komplikationstypen in einer besonderen Kombination beinhalten. Für theoretische Zwecke ist es jedoch wichtig, sie analytisch zu entwirren. Obgleich die konkreten Spezifika je nach dem Typ von System, das wir analysieren, erheblich (und komplex) variieren, stellen die Bezugspunkte des gesellschaftlichen Subsystems – Struktur-Erhaltung, Integration, politische Ordnung und Ökonomie – wichtige analytische Werkzeuge unserer ganzen Analyse dar.

## Stufen der Evolution von Gesellschaften

Eine evolutionäre Perspektive impliziert sowohl ein Kriterium der Richtung der Evolution als auch ein evolutionäres Stufenschema. Den Richtungsfaktor haben wir als eine Zunahme der allgemeinen Anpassungsfähigkeit dargestellt, wobei wir ihn bewußt aus der Theorie der organischen Evolution übernahmen. Im Schlußkapitel wird er eingehender interpretiert.

Hier bleibt uns nur noch übrig, das Problem der Stufen zur Sprache zu bringen. Wir fassen die gesellschaftliche Evolution nicht als einen kontinuierlichen oder einfach linearen Prozeß auf, sondern wir unterscheiden zwischen allgemeinen Ebenen des Fortschritts, ohne die beträchtliche Vielfalt zu übersehen, die auf jeder von ihnen besteht. Für die beschränkten Zwecke dieses Buches genügt es, drei ganz allgemeine evolutionäre Ebenen zu unterscheiden, die wir als die *primitive*, die *intermediäre* und die *moderne* Stufe bezeichnen. Der Schwerpunkt dieses Buches liegt auf den ersten beiden Kategorien. Einem jeden Stufenschema ist eine gewisse Willkür eigen, und wir halten es für notwendig, bei den beiden im folgenden dargestellten allgemeinen Kategorien innerhalb einer jeden eine weitere Unterteilung zu treffen.[33]

Die Trennungskriterien – oder Wasserscheiden – zwischen den Hauptstufen unserer Klassifikation beruhen auf kritischen Entwicklungen der Code-Elemente der normativen Strukturen. Für den Übergang von der primitiven zur intermediären Gesellschaft findet die zentrale Entwicklung in der Sprache statt, welche vor allem Teil des kulturellen Systems ist. Beim Übergang von der intermediären zur modernen Gesellschaft findet sie in den institutionalisierten Codes der innerhalb der gesellschaftlichen Strukturen und der Zentren des legalen Systems bestehenden normativen Ordnung statt.

In beiden Fällen ist das festgestellte Kriterium lediglich ein Schlagwort, das auf einen komplexen Gegenstand hinweist. Die *geschriebene Sprache*, das Kernstück der schicksalhaften Entwicklung aus der Primitivität hinaus, steigert die fundamentale Differenzierung zwischen dem sozialen und dem kulturellen System und erweitert erheblich den Bereich und die Macht des letzteren. Durch die Schrift ist es möglich, den wichtigsten symbolischen Inhalten einer Kultur Formen zu verleihen, die unabhängig von den konkreten Kontexten der Interaktion sind. Dies ermöglicht eine ungemein größere und intensivere Diffusion – sowohl räumlich (z. B. im Hinblick auf Bevölkerungen) als auch zeitlich. Sie begründet das Phänomen der »Publikation« – d. h. die Richtung von Botschaften an ein undefinierbares Publikum, an jeden, der die geschriebene Sprache beherrscht und den das Schriftstück erreicht. Außerdem gibt es für die Relevanz einer Botschaft keine inhärente zeitliche Beschränkung. Nur Schrift-Kulturen können eine Geschichte im Sinne der auf Dokumentation beruhenden Kenntnis früherer Ereignisse haben, die jenseits der Erinnerung der Lebenden und des vagen Hörensagens der mündlichen Überlieferung liegen.

Die Entwicklung und Institutionalisierung der geschriebenen Sprache und der Schriftkenntnis weist viele Aspekte und Stufen auf.[34] Auf frühen Stufen, besonders in den sogenannten archaischen Gesellschaften, beschränkt sich das Schreiben auf die »handwerkliche« Schriftbeherrschung kleiner Gruppen, die sie für spezialisierte, häufig esoterische religiöse und magische Zwecke verwenden. Eine zweite wichtige Entwicklung, wahrscheinlich ein Kriterium für die fortgeschrittene intermediäre Gesellschaft, ist die volle Institutionalisierung der Schriftbeherrschung bei erwachsenen Männern der Oberklasse. Solche Gesellschaften organisieren für gewöhnlich ihre Kultur aufgrund einer Reihe von besonders wichtigen, normalerweise heiligen Schriften, deren Kenntnis von allen »gebildeten« Männern erwartet wird. Nur die modernen Gesellschaften streben die Institutionalisierung der Schriftbeherrschung für die gesamte erwachsene Bevölkerung an, was vielleicht sogar eine zweite Hauptstufe der Modernität signalisiert.

Die geschriebene Sprache und das Vorhandensein von Dokumenten dienen der Stabilisierung einer Vielzahl von sozialen Beziehungen. Zum Beispiel bleiben die Bedingungen einer vertraglichen Vereinbarung nicht auf das fehlbare Gedächtnis der Beteiligten oder der Zeugen angewiesen, sondern sie können aufgeschrieben und, falls notwendig, zur Verifizierung herangezogen werden. Die Bedeutung einer solchen Stabilität ist nicht zu unterschätzen. Zweifellos ist sie eine Hauptvoraussetzung für die Erweiterung des Umfangs und der Komplexität vieler Komponenten der sozialen Organisation.

Gleichzeitig stellt die Schrift auch eine Quelle der Flexibilität und eine Chance für die Neuerung dar. Auch wenn »klassische« Dokumente häufig die Basis eines rigiden Traditionalismus bildeten, ermöglicht doch das Vorhandensein offizieller, richtiger Dokumente eine weiterreichende und tiefere kritische Analyse relevanter kultureller Fragen. Wenn das Dokument für einen bestimmten Bereich des Handelns normativ ist, dann ergibt sich daraus die akute Frage, wie seine Vorschriften in der praktischen Situation tatsächlich zu erfüllen sind. Vor allem bilden schriftliche Dokumente die Basis einer kumulativen kulturellen Entwicklung; sie erlauben es, die durch eine Neuerung eingeführten *Unterschiede* viel präziser zu definieren, als durch die mündliche Überlieferung allein möglich.

Während die geschriebene Sprache die *Unabhängigkeit* des kulturellen Systems von den konditionellen Erfordernissen der Gesellschaft begünstigt, fördert das Gesetz, wenn zu entsprechender Höhe entwickelt, die Unabhängigkeit der normativen Komponenten der gesellschaftlichen Struktur von den Erfordernissen der politischen und ökonomischen Interessen und von den durch sie wirkenden persönlichen, organischen und durch das physische Milieu bedingten Faktoren.

Das Problem, welche Art von Gesetz es sei, dessen Institutionalisierung den Übergang von intermediären zu modernen Gesellschaften markiert, ist sehr komplex. Offensichtlich bedarf es einer sehr verallgemeinerten Organisation gemäß universellen Prinzipien. Vor allem ist es dieser Faktor, der eine Klassifizierung so imposanter Systeme wie des talmudistischen Gesetzes oder des traditionellen Islam als »modern« ausschließt. Es fehlt ihnen der Allgemeinheitsgrad, den Max Weber als *formale Rationalität* bezeichnete.[35] Auch steht bei modernen Rechtssystemen der Faktor des *Verfahrens* – im Gegensatz zu substantiellen Vorschriften und Normen – im Vordergrund. Nur aufgrund des Verfahrensprimates kann das System einer großen Vielzahl von sich verändernden Umständen und Typen von Fällen ohne vorherige Festlegung auf spezifische Lösungen fertig werden.

Wie wir sehen werden, kam das römische Recht der Kaiserzeit unter allen prä-modernen Systemen einer Erfüllung der »formaleren« Aspekte dieser Bedingungen am nächsten – und es trug natürlich wesentlich zur späteren Entstehung der entfalteten modernen Systeme bei. Doch es bot keinen zureichenden Rahmen für die Entwicklung »moderner« Strukturen im römischen Imperium selbst. Wir werden zeigen, daß dies primär durch den Grad der Institutionalisierung des Rechts in der römischen Gesellschaft bedingt war. Das römische Imperium entwickelte keine zureichend integrierte gesellschaftliche Gemeinschaft, und es gelang ihm nicht, alle großen ethnischen, territorialen und religiösen Gruppen im Hinblick auf eine einzige, primäre, für die gesamte Gesellschaft und noch über der Autorität der Regierung Roms stehende normative Ordnung zu integrieren.

| I | II | III | IV | V |
|---|---|---|---|---|
| Funktionen in Allgemeinen Systemen des Handelns | | Intra-Aktions-Milieus sozialer Systeme | Kybernetische Beziehungen | Milieus des Handelns |
| Struktur-Erhaltung | | Kulturelles System | Hohes Maß an Information (Kontrollen) | »Letzte Realität« |
| Integration | Soziales System | | ↑ Hierarchie der kontrollierenden Faktoren ↓ | |
| Ziel-Erreichung | | Persönlichkeits-System | | |
| Anpassung | | Verhaltens-Organismus | Hohes Maß an Energie (Bedingungen) | Physisch-organisches Milieu |

*Tabelle 1: Subsysteme des Handelns*

Tabelle 1 stellt die Hauptbeziehungen zwischen dem Sozialsystem und seinem gesamten System von Milieus mittels des von uns benutzten funktionalen Schemas dar. Spalte I verzeichnet die funktionalen Kategorien, hier auf der allgemeinen Ebene des Handelns interpretiert. Spalte II scheidet das Sozialsystem von den anderen, gemäß seiner integrierenden Funktionen innerhalb des Systems des Handelns (Aktions-System). Spalte III, die der Spalte IV von Tabelle 2 entspricht, führt die übrigen drei primären Subsysteme des Handelns als unmittelbare (d. h. als Intra-Aktions-) Milieus des Sozialsystems auf. Spalte IV stellt die zwei Milieus dar, in denen Systeme des Handelns funktionieren – zumindest insofern sie hier voneinander unterschieden werden –, nämlich das physisch-organische Milieu, mit dem die Zusammenhänge in erster Linie durch den Verhaltens-Organismus vermittelt werden, und das von uns als »letzte Realität« bezeichnete Milieu, mit dem die Zusammenhänge durch das konstitutive Symbolsystem (d. h. religiöse Komponenten) des Kultursystems vermittelt werden. Spalte V schließlich zeigt die zwei Richtungen, in denen die betreffenden Faktoren diese Systeme beeinflussen. Der aufwärts gerichtete Pfeil zeigt die Hierarchie der Bedingungen, die auf jeder kumulativen Ebene in einer ansteigenden Reihe – wie die übliche Formel lautet – »notwendig aber nicht zureichend« sind. Der abwärts gerichtete Pfeil bezeichnet die Hierarchie der kontrollierenden Faktoren im kybernetischen Sinn. In dem Maß, wie wir abwärts schreiten, ermöglichen die zunehmend notwendigen Bedingungen die Durchführung von Strukturen, Plänen oder Programmen. Systeme, die in dieser Rangordnung höher stehen, zeichnen sich durch ein relativ hohes Maß an Information aus, während die niedriger stehenden sich durch ein relativ hohes Maß an Energie auszeichnen.

| I | II | III | IV | V |
|---|---|---|---|---|
| Intra-gesellschaftliche Funktionen | | Intra-soziale Milieus der gesellschaftlichen Gemeinschaft | Extra-soziale Milieus der gesellschaftlichen Gemeinschaft | Funktionen in Allgemeinen Aktions-Systemen |
| Struktur-Erhaltung | | Erhaltung institutionalisierter kultureller Strukturen | Kulturelles System | Struktur-Erhaltung |
| Integration | Gesellschaftliche Gemeinschaft | | | Integration |
| Ziel-Erreichung | | Regierungsform | Persönlichkeits-System | Ziel-Erreichung |
| Anpassung | | Wirtschaftsform | Verhaltens-Organismus | Anpassung |

## Tabelle 2: Die gesellschaftliche Gemeinschaft und ihre Milieus

Tabelle 2 stellt schematisch das System von Zusammenhängen dar, die wir im Text mit Bezug auf die primäre Struktur der Gesellschaft als System skizzierten, und konzentriert sich dabei auf den Ort der gesellschaftlichen Gemeinschaft. Spalte I verzeichnet die vier primären funktionalen Kategorien gemäß ihres Orts in der kybernetischen Hierarchie der Kontrollen. Im Verhältnis zu Spalte I identifiziert die Spalte II die gesellschaftliche Gemeinschaft als das integrierende Subsystem der Gesellschaft – d. h. jenes *analytisch* definierte Subsystem, das durch den Primat der integrativen Funktion im größeren System gekennzeichnet ist. Spalte III bezeichnet die übrigen drei primären analytischen Subsysteme (deren Funktionen ebenfalls im Verhältnis zu Spalte I angegeben sind) als konstituierende Milieus der gesellschaftlichen Gemeinschaft, welche im *Innern* der Gesellschaft als einem sozialen System bestehen. Dies ist der Bereich, wo sowohl Prozesse des Input-Output-Austauschs stattfinden als auch gewisse Zonen gegenseitiger Durchdringung bestehen. Spalte IV detailliert in verwandter Rangordnung die primären Subsysteme des Handelns, die neben dem sozialen System selbst bestehen, und zeigt, daß sie wiederum Milieus für das Sozialsystem selbst bilden, wobei dieselbe Ordnung von Austausch und Interpretation, jedoch mit anderem spezifischen Inhalt, vorausgesetzt wird. Die schrägen gestrichelten Linien zeigen, daß das *ganze* gesellschaftliche System, und nicht seine einzelnen Subsysteme, an diesem Austausch mit den Aktions-Milieus beteiligt ist. Spalte V schließlich verzeichnet die funktionalen Kategorien, nach denen Systeme des Handelns unterschieden werden, diesmal im Kontext des Allgemeinen Systems des Handelns, und nicht, wie in Spalte I, des Sozialsystems.

# III
# Primitive Gesellschaften

Im vorigen Kapitel bezeichneten wir die Institutionalisierung der geschriebenen Sprache in der Kultur einer Oberschicht als die »Wasserscheide« zwischen primitiven und intermediären Gesellschaften. Gesellschaften, die dieses Kriterium noch nicht erfüllen, können hinsichtlich ihres Entwicklungstypus und -modus erheblich variieren. In diesem Kapitel nun wollen wir kurz auf diesen Variations- und Entwicklungsbereich eingehen.

Der Abstand zwischen dem Menschen und anderen Arten, obgleich seit Darwin neu definiert, bleibt entscheidend. Der Mensch ist das einzige *kulturelle* Tier, und seine Kultur, in fundamentaler Wechselbeziehung mit seiner Gesellschaft, unterscheidet seine soziale Organisation erheblich von der anderer Arten – z. B. der sozialen Insekten oder gar der übrigen Primaten. Offensichtlich hat ein Prozeß der organischen Evolution diese Kluft zumindest einmal überschritten. Doch dessen letzte Stufen verbesserten die Anpassung derart, daß Arten, die zwischen den höheren Primaten und dem Menschen standen, sich nicht in lebensfähigen »Nischen« der organischen Welt stabilisieren konnten und durch die natürliche Auslese eliminiert wurden. Daher war eine äußerst mühsame – und immer noch sehr unvollständige – Rekonstruktion notwendig, um eine Vorstellung von ihnen zu gewinnen.

Im allgemeinen begründen die entscheidend menschlichen organischen Entwicklungen jene Fähigkeiten, welche dem kulturellsozialen Leben und der kulturell-sozialen Organisation zugrunde liegen; es sind dies vor allem Fähigkeiten des »Lernens« und der Nutzbarmachung und Organisation gelernter Materialien und Strukturen. Sie stellen die wesentlichen Bedingungen des organisierten Verhaltens im Sinne symbolischer Systeme dar – nämlich das, was *Handeln* in unserem technischen Sinn konstituiert. Im Bereich des Handelns wurde das Gen durch das Symbol als fundamentales strukturelles Element ersetzt.[1]

Das älteste dieser organischen Entwicklungen war offenbar die Entstehung von Armen und Händen als Organen der Manipulation.[2] Mit seinen zwei Händen, jede am Ende eines beweglichen Armes angebracht und mit vier Fingern und einem entgegengestellten Daumen ausgestattet, verfügt der Mensch über ein Allzweck-»Werkzeug«, das jeder Kombination von Maul und Klauen weit überlegen ist. Dies hat die aufrechte Haltung und damit ein beträchtliches Opfer an effektiver Beweglichkeit zur Folge – kein menschlicher Läufer erreicht die Geschwindigkeit eines Pferdes. Doch die Hände sind die primäre Ursache dessen, was wir als menschliche Fertigkeiten bezeichnen.

Die Fertigkeiten konstituieren die Manipulationstechniken des menschlichen Strebens nach Zielen und der Kontrolle über die physische Welt, soweit sie noch nicht durch ausdrücklich als Werkzeuge definierte Artefakte oder Maschinen ergänzt werden. Erste menschliche Fertigkeiten werden durch die organisierte und codifizierte *Kenntnis* der zu manipulierenden Dinge und der zu ihrer Manipulation eingesetzten menschlichen Fähigkeiten geleitet. Diese Kenntnis ist ein Aspekt der auf kultureller Ebene ablaufenden symbolischen Prozesse und erfordert, wie auch andere hier diskutierte Aspekte, die Fähigkeiten des menschlichen zentralen Nervensystems, besonders des Gehirns. Dieses organische System ist offenbar wesentlich für alle symbolischen Prozesse; wie wir wissen, ist das menschliche Gehirn den Gehirnen aller anderen Arten weit überlegen.[3]

Der allgemeinste Aspekt des symbolischen Prozesses ist die Sprache, und deren primäre organische Verwirklichung ist die Rede. Sprache involviert eine besonders interessante »sekundäre« Nutzung der oralen Organe, von denen ein Teil sich ursprünglich im Hinblick auf Nahrungsaufnahme und Atmung entwickelte. Die Rachenhöhle (in der der Luftstrom durch die Atmung und durch die Öffnung und Schließung des Mundes kontrolliert wird und deren Form durch Lippen-, Wangen- und Zungenbewegungen kontrolliert wird), kombiniert mit den Stimmbändern (welche Schwingungen erzeugen), kann flexibel äußerst vielfältige und kontrollierte Geräusche hervorbringen. Da die manuellen Fertigkeiten des Menschen es ermöglichen, daß der Mund lediglich zur Aufnahme und zum Kauen von Nahrung verwendet wird, statt diese zu fassen und zu zerreißen, konnten sich die oralen Organe wahrscheinlich auf eine solche Flexibilität spezialisieren. Ein Gehirn, das diesen Apparat kontrollieren kann, und ein Gehörsystem, mittels dessen das Gehirn die dem Organismus übermittelten lautlich-sprachlichen Informationen entschlüsseln kann, ermöglichen die linguistische symbolische Kommunikation.

Ein weiterer organischer Komplex ist für das Lernen selbst besonders bedeutsam. Die lange Abhängigkeit des Nachwuchses von den Eltern ist ein Hauptmerkmal der höher entwickelten Arten. Die Menschen gehorchen nicht nur dem allgemeinen Säugetier-Muster der Schwangerschaft im mütterlichen Körper und der Abhängigkeit von der Ernährung durch die Mutter, sondern sie weisen auch das – bei niedrigeren Primaten vorhandene, aber beim Menschen wesentlich stärker ausgeprägte – Merkmal einer *psychologischen* Abhängigkeit von einem älteren, fürsorgenden Organismus auf.[4] In diesem Kontext, wie auch in dem der physiologischen Reproduktion, ist die Familie auf vor-menschliche Stufen komplex und vielfältig vorgebildet, doch die beim Menschen stark ausgebildete *dauernde* Fürsorge für den Nachwuchs ist ganz einmalig – nicht nur organisch durch Ernährung und Protektion, sondern besonders auch in psychologischer Hinsicht.[5]

Seit Freud wissen wir, daß der *erotische Komplex* (wie man anstelle von Freuds Terminus »sexuell« besser sagen sollte) eine wichtige Rolle bei der Kontrolle von Lernprozessen spielt. Sein entscheidender organischer Mechanismus ist die Fähigkeit, sich durch erotische Lust motivieren zu lassen. Das Kind entdeckt, während es eine ganze Reihe früher Disziplinen erlernt, daß Kontakte mit der Mutter lustvoll sind und daß diese, im Kontext seiner Beziehung zu ihr, sein Lernen belohnen. Zu diesen Disziplinen gehören Fertigkeiten der Nahrungsaufnahme, das Schlafen, das Gehen, die Reinlichkeitserziehung und sogar das Lernen der Sprache. Die Internalisierung und Organisation der erotischen Signifikanz sozialer Objekte auf symbolischer Ebene begründet das Lernen komplizierterer Disziplinen und schließlich den erotischen Komplex beim Erwachsenen. Im Kontext der psychologischen Motivation ist der erotische Komplex offenbar die wichtigste Brücke zwischen den Stufen des organischen Systems und des Systems des Handelns.

Diese Klassen der organischen Fähigkeit scheinen die wichtigsten Voraussetzungen für den Erwerb und Gebrauch von Kultur durch ein menschliches Individuum, seine Interaktion mit anderen sowie die Bildung seiner Persönlichkeit zu sein. Gemeinsam ist ihnen eine fundamentale Eigenschaft, die häufig als *Plastizität* bezeichnet wird. In einer Hinsicht sind sie alle *genetisch* determiniert – *jeder* normale menschliche Organismus entwickelt sie unter normalen Umständen in angemessenem Umfang. Sie sind jedoch lediglich

*Fähigkeiten*. Ihr organisches Fundament determiniert nicht den tatsächlichen Inhalt der allgemeinen Verhaltensformen, den ihre »Anwendung« ermöglicht. Für den Erwerb manueller Fertigkeiten ist es eine notwendige Bedingung, Hände und Arme sowie eine gute Koordination zu haben, doch dies entscheidet nichts darüber, *welche* Fertigkeiten erworben werden. Für jede größere intellektuelle Leistung ist es notwendig, ein richtig funktionierendes Gehirn zu haben, doch dies entscheidet nicht darüber, ob das »Lernen« sich auf Philosophie, Mathematik oder Biologie bzw. auf christliche, buddhistische oder konfuzianische Glaubenssätze bezieht. Um eine Sprache zu sprechen, ist es notwendig, über einen adäquaten vokalen Apparat zu verfügen, doch dies ist unabhängig davon, welche Sprache jeweils gelernt wird. Für die psychologische Entwicklung sind erotische Fähigkeiten wesentlich, doch es gibt keinen Beweis dafür, daß die verschiedenen Formen der psychosexuellen Entwicklung bei den australischen Ureinwohnern bzw. bei Europäern durch genetische Unterschiede zwischen den jeweiligen »Rassen« bedingt sind.

Die Organisation von Systemen des Handelns wird also als ganze gelernt, doch sie beruht auf einem System von *allgemeinen* organischen Anlagen, deren allgemeine Verfügbarkeit das entscheidende genetische Erbe des Menschen ist. Wie diese genutzt werden – und wie sie auf der Ebene menschlichen Handelns in Kulturen, Sozialsystemen und Persönlichkeiten eingebaut werden –, das ist unabhängig von irgendwelchen genetischen Eigenheiten der jeweiligen organischen Masse. Diese Auffassung von den organischen Grundlagen des menschlichen Verhaltens haben die moderne Biologie und Sozialwissenschaft an die Stelle der »Instinkt«-Theorien gesetzt, die zu Anfang dieses Jahrhunderts grassierten.[6]

## *Die Komponenten der primitiven Gesellschaft*

*Alle* diese organischen Komponenten können bei *allen* Typen des sozio-kulturellen Verhaltens des Menschen mitspielen – wenngleich in unterschiedlichen Kombinationen und mit unterschiedlicher relativer Bedeutung. Daher besteht nicht einmal bei den primitiven menschlichen Gesellschaften eine einfache, spiegelbildliche Entsprechung zwischen diesen Komponenten und den institutionellen Komplexen. Doch es gibt stets Formen von besonderer

Bedeutung – z. B. manuelle Fertigkeiten sind besonders wichtig für die technologische Anpassung, und die Organisation der erotischen Beziehungen ist besonders wichtig im Kontext der Verwandtschaft und der Sozialisation von Kindern.

Wie die organischen Komponenten sämtlich Plastizität aufweisen, so sind die sozio-kulturellen Komponenten des Verhaltens sämtlich auf symbolischer Basis *organisiert*. Bei Formen des Handelns, welche die zeitgenössischen Ideologien sehr häufig auf das Wirken organischer Faktoren, der Technologie und der »Sexualität« »reduzieren«, treten wir z. B. entschieden der Vorstellung entgegen, daß irgendein strukturiertes menschliches Verhalten als ausschließlich organisch und nicht als durch sozio-kulturelle Mechanismen kontrolliert aufgefaßt werden könne. Zweifellos unterliegen das Gefüttertwerden und Essen dem Fürsorge-Gebot des organischen Lebens und sind in gewissem Sinn durch den Hungertrieb motiviert, doch über ihre offensichtliche *konditionale* Bedeutung hinaus können diese Faktoren *niemals* die menschlichen *Formen* der Nahrungssicherung und des Nahrungsverzehrs völlig erklären. Ähnlich lassen sich die Strukturen der erotischen Beziehungen in menschlichen Gemeinschaften, obgleich der Geschlechtsverkehr normalerweise für die menschliche Reproduktion wesentlich ist und ein organischer Faktor in Gestalt des sexuellen Begehrens vorliegt, *niemals* als einfache Funktionen dieses organischen »Bedürfnisses« begreifen. Besonders die Verbindungen zwischen den erotischen Beziehungen Erwachsener einerseits und der Elternschaft sowie der Sozialisation von Kindern andererseits sind stets von fundamentaler Bedeutung.

Insofern ein System des Handelns als primitiv in dem im letzten Kapitel ausgeführten Sinne ist, wird es auf sozialer, kultureller und Persönlichkeits-Ebene sehr *undifferenziert* sein. Sein gesellschaftliches System wird, gemäß den in diesem Buch angelegten Maßstäben der Differenzierung, einem sehr einfachen Typus angehören. Zugleich wird es eine relativ geringe Differenzierung zwischen den gesellschaftlichen und anderen Komponenten des Systems des Handelns geben. Die »Gesellschaft« und das »kulturelle System« sind nicht ausreichend verallgemeinert, um voneinander unabhängig zu bleiben; »Gesellschaft« und »Persönlichkeit« weisen charakteristische Modi der Verschmelzung ihrer Strukturen auf allgemeinerer Ebene auf. Es kann sogar schwierig sein, benachbarte Gesellschaften voneinander zu unterscheiden, denn manche primitiven Gesellschaften sind weder territorial noch hinsichtlich ihrer Mitgliedschaft in dem Sinn, wie bei fortgeschrittenen Gesellschaften der Fall, eindeutig begrenzt.

Als Kriterien der gesellschaftlichen Primitivität werden für gewöhnlich zwei Formeln genannt: die eine ist die überragende Bedeutung einer religiösen (und magischen) Weltorientierung in allen Bereichen des Handelns. Die andere ist der Vorrang von Verwandtschaftsbeziehungen; es wurde häufig festgestellt, daß bei primitiven Systemen fast die gesamte soziale Organisation durch Verwandtschaftsstrukturen beeinflußt wird.[7] Starke Beachtung fanden auch zwei weitere Komplexe – nämlich die Technologie und der symbolische Charakter der sozialen Kommunikation. Vielleicht können wir diese vier Komplexe (Religion, Verwandtschaft, Technologie und symbolische Kommunikation) als analytisch definierte Komponenten eines primitiven gesellschaftlichen Systems neu definieren, wenn wir sie hier mit den Erfordernissen des Funktionierens bei primitiven Gesellschaften und später mit Entwicklungstrends zu komplexeren Gesellschaften in Verbindung bringen.[8]

Zuerst besteht ein System des *konstitutiven Symbolismus*, welches den Mitgliedern der Gesellschaft ihre Selbst-Definition oder kollektive Identität verleiht, so daß die Vorstellung »wir, die ...« Bedeutung gewinnt. Dies ist eine Art Antwort auf die beiden Fragen, wer und was *wir* sind.[9]

Dieses System des Symbolismus ist stets irgendwie mit dem Verwandtschaftssystem verbunden. Diese Verbindung gründet häufig auf einer Herkunftsbeziehung mit denen, von denen wir abstammen, sowie auf einer Vorstellung vom Übergang von eindeutig menschlichen Vorfahren zu solchen, die als übernatürlich angesehen werden. Letztere gelten dann als die ursprünglichen Begründer der Gesellschaft, und es wird angenommen, daß die normative Ordnung durch ihre Handlungen und/oder Dekrete etabliert wurde. Zum Beispiel herrscht in primitiven Gesellschaften allgemein die Ansicht, daß die Gründer inzestuöse Beziehungen unterhielten, aber verfügten, daß diese ihren menschlichen Nachfahren verboten sein sollten. Das tragende Gerüst des Verwandtschaftssystems wird für gewöhnlich durch solche Gründungsmythen erklärt.

In solchen Fällen ist der menschliche Charakter der die Gesellschaft begründenden Vorfahren doppelt fragwürdig. In der

Richtung des Übernatürlichen z. B. werden sie als unsterblich angesehen, und es werden ihnen verschiedene andere übernatürliche Kräfte zugeschrieben. Doch in der entgegengesetzten Richtung werden die Vorfahren häufig »sub-humanisiert« und als Tiere oder vielleicht als Pflanzen oder physische Objekte bzw. in Verbindung mit diesen abgebildet. Ein ganz allgemeines Phänomen ist hier der Totemismus, doch es kann auch »Supertiere« von allgemeiner Bedeutung geben, wie etwa die Schlange Yu (Yurlunggur oder Wollungqua) des Murngin-Mythos.[10] Dabei handelt es sich eindeutig um Symbole, die in vielfältigen Kontexten wirksam sind.

Und schließlich gibt es immer einen territorialen Bezug auf das Land, in dem die Menschen leben, der zuweilen durch Erzählungen über Wanderungen kompliziert wird. Hierzu gehören Vorstellungen über die Jagd-, Sammel- und Wohngebiete sowie über besondere heilige Orte, wie etwa Wasserlöcher, aus denen, wie die Uraustralier glauben, die Vorfahren hervorgegangen seien.

Der konstitutive Symbolismus verleiht also den Hauptkomponenten der *conditio humana* in ihrer Bedeutung für die betreffende Gruppe Sinn und integriert deren Sinnbedeutung. Er beinhaltet die Symbolisierung des organischen Lebens in seiner Beschränkung durch Geburt und Tod; des physischen Milieus und der Erfordernisse des Lebens, einschließlich des Territoriums; des sozialen Status der Menschen und ihrer Beschäftigung mit der Reproduktion und der biologischen Herkunft; sowie der Modi der sozialen Kommunikation – besonders durch die Sprache. Er ist die ursprüngliche Grenzstruktur zwischen den kulturellen und sozialen Systemen primitiver Gesellschaften.

Der konstitutive Symbolismus geht durch seine Zugehörigkeit zu einem umfassenderen – zugleich normativen und operativen – System in soziale Prozesse ein. Dieses System enthält eine Reihe von Regeln, welche die Interaktionen von Menschen in Situationen wie der Ehe, den Beziehungen zwischen den Generationen, der Subsistenz-Technologie und den Beziehungen zu heiligen Entitäten hinsichtlich der symbolischen Bedeutungen ihres spezifischen sozialen Status regulieren. Ein wesentlicher Teil dieses Kommunikationskomplexes scheint die Sprache im technischen Sinne zu sein, denn sie ermöglicht es, daß analytisch und symbolisch formulierte Informationen zwischen Personen ausgetauscht werden. Was ein Volk zu einer Gesellschaft zusammenfügt, das ist – neben den im konstitutiven Symbolismus enthaltenen gemeinsamen Sinnbedeutungen – ein gemeinsames System »operativer« Codes, welche die Kommunikationen der Menschen untereinander regulieren. Wie das System des konstitutiven Symbolismus, müssen solche Codes sich in allen prinzipiellen Kontexten der *conditio humana* – dem technologischen, sozialen, moralischen, religiösen usw. – artikulieren. Innerhalb des gesellschaftlichen Systems jedoch muß es ein Code-System geben, welches die Prozesse der Kommunikation von Informationen und des Handelns nach Informationen spezifisch im Hinblick auf den sozialen Status der beteiligten Handelnden reguliert. Zum Beispiel ist es erforderlich, daß in einer gegebenen sozialen Situation Menschen, die einen bestimmten sozialen Status bekleiden, mehr geglaubt oder gehorcht wird als anderen Menschen, die einen anderen Status bekleiden. Wenn Regelungen dieser Art in stark verzweigten Systemen organisiert sind, dann weisen sie den Statuspositionen – besonders den »hohen« – innerhalb der Gesellschaft sehr komplexe und allgemeine Einflußmöglichkeiten zu. In fortgeschritteneren Gesellschaften ist vorgesorgt, daß die Erfüllung von Verpflichtungen, die Ausübung von Macht und die Ausgabe von Geld nach Maßgabe von Regelungen erfolgen, welche die relative strukturelle Unabhängigkeit dieser Prozesse von der Nutzung des Einflusses sicherstellen. In solchen Fällen muß das System von Regelungen jedoch stark differenziert sein, um die verschiedenen Modi der sozialen Kommunikation mit entsprechenden Statuspositionen und Situationen zu verbinden. In primitiven Gesellschaften sind die allgemeinen Maßstäbe, nach denen die Codes organisiert sind, zumeist sehr undifferenziert. Die Kommunikationsmodi sind weitgehend miteinander verwoben, sie können nur in sehr stereotypisierter Weise gebraucht werden und unterliegen enger Kontrolle durch die vielfältigen Erfordernisse der sozialen Solidarität. Im weitesten Sinn ist das Code-System das »Recht« einer Gesellschaft, auch der primitivsten.[11] Unter allen Komponenten primitiver Gesellschaften hat es den unmittelbarsten Bezug zur inneren Aufrechterhaltung der gesellschaftlichen Solidarität und ist am weitesten von den Grenzen zu den nicht-sozialen Subsystemen des Handelns entfernt.

Systeme von konstitutiven Symbolen und die mit ihnen verbundenen Codes ordnen also die Beziehungen unter den Individuen und sozialen Gruppen, welche eine Bevölkerung bilden. In erster Linie aber ist die Bevölkerung durch ihre Verwandtschaftsorganisation festgelegt. Auf der Stufe der Säugetiere ist es klar, daß der

Komplex der biologischen Reproduktion und mithin der Vaterschaft, der Sozialisation und der Auswahl derer, die an der Reproduktion beteiligt sind, die wichtigste Bedingung für die *Genese* innerhalb der Population einer Spezies bildet. Aber, mit Durkheim gesprochen, eine *Gesellschaft* (besonders eine primitive) konstituiert »eine als Kirche bezeichnete moralische Gemeinschaft«; die Basis der *gesellschaftlichen* Solidarität ist nicht »ursprünglich« in dem Sinn, daß sie entweder in einzelnen Verwandtschaftseinheiten oder in »biologischen« Prinzipien ihrer Organisation gegeben wäre. Nur aufgrund der moralischen Integration einer weitverzweigten, komplexen Reihe von Verwandtschaftseinheiten kann eine Population den Schritt von der ursprünglichen Solidarität zur gesellschaftlichen Solidarität machen.[12] Dies meinen wir, wenn wir von einem Verwandtschafts*system* sprechen – ein Begriff von wesentlich gesellschaftlicher Bedeutung. Doch in ihrer allgemeinen Funktion ist die Verwandtschaft – kraft ihrer »Ursprünglichkeit« – der wichtigste Typ der Grenzstruktur zwischen dem sozialen und dem Persönlichkeits-System.

Physische Fertigkeiten, bezogen auf eine kulturelle Technologie und die Kontrolle der Bevölkerung über ihr physisches Milieu, stellen eine vierte Hauptkomponente primitiver Systeme des Handelns dar, soweit sie in der Arbeitsteilung, in Kooperationsformen und in der Verteilung der Ressourcen institutionalisiert sind. Besonders in jenen ökonomischen Situationen, in denen sie von größter Bedeutung sind, strukturieren sie die Grenze zwischen der Gesellschaft und dem Verhaltensorganismus.

## *Die primitive Gesellschaft der Ureinwohner Australiens*

Die Gesellschaften der Ureinwohner Australiens bieten wahrscheinlich das beste Beispiel zur ersten Illustration der primitiven gesellschaftlichen Organisation, denn sie gehören zu den primitivsten bekannten Gesellschaften und sind von Feldbeobachtern wie von Theoretikern recht gründlich untersucht worden.

Die gesellschaftliche Organisation der Australier läßt sich fast vollkommen durch das Verwandtschaftssystem und seine komplexen Artikulationen in den Totem-Kulten, den zirkulierenden Rechten und Verpflichtungen der Solidaritätsbeziehungen und den Formen der Kontrolle über die Umwelt erfassen.[13] Die Wirtschaft ist die allereinfachste, sie beruht auf der Jagd und dem Sammeln von Beeren, Wurzeln und bestimmten eßbaren Insekten. Sie verlangt, daß die Gruppen (gewöhnlich durch die patrilineare Verwandtschaft gebildet) sich über weite Territorien verteilen. Die normative Ordnung hat eindeutig territoriale Bezüge, insofern es territorial festgelegte Gebiete gibt, auf denen bestimmte Verwandtschaftsgruppen das konventionelle Recht haben, zu jagen und zu sammeln. Doch diese unabhängigen Gruppen versammeln sich in verschieden großer Zahl zu besonderen zeremoniellen Gelegenheiten.

Nicht nur ist die Verwandtschaft die zentrale Einheit der sozialen Organisation, sondern es gibt auch relativ wenig Differenzierung zwischen diesen fundamentalen Verwandtschaftseinheiten[14]; es gibt keine Klans, die einen allgemein höheren, mit besonderer politischer Autorität, religiösen Vorrechten oder Zugang zu Reichtum verbundenen Status beanspruchen. Auch bilden die Statuspositionen der Verwandtschaft die Hauptkomponenten praktisch aller sozialen Rollen.

Das Inzesttabu vorausgesetzt, sind die Verwandtschaftssysteme auf der doppelten Basis von Abkunft und Verschwägerung (durch die Ehe gestiftete Beziehungen) organisiert. Das Kind ist durch seine familiale Abstammung in der Gesellschaft »lokalisiert« – wie in sämtlichen Gesellschaften, mit nur einigen, eindeutig marginalen Ausnahmen. In sehr primitiven Gesellschaften ist eine solche »Lokalisierung« jedoch extrem diffus, da praktisch alle Privilegien und Verpflichtungen des Einzelnen durch seinen Verwandtschaftsstatus, besonders durch Verschwägerung mit seiner Verwandtschaftsgruppe *vorgeschrieben* sind. Das vielleicht schwerwiegendste Problem eines solchen Systems von Vorschriften ergibt sich aus der Tatsache, daß die Ehe – wegen des Inzesttabus – notwendig Beziehungen zu außerhalb der primären Herkunftsgruppe stehenden Einheiten involviert. Gleichwohl kann die Wahl des Ehepartners durch Verwandtschaftskategorien vorgeschrieben sein; die Herkunftsgruppe, zu der ein Individuum gehört, kann mit anderen Herkunftsgruppen institutionalisierte Beziehungen unterhalten, welche rigide vorschreiben, in welche Gruppen der oder die Betreffende einheiraten darf oder nicht.[15] Diese Situation steht in scharfem Kontrast zu der in modernen Gesellschaften vorliegenden, wo mit Ausnahme beschränkter Kategorien von engen Verwandten alle andersgeschlechtlichen Mitglieder als Ehepartner in Frage kommen.

In solchen primitiven Systemen konstituiert die *ganze Gesellschaft* ein *einziges Verschwägerungskollektiv* oder eine Vereinigung von Herkunftsgruppen, die durch die Ehen ihrer Mitglieder verbunden sind. Herkunft und Ehe sind so miteinander verbunden, daß jene, die spezifischen Herkunftsgruppen angehören, Angehörige bestimmter anderer Herkunftsgruppen nicht nur heiraten können, sondern *müssen*. Die Gesellschaft besteht also aus einem verwobenen Netz von Gruppierungen, die durch Variationen der Themen Herkunft, Geschlecht und Altersgruppe zusammengesetzt sind. Diese Gruppierungen sind durch das Prinzip der Kreuzvettern-Ehe miteinander verbunden. Dadurch wird die Verpflichtung zur Eheschließung so definiert, daß nur der »nächststehende« Verwandtentyp der gleichen Generation außerhalb der Kernfamilie und der eigenen Herkunftsgruppe in Frage kommt. Doch die nach Genrationslinien operierenden Vorschriften etablieren eine kategoriale Gleichwertigkeit der dem gleichen Geschlecht angehörenden Generationsgenossen einer Herkunftsgruppe. Hinsichtlich der allgemeinen Struktur des Verwandtschaftsystems spielt es offenbar keine Rolle, welches besondere Individuum als Ehepartner gewählt wird, solange er oder sie nur in die richtige Verwandtschaftskategorie fällt – eine Kategorie, die gleichermaßen alle Seitenlinien des richtigen Typs vom Cousin ersten Grades bis hin zu »entfernten« Verwandten umfaßt, auch wenn der Anthropologe sie gewöhnlich nach dem Typ des erstgradigen Cousins benennt.[16]

Es gibt zwei Typen von australischen Stämmen – solche, bei denen sowohl die Töchter des Bruders der Mutter als auch die Töchter der Schwester des Vaters der (für den Mann) in Frage kommenden *Kategorie* von Ehepartnern angehören, und solche, bei denen die Kreuzvettern-Vorschrift unilateral ist (d. h. vom Standpunkt einer bestimmten Gruppe werden solche Gruppen, denen Mädchen als Ehefrauen gegeben werden, von solchen Gruppen unterschieden, die Mädchen als Ehefrauen hergeben) und die Abkunft über verschiedene Linie verfolgt werden muß. So haben die Murngin offenbar zwölf Herkunftskategorien, während die Arunta nur zwei unterscheiden.[17] Alle Typen solcher Systeme involvieren eine komplexe Geometrie der Ehe- und Herkunftsgruppen, deren Analyse zu erheblichen Kontroversen unter den Anthropologen führte. Das ihnen zugrunde liegende gemeinsame Prinzip ist jedoch die Vorschrift der Partnerwahl durch die Verwandtschaftskategorien. Auch wenn spezifische Systeme sich unter verschiedenen Bedingungen erheblich unterscheiden mögen, ist die allgemeine *Art* des Systems doch ein direktes Ergebnis dieses Prinzips.[18]

Manche Gesellschaften weisen eine besonders interessante Konsequenz einer solchen Kategorisierung der Ehevorschriften auf. Während die »innere« Grenze der Wählbarkeit eindeutig durch das Verbot der Ehe zwischen Bruder und Schwester definiert ist, kann die äußere Grenze undefiniert bleiben. Obgleich die ganze Gesellschaft ein Verschwägerungskollektiv bildet, ist es manchmal unmöglich, präzise zu definieren, wer an den äußeren Rändern des Verwandtschaftsnetzes noch (oder nicht mehr) Mitglied der gesellschaftlichen Gemeinschaft ist. Zum Beispiel sind alle Murngin-Genossen Verwandte, doch aus einer gruppenbezogenen Perspektive ist die Grenze zwischen Murngin und Nicht-Murngin unklar. Darüber hinaus scheint diese Unbegrenztheit der Verwandtschaft auch auf die Religion und das kommunikative Code-System zuzutreffen. Es gibt Situationen, besonders territorialer und religiöser Art, in denen das »nahtlose Gewebe« der partikularistischen Verwandtschafts- und Totem-Bande so geschwächt ist, daß die Verwandtschaftsbeziehungen nicht mehr wirksam sind. Doch es scheint so zu sein, daß der Verzicht der Ureinwohner auf klare Vorstellungen über ihre gesellschaftlichen Grenzen ein Kennzeichen ihrer Anpassung an das australische Milieu und ihre gemeinsame Situation ist, in der sie von Gruppen mit ganz ähnlichen kulturellen und sozialen Merkmalen umgeben sind. Es steht fest, daß eine solche Unbegrenztheit nicht für alle sehr primitiven Gesellschaften charakteristisch ist – gewiß haben sie alle nur spärliche Fähigkeiten, sich ihrer Grenzen zu versichern (z. B. gegen eine Invasion), doch nur einige scheinen eine positive Unbegrenztheit zu institutionalisieren. Doch ebenso steht fest, daß keine Gesellschaft die von uns so bezeichnete »fortgeschritten primitive« Stufe der gesellschaftlichen Entwicklung erreichen kann, ohne relativ klar umrissene Grenzen zu entwickeln. Das Fehlen der Begrenzung scheint also ein wichtiges Merkmal für die Primitivität einer Gesellschaft zu sein.

Die bei den australischen Verwandtschaftsverhältnissen so auffällige Rigidität der Vorschriften bedingt offenbar eine relative Sprödheit der institutionellen Sicherungen gegenüber der Rückkehr zu sub-humanen Ebenen der motivationalen Organisation, da diese die Aufrechterhaltung einer solidarischen gesellschaftlichen Gemeinschaft beeinträchtigen würde. Der Schwerpunkt liegt hier auf dem Problem des Inzests und der in diesen Gesellschaften vorhandenen starken Ausprägung von Vorkehrungen gegen Inzest-Ehen.[19]

Wie bereits gesagt, ist die ökonomische Organisation der australischen Ureinwohner äußerst einfach, sie besteht aus der Jagd und dem Sammeln in einem recht schwierigen Milieu. Sie ist auch eng mit dem Verwandtschaftssystem verbunden; spezifische technologisch-ökonomische Funktionen werden kraft eines spezifischen Verwandtschaftsstatus, zu dem auch das Geschlecht gehört, ausgeübt. Diese Feststellung ist sehr wichtig. Neben verschiedenen strikt technologischen Maßstäben, wie etwa Kontrolle des Feuers und Produktion und Einsatz einfacher Werkzeuge, ist das entscheidend menschliche ökonomische Merkmal dieser Kategorien, im Vergleich zu Primatengruppen, die *flexible soziale Organisation* der technologisch-ökonomischen Funktionen. Hierzu gehören die Institutionalisierung der Arbeitsteilung (besonders zwischen den Geschlechtern), die kooperative Organisation von Aktivitäten (wie bei der Jagd) und die Verteilung der Ressourcen unter spezifischen Verwandtschaftsgruppen.[20] In der technologisch-ökonomischen Sphäre gibt es vielleicht engere Analogien mit subhumanen Gruppen als in anderen Bereichen, doch deren Integration mit Verwandtschaft, Religion und den Kommunikations-Codes ist ein unmißverständlich menschlicher Durchbruch.

Besonders Durkheim betonte und dokumentierte die »Panreligiosität« der meisten primitiven Gesellschaften. Er wies darauf hin, in welch hohem Maß eine primitive Gesellschaft als Ganze – trotz des ausgeprägt profanen Bereichs (oder Aspekts) ihrer Aktivitäten – von religiösen Gefühlen und Aktivitäten durchdrungen ist. Hierzu gehört nicht nur das Vorherrschen religiös-magischer Glaubenssysteme und das Überwiegen ritueller Aktivitäten, sondern auch die auffällige emotionale Erregung, welche den religiösen Bereich so stark beherrscht.[21]

Mit Durkheim können wir von einer markanten *Ordnung heiliger* Dinge in der australischen Gesellschaft sprechen. Wie die Verwandtschaft ist sie nicht nur markant, sondern auch kompliziert strukturiert. Diese Kompliziertheit hängt offenbar ebenfalls mit dem Vorschriftcharakter des ganzen sozio-kulturellen Systems zusammen und zeigt sich wahrscheinlich am deutlichsten in den Verbindungen der heiligen Ordnungen mit dem Verwandtschaftssystem. Es gibt keine unabhängigen »Kulte«, die Anhänger aus einer Vielzahl von Verwandtschaftseinheiten anziehen würden. Die *totemistischen* Komponenten sowohl der Ordnung heiliger Begriffe selbst als auch der tatsächlichen Organisation der rituellen Handlungen sind vielmehr insofern bedeutsam, als die Totems direkt mit den Clans als Verwandtschaftseinheiten verbunden sind.[22] Außerdem sind die totemistischen Bezüge so gestaltet, daß sie die Integration der sozialen Einheit in die gesamte Ordnung der *conditio humana* symbolisieren, denn das Totem ist für gewöhnlich eine Tier- (manchmal auch eine Pflanzen-) Gattung, und damit sowohl sub-human als auch supra-human, da es ein heiliges Wesen ist.[23]

Neben den Totems gibt es eine Reihe von heiligen Wesen, die auf der Stammesebene von Bedeutung sind. Diese treten besonders in den Ursprungsmythen auf, welche erklären, wer die Menschen sind, wie sie zu dem wurden, was sie sind, usw. Auch diese sind wiederum ganz unmittelbar in die Sozialstruktur integriert. Es ist jedoch bedeutsam, daß Wollunqua in einem seiner Aspekte die gesamte Körperschaft der erwachsenen Männer symbolisiert, die den Stamm, soweit dieser existiert, und nicht nur einen Clan bilden.[24] Die Wawilak-Schwestern dagegen symbolisieren offenbar neben anderem die Knaben, die durch die Initiation in diese korporative Gruppe aufgenommen werden, sowie die Frauen, die nicht initiiert werden und dauernd ausgeschlossen bleiben. Die Geschichte, nach der Wollunqua die Schwestern »verschlingt«, scheint diese beiden Symbolisierungen zu beinhalten. Wollunqua scheint auch eng verwandt mit bestimmten Bedingungen des physischen Milieus, besonders mit dem Zyklus der Jahreszeiten, der in diesem Teil Australiens mit seinen scharf kontrastierenden Regen- und Trockenzeiten besonders dramatisch ist.

Auch das Inzest-Thema kommt im Wollunqua-Wawilak-Mythos vor. Es wird geglaubt, daß die mythischen Gründer tatsächlich Inzest begingen – ja sogar alle lebenden Menschen sind, geht man nur weit genug zurück, das Produkt inzestuöser Vereinigungen. Doch die *Differenzierung* der menschlichen Gesellschaft in organisierte Verwandtschaftseinheiten schloß die Fortführung dieser Praxis sowohl im Mythos als auch in der Wirklichkeit aus.

Die religiösen Zeremonien stellen ein direktes, dramatisches »Ausagieren« der überlieferten mythischen Glaubensinhalte dar.[25] Bei den Initiationszeremonien des Murngin-Stammes spielen die erwachsenen Männer, als korporative Gruppe, tatsächlich die

Rolle der Schlange Wollunqua, welche die Initianten zeremoniell »verschlingt« – d. h. sie als Mitglieder aufnimmt. Wie Bellah in Anlehnung an Stanner betont, *partizipiert* der erwachsene Mann unmittelbar an der Welt des Heiligen, indem er dramatisch die Rolle eines heiligen Wesens spielt. Er *wird* tatsächlich ein Teil des Totems bzw. von Wollunqua. Dies bedeutet nicht, daß die heiligen Wesen, wie manche Kritiker Durkheims einwandten, auf den Status säkularer sozialer Einheiten, des Clans oder des Stammes »reduziert« werden. Vielmehr bedeutet es, daß die Statuspositionen des heiligen Objekts und der »säkularen« sozialen Einheit sich nicht voneinander differenzierten.[26]

Wir stellten fest, daß ein primitives institutionelles System erfolgreich alle Organisationselemente einer Gesellschaft auf kulturellsymbolischer Ebene konsolidieren muß. Das Ritual beinhaltet für gewöhnlich eine kontrollierte Permissivität (ja, mehr noch, Vorschrift) hinsichtlich Verhaltensweisen, Glaubensinhalten, Gefühlen usw., welche »primitiver« (oder psychologisch »regressiver«) sind als jene, die im Ritual symbolisch kontrolliert werden. Das australische Beispiel zeigt deutlich zwei Sachverhalte: die Männer *verhalten sich*, indem sie am Ritual teilnehmen, als sub-humane Tiere; sie »spielen die Rolle« des Totemtiers oder der Stammes-Schlange. Auch besteht die Vorschrift, daß sie zeremoniell das tun, was sonst strikt verboten ist – nämlich sexuelle Kontakte mit Angehörigen von Verwandtschaftskategorien einzugehen, mit denen Ehe und Geschlechtsverkehr normalerweise als inzestuös verboten sind. Doch diese »Permissivität« ist alles andere als eine Rückkehr zu prä-kulturellen Stufen, sie dient als Mechanismus zur Verstärkung der Verpflichtungen, welche die kulturellen Formen aufrechterhalten.

Auch die Magie läßt sich in diesem Kontext analysieren. Religiöse Glaubensinhalte und rituelle Praktiken sind durch gemeinsame Verpflichtungen (in Form von vorgeschriebenen Verwandtschaftsstrukturen) gegenüber dem größten bedeutsamen Kollektiv oder seinen Untereinheiten – z. B. den Clans – in die Sozialstruktur integriert. Sie fördern jenen Typus der sozialen Integration, den Durkheim als mechanische Solidarität bezeichnete. Magie ist die Ritualisierung von Interessen und Aktivitäten, die sich diesem Rahmen nicht einfügen, die individualistisch im Durkheimschen Sinne sind.[27]

Dies tritt am deutlichsten hinsichtlich der strikt utilitären Probleme der Technologie zutage. Bei der Jagd, beim Sammeln von Nahrung und (bei landwirtschafttreibenden Völkern) bei der Bodenbestellung ist die Magie eine Ergänzungstechnik, welche den Erfolg sichert.[28] Sie mobilisiert übernatürliche Kräfte aus dem Reich des Sakralen zugunsten der jeweiligen Ziele, doch ohne die kollektive Solidarität der Gemeinschaft oder ihrer wichtigsten Einheiten in dem Sinn, wie das religiöse Ritual es tut, zu mobilisieren. Aus solchen technologischen Kontexten greift die Magie auf Bereiche wie die Gesundheit über, bei denen es eindeutiger um Belange der Integration geht. Krankheit ist, aus einer gewissen Sicht, das Herausfallen des Kranken aus seinem Status als vollintegriertes Mitglied des jeweiligen Kollektivs. Magische Hilfsmittel können also dazu beitragen, seine volle Funktionsfähigkeit wieder herzustellen, und sind in der primitiven Welt weit verbreitet. Das Gegenstück ist die schwarze Magie; neben der physischen Gewalt ist sie das wichtigste primitive Mittel, an Individuen Sanktionen der negativen Prävention von – oder Bestrafung oder Ausschluß wegen – abweichendem Verhalten zu vollziehen.

Obgleich zwischen Magie und der Kriegsführung und anderen Formen der Gewalt komplexe Beziehungen bestehen, fügt erstere sich dem gleichen allgemeinen Paradigma ein. Wie Warner zeigt, stellt der Krieg zwischen den Clans die schwerste Bedrohung für die Integration der Murngin-Gesellschaft dar. Ist die Kriegsmagie gegen präsumptive Feinde gerichtet, dann verstärkt sie die innere Solidarität der kriegführenden Gruppe, um ihren Erfolg zu begünstigen, doch sie bedingt keine rituellen Pflichten, die auch bei den Feinden gelten würden. Intern (etwa auf der Ebene des Clans) kann sie wirksam sein, indem sie sowohl die Interessen des Clans fördert als auch die Einmischung von Kollektiven höherer Ordnung in die Belange des Clans verringert.[29] Solche Fälle von Magie passen in den allgemeinen Rahmen der die organische Solidarität im Durkheimschen Sinn fördernden Mechanismen.

Wir stellten fest, daß das Funktionieren jeder Gesellschaft, besonders aber wohl einer primitiven, die Institutionalisierung gemeinsamer normativer Codes erfordert, welche Regeln für die Ordnung der kommunikativen Aspekte der sozialen Aktivitäten enthalten. Bei einer Gesellschaft wie den Murngin mag das gesellschaftliche Code-System eine anscheinend weniger bedeutsame Struktur als die Verwandtschaft, die Religion oder die Technologie sein – doch es ist der Zement, der all dies verbindet.

Offenbar ist jener Vorschriftcharakter[30] das wichtigste Merkmal der normativen Codes der australischen Ureinwohner, wobei klar ist, daß es sich um einen sehr undifferenzierten Typ von Codes handelt. Die australischen Gesellschaften weisen eine wunderbare Vielfalt von Verwandtschaftsgruppierungen auf, doch diese wirken sich so diffus auf die Status-Zuweisung des Individuums aus, daß dieses praktisch nur über ein Minimum wirklicher Entscheidungsmöglichkeiten verfügt. Obgleich die Individuen eine breite Vielfalt konkreter Handlungen ausführen – z. B. technologische Arbeit, religiöse und magische Rituale, Erholung usw. –, führen sie diese verschiedenen Klassen von Handlungen nicht in *differenzierten Rollen* aus, wie dies für Individuen in höher entwickelten Gesellschaften gilt. Wie Stanner[31] prägnant feststellte, bietet das Leben dem Individuum in einer solchen Gesellschaft »nur eine Möglichkeit«.

Eine Folgerung aus dieser Feststellung ist, daß die Beziehungen zwischen den verschiedenen Kategorien von Handlungen, welche die Individuen ausführen, durch einen undifferenzierten binnengesellschaftlichen Code vorgeschrieben sind. So gelten z. B. alle Regeln für die Jagd auch für die wichtigsten Elemente des gesellschaftlichen Status, besonders Geschlecht, Generationsalter und Verwandtschaftsstatus. Sobald ein Beutetier erlegt ist, schreibt die normative Ordnung vor, wie es gemäß den gleichen Statuselementen verteilt werden muß. Die gleichen Elemente gehen wiederum in die Vorschriften ein, welche die rituelle Handhabung der Jagdtechniken, den an den rituellen Aktivitäten beteiligten Personenkreis und die Art der Partizipation bestimmen.

Diese Tatsachen bilden den Kern des Phänomens, das wir als die Undifferenziertheit der australischen Gesellschaft bezeichneten. Selbstverständlich enthält dieses eine elementare Differenzierung der Funktionen nach Geschlecht und Alter. Letzteres z. B. verleiht den Älteren mehr Autorität als den Jungen, und es gibt einen scharfen Statusunterschied zwischen nicht-initiierten Knaben und initiierten Männern. Solche Differenzierungen gehen vor allem in die Zusammensetzung der Kernfamilie, in ihre ökonomischen und technologischen wie auch sozialisierenden Funktionen und in die Veränderungen der Familienzugehörigkeit auf verschiedenen Stufen des Lebenszyklus ein. Darüber hinaus besteht die Gesellschaft jedoch überwiegend aus *Segmenten*, welche durch die Vorschriften und die durch diese regulierten Praktiken, besonders hinsichtlich der Eheschließung, sowohl voneinander unterschieden als auch miteinander verbunden sind. Die normative Ordnung weist offenbar einen sehr niedrigen Grad der Verallgemeinerung auf, doch dieser ist durchaus mit der Aufrechterhaltung der kulturellen Kontrolle über die jeweiligen Prozesse des Handelns vereinbar. Eine nur nach Alter und Geschlecht sowie durch Loyalitäten gegenüber den vier Ordnungen der Kollektivität: Kernfamilie, Abkunft, Clan und dem recht vage definierte Stamm, differenzierte Rollenstruktur muß offenbar durch Wertstrukturen legitimiert werden. Abgesehen von der wichtigen Ausnahme der »einheiratenden Ehegatten« sind diese Mitgliedsloyalitäten »konzentrisch«, wobei das innerste die anderen impliziert, wie auch der Wohnort in der amerikanischen Gesellschaft die Zugehörigkeit zu einer Gemeinde, einem Staat und zum Staatenbund impliziert. Der Status der einheiratenden Personen stellt die wichtigste Möglichkeit von Rollenkonflikten dar[32] und bietet am ehesten Ansatzpunkte für die entwicklungsmäßige Veränderung. Trotz der Rigidität des Systems von Vorschriften weist dieser Gesellschaftstyp bei näherem Hinsehen viele mögliche Ursachen der Instabilität und des Strukturwandels auf.

*Der Übergang zum »fortgeschrittenen« primitiven Typus*[33]

In den australischen Gesellschaften bildet das durch Ehevorschriften regulierte Verschwägerungssystem die Kernstruktur der gesellschaftlichen Gemeinschaft als ganzer. Wie bereits festgestellt, verbindet dieser Normenkomplex die Segmente der Herkunftsgruppen und Clans zu einer Gesellschaft, die jedoch nicht scharf abgegrenzt ist. Man kann also erwarten, daß strukturelle Veränderungen, gleich welcher Ursache, an diesem Punkt ansetzen werden.
 Eine äußerst wichtige Quelle der Veränderung ist dort gegeben, wo strikte Statusäquivalenz der untereinander heiratenden Verwandtschaftsgruppen zusammenbricht. Eine bestimmte Gruppe könnte dann versuchen, ihren Status oder ihre Position der Kontrolle über Ressourcen dadurch zu verbessern, daß sie bei der Abgabe oder Aufnahme von Ehegatten durch die Etablierung besonderer Beziehungen mit einzelnen Untergruppen innerhalb der Kategorien der vorgeschriebenen Verschwägerungsgruppen Präferenzen einführt. Das heißt, die Ehebündnisse kommen im Hin-

blick auf die Vorteile zustande, welche die sich verschwägernden Gruppen einander gewähren können, und sie beinhalten daher ein Element des Tauschhandels, das in einem reinen Vorschriften-System nicht entstehen könnte. Die Möglichkeit eines evolutionären Fortschritts hängt hier von dem Maß ab, in dem die allgemeinen Grundlagen der Status-Differenzierung institutionalisiert und fähig sind, die Präferenzen zu beeinflussen.

Damit evolutionäre Veränderungen eintreten können, müssen diese Entwicklungen durch eine Verallgemeinerung der Solidarität des Clans ergänzt werden, so daß gemeinsame Identitäten die fortgeschritteneren Herkunftsgruppen daran hindern, sich als unabhängige Clans zu behaupten. Dann kann eine Herkunftsgruppe innerhalb eines Clans eine besondere Solidarität mit einer bestimmten Herkunftsgruppe des vorgeschriebenen Verschwägerungs-Clans entwickeln und diese Herkunftsgruppe bei der Wahl der Ehegatten systematisch und effektiv bevorzugen. Bei solchen Übergangssystemen ist die Struktur des Gatten-»Austausches« und der Bündnissolidarität ein Ergebnis *sowohl* eines durch die Vorschriften bestimmten Kreislaufs *als auch* eines durch die Präferenzwahl bestimmten Unterkreislaufs.[34] Doch die langfristige Tendenz der Evolution weist eindeutig auf die Schwächung und Eliminierung der entwicklungsmäßig restriktiven Vorschriften, welche inhärent die allgemeine Gleichheit der kategorialen Seitenlinien begünstigt.

Unter gewissen Bedingungen können starke ökonomische Zwänge diese Tendenz unterstützen. Die australischen Verhältnisse setzen der funktionsfähigen Größe einer Gruppe enge Grenzen, und die Gruppe muß eine gewisse Autonomie gegenüber anderen Clan-Angehörigen genießen. Ein durch Landwirtschaft und/oder die Nutzung von Haustieren bedingter fester Wohnsitz verstärkt diese Zwänge zumeist. Statt der recht vagen Jagd- und Sammelrechte auf einem großen Territorium werden bestimmte Verwandtschaftsgruppen nunmehr klarer umschriebene *Eigentums*rechte beanspruchen, die häufig die *exklusive* Nutzung von Landstrichen für den Anbau und/oder die Weidewirtschaft vorsehen. Die damit verbundenen ökonomischen Fortschritte können zu einer Vermehrung der Bevölkerung führen und damit den Zwang zur Segmentierung der Herkunftsgruppen verstärken. Außerdem vermehren Fortschritte der ökonomischen Organisation und die Konsolidierung von Eigentumsrechten das Interesse der Herkunftsgruppe an einer effektiven Kontrolle des Territoriums – und damit an klaren und stabilen Grenzen der Gemeinschaft und Gesellschaft.[35]

Sollen der Wohnort und die Nutzung des Landes stabil sein, dann muß der Schwerpunkt bei der Definition der Gemeinschaft sich vom Verschwägerungsaspekt der Verwandschaft auf unabhhängige territoriale Faktoren verlagern. Eine gesellschaftliche Gemeinschaft neuen Grades *muß* also in ihren *äußeren* Beziehungen endogam werden. Doch im Inneren ist es fraglich, ob die Segmentierung der Herkunftsgruppen zu einer Status-*Differenzierung* unter diesen, statt zu einer bloßen Multiplikation strukturell identischer Einheiten führen wird.

Zusammen mit diesen Entwicklungen tritt meist auch eine gewisse berufliche Spezialisierung auf, doch diese wird erst zu einem viel späteren Zeitpunkt der gesellschaftlichen Evolution zur primären Basis der sozialen Differenzierung. Aber innerhalb enger Grenzen können gewisse Herkunftsgruppen sich von anderen differenzieren, indem sie spezialisierte Funktionen ausüben oder bestimmte Ressourcen kontrollieren. In erster Linie gehören hierzu offenbar der Handel, besonders mit der Außenwelt, die Kriegführung und spezielle religiöse Funktionen, wie etwa die Treuhandschaft über sakrale Orte.[36]

Doch aufs Ganze gesehen richtet sich die Entwicklung der meisten Gesellschaften von primitivem Typus nicht (oder nicht nur) nach solchen besonderen Spezialisierungen, sondern nach der Differenzierung der Herkunftsgruppen nach einer allgemeinen Achse von Prestige, Fortschritt und Verantwortung. Wenn dies der Fall ist, dann ergeben sich zwei Fragen: Warum ist die Herkunft die zentrale Einheit? Und welches sind die Grundlagen der Differenzierung?

Um die erste Frage zu beantworten: die sehr kleinen Verwandtschaftseinheiten – z. B. die Kernfamilie, der Familienverband, der Haushalt der Blutsverwandten usw. – sind offenbar zu klein und zu tief in das Gefüge zwischen den Verpflichtungen der Herkunft und der Verschwägerung eingebettet. Vor allem ist es ganz unwahrscheinlich, daß ihre Mitglieder ausreichend ihre Eheschließungen bestimmen können – d. h. die Oberhäupter der Herkunftsgruppe oder des Dorfes, nicht nur die Eltern, kontrollieren die Eheschließungen der Kinder; die institutionalisierte Kontrolle durch die Kinder selbst entwickelt sich erst *viel* später. Der Clan hingegen ist zu fest auf die Vorschriftselemente des Eheschließungssystems begründet. Außerdem bewirken gerade die Grundlagen der Institutionalisierung von Statusunterschieden, daß er zu traditionell, zu amorph und zu wenig korporativ ist, um die *Agentur* einer allgemeinen sozialen Befriedung zu werden.

Es scheint so zu sein, daß in den meisten Fällen irgendeine Variante des durch Herkunft bedingten Organisationstypus, nachdem sie zur wichtigsten Einheit mittlerer Größe geworden ist, als *primäres* Agens der Differenzierung einer Gesellschaft fungiert. Diese ist dann stark genug, um die kleineren Verwandtschaftseinheiten zu kontrollieren und ihnen hinreichend günstige Bedingungen der Eheschließung zu sichern, soweit sie sich nicht selbst im Verfall befindet. Auch ist sie nicht der hauptsächlich verantwortliche Garant des traditionalen Systems.

Das Entstehen einer Differenzierung zwischen Herkunftsgruppen wird anscheinend durch zwei primäre Gruppen von Kräften unterstützt. Die eine – unserer sozialwissenschaftlichen Tradition sehr vertraut – ist die Tendenz zu unterschiedlichen Vorteilen, wobei der Landbesitz deren wichtigstes Vehikel ist. Es besteht die Tendenz, Positionen, die aufgrund von Produktivität, zentralem Standort oder anderen Faktoren vorteilhaft sind, systematisch auszubauen. Besonders in Perioden der Segmentierung und des Bevölkerungswachstums werden die weniger begünstigten Herkunftsgruppen meist auf minderwertigere Standorte verdrängt und ihrer Ressourcen beraubt. Sobald es die feste Institution des Eigentums gibt, ist es – trotz der vielfältigen Grundlagen solcher Vorteile – zweifellos schwierig, den durch jedes System der Gleichwertigkeit der Clans vorausgesetzten strikten Egalitarismus aufrechtzuerhalten.

Die zweite Begründung liegt in der wachsenden Bedeutung der *gesellschaftlichen* Kollektivität als solcher, wozu auch ihre Tendenz zur eindeutigeren Abgrenzung gehört. Diese wiederum bedingt notwendig einen Bedeutungszuwachs ihrer ausgesprochen religiösen Legitimationsgründe, der territorialen Kontrolle über ihre Ressourcen und der gemeinsamen Identität ihrer Bevölkerung. Daher besteht ein Zwang, die kollektive Identität der Gesellschaft eindeutiger und expliziter zu *symbolisieren* und auch ein effektiveres Instrumentarium für ihr Funktionieren als System – besonders im Zusammenhang mit dem, was wir als Regierungsexekutive bezeichnen – zu entwickeln.

Diese beiden Bezugspunkte der Entwicklung betreffen, wie im vorhergehenden Kapitel dargelegt, die Struktur von Systemen des Handelns auf allgemeinster Ebene. Die Bedeutung des Landbesitzes und der territorialen Ordnung der Gesellschaft – sowohl bezüglich der äußeren Grenzen als auch der inneren Landverteilung – wurzelt in der Bedeutung der physischen Welt unter den das soziale Handeln *konditionierenden* Faktoren. In der ganzen Gesellschaft geltendes Prestige und die damit verbundene politische Führung und Übernahme kollektiver Verantwortung leitet sich im Grunde aus der Verfügung über Mittel zur *Kontrolle* der konditionierenden Faktoren her. Außerdem ist undenkbar, daß ein so verzweigter Prozeß der gesellschaftlichen Differenzierung sich konsolidieren könnte, wenn nicht die oberen Gruppen eine allgemeinere religiöse Legitimierung durch das konstitutive Symbolsystem der Gesellschaft sowie das Instrumentarium der Macht als solches gewinnen.[37]

Es ist offenbar unwesentlich, ob wir der einen oder anderen Gruppe obengenannter Faktoren Priorität zuschreiben. Wenn verschiedene Gruppen ihre partikulären Interessen zu weit und zu schnell durchsetzen und die Entwicklung integrierender Faktoren, besonders der religiösen Legitimation, vernachlässigen, wird die Gesellschaft zerbrechen, wobei die relativ benachteiligten Elemente versuchen werden, unabhängige Gesellschaften zu bilden. Wenn die kulturelle oder politische Zentralisierung zu weit fortschreitet und wenn keine adäquaten Grundlagen der Verwandtschafts- und der ökonomisch-politischen Mitglieds-Einheiten entwickelt werden, dann ist es unwahrscheinlich, daß die neue Stufe der kulturellen politischen Organisation aufrechterhalten werden kann.

Am wahrscheinlichsten ist es daher, daß die evolutionäre Entwicklung zu einer *stratifizierten* Gesellschaft führt. Es gibt verschiedene Grade der Stratifikation, doch damit eine stratifizierte Gesellschaft in signifikantem Umfang entstehen kann, muß sie radikal mit dem Egalitarismus eines durch strikte Vorschriften regierten, auf der strikten Gleichwertigkeit aller der gleichen Kategorie angehörenden Seitenlinien beruhenden Verschwägerungssystems brechen. Die Herkunftseinheiten werden bestrebt sein, Ehegatten unter dem Gesichtspunkt des Vorteils auszutauschen, wobei Einheiten mit hohem Prestige sich mit anderen Einheiten von hohem Prestige verbinden.[38] Die Einheiten mit hohem Prestige werden mithin zum Zentrum neuer Elemente der Solidarität innerhalb des gesellschaftlichen Kollektivs – Elemente, die wahrscheinlich zugleich politisch und religiös sein werden, bei empirisch variierender Zusammensetzung dieser beiden Komponenten. Diese Entwicklungen werden zumeist im Rahmen der Verwandtschaftsstruktur selbst stattfinden und jenen hierarchischen Prinzipien folgen, die oft der auf Herkunft beruhenden Organisation innewohnen – z. B. Seniorität auf der Basis des Generationsstatus. Die Entstehung einer Stratifikation kulminiert also meistens im Aufstieg einer einzelnen Herkunftsgruppe zu privilegiertem Rang und vielleicht ihres Seniors zu einer Spitzenposition von Autorität und Prestige. Das heißt, es besteht eine ganz allgemeine Tendenz zur Entstehung einer Monarchie, die sowohl politisch als auch religiös begründet ist.

Die Basis der Gemeinschaft muß radikal neudefiniert werden, damit sie auch die Strukturen von »Klasse« und Präferenz-Heirat einbegreift. Die gesellschaftliche Gemeinschaft begreift sich nunmehr als eine ethnisch-territoriale Gruppe. Wird die Herkunft weit genug zurückverfolgt, dann glauben alle ihre Mitglieder von gemeinsamen Vorfahren abzustammen. Aber diese umfassende Abstammungsgemeinschaft wird *nicht* durch systematische, die ganze Gesellschaft durchdringende Strukturen allseitiger Ehebündnisse gestützt. Die gemeinsame Abkunft wird zumeist mit verschiedenen Formen einer gemeinsamen Kultur assoziiert – z. B. mit Sprache, besonders aber mit Religion. Außerdem führt die Entstehung der differenzierten politischen Autorität zu einem starken Überwiegen territorialer Aspekte der Gemeinschaftssolidarität. Kurz, das gesellschaftliche Kollektiv wird ein *Stamm*, eine ethnische Gruppe, welche die Jurisdiktion über ein Territorium besitzt.

Sobald dieser Übergang stattgefunden hat, wird es immer weniger möglich, die eher primitive Koinzidenz zwischen Verwandtschaftsstatus und Wohnort aufrechtzuerhalten. Der allgemeine Wechsel von der Vorschrift zur Präferenz ist mit einer vielfachen Zunahme der Mobilität und der Chancen für Dominanz-Dependenz-Beziehungen verbunden. Die territorialen Untereinheiten der Gesellschaft – von ganzen Distrikten bis hinab zu den Dörfern – tendieren daher zum Übergang von der Uniformität zu Pluralismus und Ungleichheit. Dies akzentuiert sich besonders dann, wenn die Stratifikation die Stufe der Monarchie erreicht, die generell mit einem zentralen Sitz von Autorität und Prestige verbunden ist. Unvermeidlich werden von einem solchen Sitz sehr ungleiche Elemente – permanent oder temporär – angezogen. Auch können die Prinzipien für die Auswahl der Bevölkerung einer solchen Hauptstadt schwerlich auf Verwandtschaftsbeziehungen beschränkt bleiben.

Eine ethnisch-territoriale Gesellschaftsgemeinschaft erfordert eindeutig eine neue, allgemeinere Legitimationsbasis sowohl ihres Autoritätssystems als auch der Identität der Gemeinschaft selbst. Es besteht nun kein »nahtloses Gewebe« von Verwandtschaftsbeziehungen mehr, innerhalb dessen die Primäreinheiten (z. B. die Clans) einander im Prinzip gleich sind. Es ist ein System, das sich – zuerst durch den variierenden Status seiner Herkunftseinheiten, sodann durch die Aufgliederung des Status nach Verwandtschaft bzw. Nicht-Verwandtschaft (z. B. Wohngebiet) – *differenziert* hat. Dies erfordert die Institutionalisierung allgemeinerer konstitutiver Definitionen dessen, wer »wir« sind, sowie der Natur der verschiedenen, diesem »Wir« einbegriffenen Einheiten. Vor allem sind Verwandtschafts- und Ortseinheiten generell unabhängig voneinander variabel, und es muß eine Prestigeskala institutionalisiert werden, welche beide beinhaltet und miteinander verbindet – z. B. genießt der »Unterschicht-Bewohner« der Hauptstadt, verglichen mit dem einer höheren Schicht angehörenden »Provinzler«, immer noch ein gewisses Prestige.[39]

Außerdem differenziert sich die religiöse Tradition generell in Elemente, welche mit der in den oberen Gruppen (besonders der königlichen Herkunftsgruppe) institutionalisierten gesellschaftlichen Führung verbunden sind, und in Elemente, welche den lokalen religiösen Gemeinden und Verwandtschaftsgruppen eigen sind. Daher bedingt die hier skizzierte Klassendimension grundsätzlich unterschiedliche Möglichkeiten des Zugangs zu den *höheren* Elementen einer neuen, differenzierteren sakralen Ordnung.[40]

Wie wir feststellten, beruht die gesellschaftliche Gemeinschaft bei den primitivsten Gesellschaften überwiegend auf einer durch Verschwägerung gestützten Solidarität. Die eben dargestellten Differenzierungsprozesse fügen der Gemeinschaftsstruktur eine zweite Achse hinzu – welche nur durch komplexere Integrationsmechanismen kontrolliert werden kann. Das Territorium begrenzt die Gemeinschaft nach außen und begründet im Inneren die Institution des Eigentums bezüglich des territorialen Standorts (d. h. Landbesitz). Der Wohnort und die Kontrolle der ökonomischen

Ressourcen werden *unabhängig* von der Verwandtschaft; die Stellung der operativen Einheit – einer Herkunftsgruppe auf bestimmter Stufe – innerhalb des Systems beruht nunmehr auf *zwei* voneinander unabhängigen Grundlagen: Verwandtschaft und Eigentum.

In ganz primitiven Systemen finden die allgemeinsten und signifikantesten Tauschtransaktionen in einem Kreislauf des direkten und indirekten Austausches von Ehegatten statt. Infolge der Differenzierung werden Gattinnen gegen Prestige und/oder Eigentum und vice versa getauscht. Die jeweilige Position im System der Stratifikation *resultiert*, wie oben dargestellt, aus dem Zusammenspiel der beiden Medien der Wertzirkulation.

Wollen wir dieses Zusammenspiel verstehen, dann müssen wir uns klar machen, daß eine Eheschließung für eine relativ kleine Verwandtschaftsgruppe ein großes, relativ seltenes, verpflichtendes Ereignis darstellt. Einer anderen Gruppe eine Tochter oder einen zu »geben«, bedeutet eine starke »Veräußerung« der mobilen Ressourcen. Ähnlich ist der Transfer von Eigentumsrechten am Landbesitz eine große Transaktion, die nur selten stattfinden kann. Eine Hochzeit bewirkt also nichts anderes, als die eine Frau gebende Einheit und die eine Frau nehmende Einheit zur Fortsetzung des Austausches von Wertobjekten zu verpflichten, der möglicherweise mit dem »Brautpreis« beginnt. Diese Werte sind für gewöhnlich ausgeglichen, um die Gruppe, die eine Frau oder einen Mann hergibt, für ihre Veräußerung von Ressourcen zu entschädigen, obgleich die Tauschbeziehungen häufig durch Statusunterschiede kompliziert werden.

Auf dieser Stufe der Evolution ist das Eigentum *keine* differenzierte, strikt ökonomische Kategorie, vielmehr beinhaltet es Komponenten von diffusem Einfluß oder Prestige und politischer Autorität oder Macht sowie die Kontrolle über ökonomische Ressourcen. In manchen Fällen machen die territorialen Bedingungen des Landbesitzes die betreffenden Herkunftsgruppen praktisch zu kleinen Souveränen innerhalb der größeren Stammesgemeinschaft. Die berechtigte Herkunftsgruppe ist daher wie ein Staat innerhalb eines Bundesstaates, doch sie ist durch viel informellere Mechanismen, insbesondere durch den Austausch von Gatten und Vorteile ihres diffusen Besitzstatus in das größere System integriert.

Die Komponenten des Eigentumskomplexes sind institutionell etwa in der gleichen Weise miteinander verbunden wie die Komponenten der primitivsten institutionellen Codes, die wir erörtert haben. Doch erlaubt dieser beträchtliche Variationen des konkreten Handelns, auch über jenes hinaus, das aus der zwischen den Komplexen der Affiliations- und Eigentumsbeziehungen bestehenden fundamentalen Unabhängigkeit herrührt. Wie wir sehen werden, unterscheiden sich die Typen der fortgeschritteneren primitiven Gesellschaften je nach dem relativen Gewicht der unabhängigen Komponenten des Eigentumskomplexes, des religiös-kulturellen, des politischen und ökonomischen Komplexes sowie nach dem Grad der zwischen den Komplexen Affiliation-Verwandtschaft und Eigentum bestehenden Differenzierung. Daher gibt es keinen vollkommen uniformen universellen Typus.

Doch in Fällen der am stärksten ausgeprägten Stratifikation tendieren die königlichen Geschlechter, die durch den Brauch der Polygynie sehr groß sowie sehr kompakt organisiert sein können, dazu, sich eine starke Kontrolle über die mobilen ökonomischen und politischen Ressourcen der ganzen Gesellschaft anzueignen; dies geschieht weitgehend durch das Arrangieren politisch kluger Heiratsbündnisse, welche die verschwägerten Gruppen stark verpflichten. Dies ist offenbar eine unumgängliche Bedingung der Fähigkeit solcher königlicher Gruppen, ihrer Verantwortung gegenüber dem ganzen Stamm nachzukommen. Zu dieser Verantwortung können religiöse Rituale, relativ säkulare, die gesellschaftliche Solidarität steigernde Zeremonien, die Verwaltung der politischen »Bürokratie« oder die militärische Organisation gehören. Die Stratifikation ist also eine Institution, welche eine erhebliche Zunahme der relativen Zentralisierung der gesellschaftlichen Verantwortung und damit der kollektiven Effektivität ermöglicht. Auf dieser Stufe der Evolution basiert ein hoher Status nicht primär auf der überlegenen Kontrolle von politischer Macht und ökonomischen Ressourcen. Vielmehr ermöglicht er die institutionalisierte Konzentration solcher Kontrolle, welche dieser Überlegenheit selbst zugrunde liegt.

Schließlich sind wohl zwei Voraussetzungen des Prestiges besonders bedeutsam für die Fähigkeit der überlegenen Königsgeschlechter, ihre Position innerhalb der Gemeinschaft – besonders durch die Strukturierung ihrer Verwandtschaftsbeziehungen – auszubeuten. Zum einen ist es die zentrale Rolle des königlichen Geschlechts innerhalb des allgemeinen religiösen Systems – eines Systems, das ausreichte, um eine wesentlich differenziertere und größere Gesellschaft zu legitimieren. Zum anderen ist es die Freisetzung von Ressourcen aus der für die primitivsten Gesellschaften charakteristischen Verbindung mit den Verwandtschaftsverhältnissen. Die Mobilität der Ressourcen wird durch die Entstehung von Landbesitz als einem strukturell unabhängigen Element wesentlich gesteigert.

Diese Mobilität erfordert äquivalente Input-Output-Tauschbeziehungen zwischen den Geschlechtereinheiten – z. B. hinsichtlich des relativen Wertes der Ehebündnisse und Eigentumsrechte. Die Prestigeposition innerhalb des Stratifikationssystems ist es, die den »Preis« bestimmt, zu dem diese Komponenten ausgetauscht werden. Institutionelle Mechanismen, welche eine flexible Bestimmung dieses Prestigeelements gestatten, sind eine fundamentale Voraussetzung des fortgeschrittenen Typus der primitiven Gesellschaft.

### Typen fortgeschrittener primitiver Gesellschaften

Zum Abschluß dieses Kapitels wollen wir einen besonders wichtigen Aspekt der zwischen den fortgeschrittenen primitiven Gesellschaften bestehenden Variationen diskutieren. Das günstigste »Feld« stellen offenbar die afrikanischen Königtümer dar, die eine große Vielfalt von Erscheinungsformen bieten und, besonders von britischen Anthropologen, sehr gründlich studiert worden sind.[41]

Anders als der australische Gesellschaftstyp, sind alle fortgeschrittenen primitiven Gesellschaften durch Stratifikation und durch eine gewisse, auf relativ sicheren territorialen Grenzen beruhende, zentrale politische Organisation gekennzeichnet. Zudem bedingt das politische Element stets einer Fusion der – von uns so bezeichneten – politischen und religiösen Komponenten, welche auf dieser Evolutionsstufe niemals klar differenziert sind. Wir finden jedoch eine verschieden starke relative Betonung der religiösen bzw. politischen Aspekte, und dies ist offenbar die, zumindest für unsere Zwecke, wichtigste Achse der Variation.

Ein ganz deutliches Beispiel für ein Volk, das eine monarchische Institution überwiegend religiöser Ausprägung entwickelte, sind die Shilluk, am oberen Nil im Sudan. Bei ihnen finden wir ein fest etabliertes Gott-Königtum, das wegen seiner Ähnlichkeit mit dem altägyptischen System und der Nähe des Sudan zu Ägypten besonders interessant ist.

Die Gesellschaft der Shilluk ist stark segmentiert, was vermutlich auf die Tatsache zurückzuführen ist, daß ihr Wohngebiet sich am Ostufer des Nil erstreckt.[42] Auch besteht eine scharfe institutionelle Trennung zwischen dem nördlichen und dem südlichen Sektor der Gesellschaft. Bezeichnenderweise liegt die Hauptstadt und der Sitz der Monarchie, Faschoda, in der Mitte zwischen dem Norden und dem Süden, und die Häuptlinge der beiden Sektoren haben bei der Wahl des neuen Königs eine sehr wichtige Funktion. Die Oberschicht der Shilluk besteht aus den Nachfahren ihrer Könige. Dank vielfältiger Arrangements verteilen ihre Residenzen sich über das ganze Territorium und sind nicht in der Nähe oder in der Hauptstadt selbst konzentriert. Zum Teil ist dies die Folge eines matrilinearen Königssystems, doch es besteht auch eine ausdrückliche Regelung, daß Prinzen (d. h. Söhne der Frau eines Königs) in der Geburtsgemeinde der Mutter, und nie in der Hauptstadt, aufgezogen werden. Die lokalen Häuptlinge residieren Seite an Seite mit den Priestergeschlechtern, ein Status, in den sie sich mit den Clans der königlichen »Gefolgsleute« teilen. Diese sind nicht generell Mitglieder des Königsgeschlechts, sondern Häupter lokaler Geschlechter. Außerdem werden sie für ihre Position durch ihre eigenen Geschlechter und nicht durch königliche Berufung nominiert, doch eine gewisse Form der königlichen Zustimmung ist üblich. Sie bilden keinen administrativen Apparat der Zentral-»Regierung«.

Die Institution des Königtums ist durch die Göttlichkeit des Königs strukturiert.[43] Der regierende König ist nicht nur Nachfahre, sondern die tatsächliche Inkarnation des mythischen Gründer-Gottes, Nyikang, der die Basis der Legitimität und der Identität der Shilluk als Volk darstellt. Wenn der König stirbt, wird Nyikang in ein Bildnis inkarniert, welches in einem Schrein im nördlichen Landesteil aufbewahrt wird. Etwa ein Jahr später wird das Bildnis zeremoniell in den gewählten König reinkarniert, der nunmehr nicht nur durch Nyikang legitimiert ist, sondern Nyikang selbst *wird*. Die rituellen Verfahren der Investitur weisen deutlich nicht nur auf die Göttlichkeit des Königs, sondern auch auf seine Funktion hin, die Hauptkomponenten der Gesellschaft zu integrieren. Er wird durch die beiden Häuptlinge des nördlichen und südlichen Landesteiles nominiert, und diese *müssen* in ihrer Entscheidung übereinstimmen. Danach müssen die Repräsentanten aller wichtigen strukturellen Segmente der Gesellschaft rituell der Nominierung zustimmen.

Die Religion der Shilluk stellt eine weitere Verallgemeinerung und Systematisierung des primitiven Typus der sakralen und rituellen Ordnung dar. Die Funktion der Bewahrung und Verwirklichung der sakralen Traditionen liegt beim Königsgeschlecht und der Oberschicht, vor allem bei der Institution des Königtums.

Die integrierenden Aspekte des Königtums treten bei den Shilluk ohne die besonders markante Entwicklung von überwiegend administrativen und politisch-aktivistischen Aspekten auf. Die Shilluk sind seßhaft und haben eine erheblich höhere Wirtschaftsordnung als die Australier. Doch wenn sie z. B. Krieg führen, geschieht dies im wesentlichen durch die Mobilisierung der unabhängigen Geschlechter, nicht dadurch, daß der König an feste militärische Tributpflichten appelliert, die sich mit der Herkunftsstruktur überschneiden und über die er allein gebietet.

Diese Strukturen kann man als frühe Stufe der Entwicklung eines Gesellschaftstyps ansprechen, der sich in den folgenden Kapiteln als sehr bedeutsam für die weitere gesellschaftliche Evolution erweisen wird. Dieser wichtige Typus beruht auf der Integration größerer Solidaritätsstrukturen durch Angliederung von gleichartigen Subkomponenten. Diese Komponenten können erst auf einer wesentlich höheren Evolutionsstufe Individuen sein; in frühen Phasen der Evolution sind sie stets Verwandtschaftsgruppen, insbesondere Geschlechter. Das Gott-Königtum der Shilluk stellt offenbar einen Schirm der Heiligkeit dar, unter dem die segmentierten Einheiten zu einer assoziativen Struktur konsolidiert, ihre Trennungsbestrebungen kontrolliert und positive Solidaritäten entwickelt werden können. Ähnlich wie im Fall der Konföderation von Stammeseinheiten bei den Shilluk, verbanden sich überall im mediterranen und mesopotamischen Raum alte Geschlechter, um fortschrittlichere gesellschaftliche Strukturen vom Typus der kleinen Polis zu bilden.

Den zweiten Haupttypus fortgeschrittener primitiver Gesellschaften repräsentieren eine Reihe von recht unterschiedlichen Beispielen, die im Symposium *African Political Systems* beschrieben wurden. Bei diesem Typ besitzen die politischen Komponenten der funktionell diffusen Führungsinstitutionen einen gewissen Vorrang vor den religiösen Komponenten. Die monarchischen Institutionen sind sehr wesentlich für die Differenzierung der Oberschicht, und sie bedingen die feste Institutionalisierung einer allgemeinen diffusen Priorität der gesellschaftlichen Solidarität gegenüber den Interessen der Segment-Einheiten.

Ein Hauptmerkmal dieses Gesellschaftstypus ist die Entstehung eines königlichen Verwaltungsapparates, dessen verschiedene Formen und Grade als Regierung anzusprechen sind – welche bei den Shilluk nur im rudimentärsten Sinne existiert. Fortes und Evans-Pritchard[44] heben die Bedeutung einer *zentralisierten* Befehlsgewalt für deren Entstehung hervor. Ein wesentlicher Faktor ist hier die Entwicklung eines zentralisierten militärischen Apparates für die Kriegführung gegen äußere Gesellschaften, wobei die Grenze zwischen Verteidigung und aggressiven Eroberungs- und Beutezügen, wie so oft in der Geschichte der Kriege, recht unbestimmt bleibt. Doch beinah ebenso wichtig ist der Einsatz des Militärs zur Aufrechterhaltung der inneren Ordnung, besonders zur Eindämmung der in diesen Gesellschaften endemischen Tendenzen zur Auflösung und Rebellion. Sie *alle* haben bezeichnenderweise eine Geschichte ununterbrochener Gewalt und Unordnung, wozu auch häufige Kämpfe um das Königtum zwischen den Seitenlinien des Königsgeschlechts und verschiedenen Segmentgruppen gehören. Das Zulu-Königtum auf dem Höhepunkt seiner Entwicklung war wohl das extremste Beispiel für die innerhalb von Gesellschaften dieses Typus bestehende Tendenz zur Militarisierung.[45]

Wie bedeutsam der militärische Faktor und wie groß die Möglichkeiten der Tyrannei auch sein mögen – diese Aspekte machen nie die ganze Geschichte aus. Der religiöse Status der Institution Monarchie und das Autoritätssystem waren bei diesem Typus anfangs generell ebenso wichtig. Der Gebrauch, den der König und die oberen Gruppen von der Autorität machen, ist so zu verstehen, daß damit das kollektive Interesse des Stammes, so wie es durch die religiöse Tradition legitimiert ist, gewahrt wird. Im Vergleich zu anderen primitiven Gesellschaften entwickelte sich die religiöse Tradition hier zu einem viel höheren Allgemeinheitsgrad, besonders was die vom ganzen Stamm verehrten Gottheiten, das stark akzentuierte Thema der Abstammung des ganzen Stammes von Ahnen aus einer heroischen Vergangenheit sowie die Konzeption des Gründerkönigs als Ursprung der sozio-kosmischen Ordnung betraf.[46] Afrika war eine Region ausgeprägter Mobilität, und viele neuzeitliche Königtümer wurden in so junger Zeit begründet, daß die Reihenfolge der Monarchen bis hin zu den gegenwärtigen Regenten ausführlich belegt ist und als Tradition aufrechterhalten wird. Dies bedeutet aber, daß diese Gesellschaften so etwas wie eine Geschichte haben, wie sie die primitiven Australier in diesem Sinn nicht besitzen.

Ein wichtiges Merkmal dieses Gesellschaftstypus ist die Entstehung von zivilen Administrationssystemen, die mehr oder minder klar sowohl vom Militär als auch von den strikt religiösen Organisationen unterschieden sind. Die Verbindung zwischen der Zentral-»Verwaltung« und den Häuptlingstümern der regionalen oder lokalen Herkunftsgruppen ist ein bedeutendes strukturelles Problem dieser Gesellschaften. Anders als bei den Shilluk, besteht eine allgemeine Tendenz, daß die lokalen Administratoren durch die zentrale Autorität berufen werden. Außerdem entwickeln sich zumeist Machtapparate für die Besteuerung, Verwaltung, Justiz und dergleichen, welche nur sehr partiell (formal betrachtet, häufig überhaupt nicht) durch die lokalen Gruppen kontrolliert werden. Besonders wichtig ist, wie Fortes und Evans-Pritchard betonen, daß die zentralen Autoritäten all dieser Gesellschaften systematische Institutionen zur Regulierung der Justizadministration sind – mit anderen Worten sicherstellen, daß die Fälle in Übereinstimmung mit den akzeptierten Normen der *zentralen* Tradition abgehandelt werden.[47]

Die militärischen wie zivilen »Bürokratien« dieser Gesellschaftstypen sind Ansatzpunkte für die zunehmende Differenzierung der Institutionen von den Verwandtschaftszusammenhängen. Wenn aber der Schwerpunkt stärker auf dem politischen als auf dem religiösen Aspekt liegt, dann führt dies meist zum Aufbau einer relativ strengen Hierarchie. Dies hemmt im allgemeinen sowohl die Entwicklung von assoziationalen Solidaritäten, die unabhängig von der »Verteilung« der Autorität sind, als auch eine Autonomie der Einheiten, die im strikten Sinn eher ökonomisch als politisch ist.

Ein besonders anschaulicher Fall einer gemäßigten Entwicklung zum eher »politischen«, fortgeschrittenen primitiven Typus ist der Stamm der Bemba, den Audrey Richards beschrieben hat.[48] Die Nupe, ausführlich dargestellt von Nadel[49], erreichten unter islamischem Einfluß die Grenze zwischen der primitiven und der archaischen Gesellschaft. Sie entwickelten das, was Max Weber die »patrimoniale« Monarchie nennt; dazu gehören eine extensive Verwaltungsbürokratie, organisiertes Handwerk, kontrollierter Handel und sogar die Anfänge eines Geldsystems.

# IV
# Archaische Gesellschaften

Wir wenden uns nun der zweiten unter den drei Hauptstufen der gesellschaftlichen Entwicklung, der »intermediären Stufe« zu, die durch die Entwicklung der *geschriebenen* Sprache gekennzeichnet ist.

Wie wir erwähnten, gibt es Fälle, in denen überwiegend primitive Gesellschaften sich mit alphabetischen Kulturen wechselseitig durchdringen; ein Beispiel dafür sind die Nupe seit ihrer Eroberung durch die islamischen Fullani. Doch die Nupe stehen eindeutig am Rande eines im wesentlichen fremden religiös-kulturellen Komplexes, während bei einer wirklich intermediären Gesellschaft die Kultur durch eine einheimische literarische Tradition begründet wird.

Wir unterscheiden zwei *hauptsächliche* Unterstufen der intermediären Gesellschaft, nämlich die archaische und die »fortgeschritten intermediäre«. Als archaisch bezeichnen wir die erste Hauptstufe der Evolution einer intermediären Gesellschaft, nämlich die der zünftischen Schriftkunde und der kosmologischen Religion. Die fortgeschrittene Stufe ist durch die volle Schriftbeherrschung auf Seiten der Oberschicht sowie kulturell durch das gekennzeichnet, was Bellah[1] eine *historische* Religion nennt, nämlich eine Religion, welche die *philosophische* Ebene der Verallgemeinerung und Systematisierung erreicht hat. Solche Religionen entwickeln erstmals Vorstellungen über eine *übernatürliche* Ordnung im Durkheimschen Sinne, die sich klar von jeder »Naturordnung« unterscheidet. Ein archaisches, »kosmologisches«, religiös-kulturelles System verallgemeinert und symbolisiert den konstitutiven Symbolismus der Gesellschaft weitaus stärker als das kulturelle System jeder primitiven Gesellschaft. Diese kulturelle Vervollkommnung steht im Zusammenhang mit der Schriftbeherrschung der Priesterschaft und ihrer Fähigkeit, eine stabile schriftliche Tradition aufrechtzuerhalten. Die Schriftbeherrschung ist jedoch immer noch esoterisch und auf spezialisierte Gruppen beschränkt – daher ist es eine zünftische Schriftbeherrschung. Neben der religiös-magischen Verwendung ist sie vor allem für administrative Zwecke spezialisiert. Nur in fortgeschritten intermediären Gesellschaften ist die auf der Beherrschung einer zentralen literarischen Tradition beruhende Schriftbeherrschung ein Merkmal aller erwachsenen Männer der Oberschicht – z. B. der oberen Hindu-Kasten oder des chinesischen Adels.

Ein kosmologisches Kultursystem wird in der Regel durch eine spezialisierte Tempel-Priesterschaft für die gesamte Gesellschaft interpretiert und dieser rituell vermittelt. Die Priesterschaften verwalten die *Kulte*, deren Funktionen und rituelle Vorteile nun nicht mehr so rigide den fundamentalen Verwandtschafts- und Gemeindestrukturen zugeschrieben werden wie noch in fortgeschrittenen primitiven Gesellschaften. In manchen Fällen wird der Tempel selbst zur zentralen Einheit der sozialen Organisation – z. B. in ökonomischer Hinsicht. Für gewöhnlich ist die Funktion der kulturellen Legitimation dann differenziert, verallgemeinert und wird, obgleich an die höchste Stufe der Gesellschaft (z. B. den König) gebunden, den Priestergruppen anvertraut.[2]

Im »politischen« Bereich – in dem Sinn, wie dieser Terminus im letzten Kapitel verwendet wurde – gibt es eine parallele Differenzierung. *Alle* archaischen Gesellschaften haben einen Verwaltungsapparat, der weit über die Stufe von Gesellschaften wie den Shilluk oder den Bemba hinaus vervollkommnet ist. Die priesterlichen und administrativen Funktionen werden zumeist nicht von berufenen Individuen, sondern von Geschlechtern verwaltet, wobei bestimmte Statuspositionen typischerweise vererbt werden. Auch überschneiden sich die politischen und religiösen Ämter oft ganz erheblich. Doch sie sind hinreichend selbständig, so daß wir die religiöse und die säkulare Stratifikation als recht differenziert betrachten dürfen. Doch jede von ihnen tendiert dazu, sich nach einem Drei-Klassen-Muster herauszukristallisieren: die Spitze, verbunden mit dem Charisma des Monarchen und der Ausübung seiner kombinierten religiösen und politischen Autorität; eine weniger zentralisierte Mittelgruppe, die für das eher routinemäßige Funktionieren der Gesellschaft verantwortlich ist; und die Masse der einfachen Leute, die vor allem den Boden bestellen. Zu letzteren gehören auch die Handwerker und sogar die Kaufleute, welche mit der weiteren Entwicklung zunehmend an Bedeutung gewinnen, besonders als Beamte der großen Haushalte oder Tempel, die in einem klientenartigen Verhältnis zu den führenden Besitzergeschlechtern stehen.[3]

Diese weitere Differenzierung ist offenbar für die Abkehr von den Formen verantwortlich, welche durch die beiden am Ende des dritten Kapitels erwähnten fortgeschritten primitiven Gesellschaften vorgeschrieben werden. Die beiden Fälle von archaischen Gesellschaften, die wir in diesem Kapitel diskutieren werden, nämlich das alte Ägypten und Mesopotamien, exemplifizieren eine seltsame Umkehr im Vergleich zu den Shilluk und den Bemba. Ägypten hatte die am höchsten entwickelte Institution des Gott-Königtums in der ganzen bekannten Welt. Gleichzeitig war die Struktur der Gesellschaft nicht in der Weise wie bei den Shilluk segmentiert, sondern bemerkenswert hierarchisch und in einem besonderen Sinn »demokratisch«. In Mesopotamien war das Königtum bemerkenswerterweise *nicht* mit der Gottheit fusioniert, aber die tragende Basis der Gesellschaft war wesentlich stärker segmentiert. Doch diese Segmentierung entwickelte sich in der Form von urbanen Gemeinden – und nicht von Verwandtschaftsgruppen an sich –, welche die wichtigsten Mitgliedseinheiten der Gesellschaft waren. Wir werden zeigen, daß die sehr ausgeprägte Entwicklung der intermediären Ebene dieser gesellschaftlichen Strukturen einen solchen Unterschied erzwang. Die kosmologische Stufe der kulturellen Symbolisierung vorausgesetzt, erforderte die Kontrolle einer so komplexen Gesellschaft (z. B. im Vergleich zu den Shilluk) einen straff kontrollierten Apparat der Ritualisierung und politischen Administration. Doch im Falle Mesopotamiens erlaubte die relative Dezentralisierung des religiösen Systems den konstituierenden strukturellen Einheiten eine viel größere Autonomie. Es ist aber bezeichnend, daß der politische Gipfel der mesopotamischen Gesellschaft nicht annähernd so stabil war wie der Ägyptens.

Archaische Gesellschaften sind unabhängig voneinander in vielen Teilen der Welt entstanden, vor allem auf dem indischen Subkontinent, in China, Südostasien und in der Neuen Welt (die Azteken, Mayas und Inkas). Doch wir haben uns entschlossen, Ägypten und Mesopotamien zu untersuchen, weil sie so gründlich von Archäologen erforscht worden sind, und wegen ihrer historischen Verbindung mit fortgeschritteneren Gesellschaften, die wir im folgenden diskutieren werden.

Unsere Darstellung der fortgeschritten intermediären Gesellschaften werden wir auf zwei Kapitel verteilen, wobei die Abgrenzung zwischen diesen etwas kompliziert, aber nicht willkürlich ist. In Kapitel V werden wir ein Spektrum von Gesellschaften behandeln, welche innerhalb einer erheblichen Variationsbreite hohe

Stufen der Organisation erreichten und über etliche Jahrhunderte hinweg eine beträchtliche Kontinuität ihrer fundamentalen Strukturen bewahrten, die jedoch erstaunlich unfähig waren, aus eigenen Kräften und eigenem Entwicklungspotential den entscheidenden Übergang zur *modernen* Phase der Evolution zu schaffen. Unsere Auffassung dieser Gesellschaften orientiert sich stark an Max Weber, wobei wir uns mit dem Problem befassen, warum sie nicht jene entscheidende Kombination von Modernisierungsfaktoren entwickelten, die im modernen Westen auftraten. In Kapitel VI werden wir zwei Gesellschaften von sehr unterschiedlicher Ordnung behandeln – nämlich Israel und Griechenland in gewissen kritischen Perioden ihrer Entwicklung. Beide waren, verglichen mit Ägypten, Mesopotamien oder Persien, sehr kleine Gesellschaften; ihre politische Unabhängigkeit war äußerst gefährdet, und beide verloren diese nach jeweils kurzen Perioden. Sie spielten im zivilisatorischen Kontext ihrer Zeit keine bedeutende Rolle, doch beide brachten kulturelle Neuerungen hervor, die für die weitere Zukunft von entscheidender Bedeutung waren: die Religion Jahwes und die mehr oder minder säkulare Kultur Griechenlands. In Kombination mit anderen Faktoren schufen diese die Grundlagen für die Entstehung des modernen Gesellschaftstypus, und daher verdienen sie eine besondere Behandlung.

## *Das alte Ägypten*

Wir wollen mit der Feststellung beginnen, daß Ägypten eindeutig schriftkundig war – doch überwiegend im speziellen Sinn der zünftischen Schriftbeherrschung. Die Schriftkunde diente in erster Linie der Beschwörung und Aufrechterhaltung religiös-magischer Formen und der administrativen Buchführung.[4] Offenbar hatten die Schriftkunde und ein entsprechender Bildungsgrad nicht die ganze Oberschicht durchdrungen, wie dies später in Israel nach dem Exil, in Griechenland, Rom, im Brahmanischen Indien oder im nach-konfuzianischen China der Fall war.

Zweitens war Ägypten politisch wie kulturell recht scharf abgegrenzt, ein Zustand, der durch die einzigartige geographische Lage des nach Osten und nach Westen durch Wüsten isolierten Nil-Tales begünstigt war. Zwei Grenzen waren relativ offen, nämlich die Mittelmeerküste und die gemäßigte Wüste am oberen Nil.[5] Die weite Entfernung zwischen diesen offenen Grenzen, deren eine Unterägypten und deren andere Oberägypten abschloß, war wahrscheinlich sehr bedeutsam. Ägyptens sowohl religiös als auch politisch sehr charakteristisches System war seinen »primitiveren« Nachbarn im Gebiet des oberen Nil verwandter als anderen.[6] Wenn die Hebräer die ägyptische Kultur als fremd empfanden, dann zeigt dies, welch scharfe Unterschiede an seinen Mittelmeergrenzen bestanden.

Drittens hatte Ägypten selbstverständlich ein deutlich ausgeprägtes System der Stratifikation, das die unteren Schichten einschloß. In diesem Zusammenhang ist bedeutsam, daß die Eroberung in der ägyptischen Geschichte offenbar eine sekundäre Rolle spielte. Wie autoritär die ägyptische Herrschaft dem Betrachter auch erscheinen mag, es ist doch kaum zu bezweifeln, daß alle Klassen authentisch der gleichen Gesellschaft angehörten. Obgleich die ägyptische Gesellschaft erheblich differenziert war, entwickelte sie eine einmalige Form der zentralisierten Integration, welche – mit Ausnahme einiger Perioden der Desorganisation – sehr lange intakt blieb.[7]

Das bezeichnendste Merkmal der ägyptischen Gesellschaft war die Institution des Königtums – ein mit vielen anderen Komponenten verbundener Komplex. Unter allen bekannten Institutionen der Monarchie kam in ihr am stärksten nicht die Vergöttlichung des Königs, sondern seine tatsächliche *Göttlichkeit* zum Ausdruck. Es war der ägyptischen Konzeption eigentümlich, daß König zu sein, göttlich zu sein *bedeutete*.[8] Die beiden Kategorien waren nicht voneinander zu trennen – es gab kein menschliches oder rituelles Agens, das den König zum Gott gemacht hätte, obgleich er selbstverständlich zugleich als menschlich angesehen wurde. Das Königtum war ein primärer Aspekt der sakralen Ordnung selbst sowie seiner Funktion, die kosmische Ordnung der menschlichen Angelegenheiten wie auch der organischen und anorganischen Natur zu regulieren.[9] Anders als die griechischen oder gar mesopotamischen Götter, *griffen* die ägyptischen Götter nicht in menschliche Angelegenheiten ein, weder »regierten« sie diese, noch manipulierten sie die politischen Führer menschlicher Gesellschaften. Die Regelung menschlicher Angelegenheiten war integraler Bestandteil der göttlichen Ordnung selbst.[10]

Dies bedeutet nicht, daß die Ägypter die *conditio humana* selbst als göttlich erachteten, sondern das gerade Gegenteil. Verglichen mit der primitiven Situation, bestand eine tiefe Kluft zwischen dem Göttlichen und dem Menschlichen. *Nur* durch die Göttlichkeit des Königs und seiner intimen Verbindungen konnten menschliche Wesen sich mit dem Göttlichen in Verbindung setzen. Gewöhnliche Menschen konnten nicht an der sakralen Ordnung partizipieren – sie konnten sich nur in ihr artikulieren.

Diese Artikulation wurde vor allem durch ein ungeheuer verzweigtes System von Kulten gewährleistet, das über ganz Ägypten hin verbreitet war und dessen Veranstaltungen Myriaden von Göttern mit sowohl partikularer, lokaler als auch allgemeiner, kosmischer Geltung galten, das jedoch weitgehend durch das Charisma der Göttlichkeit des Pharao legitimiert wurde. In gewissem Sinn delegierte der Pharao seine charismatischen Kräfte an das ganze Corps der priesterlichen Beamten.[11] Anscheinend war diese Delegation zum Teil dadurch legitimiert, daß der Pharao offenbar unmöglich alle diese kultischen Funktionen selbst erfüllen konnte. Die höchsten Beamten dieses religiösen Regimes bildeten ein Hauptelement der Oberschichten, doch andere bekleideten auch Positionen auf vielfältigen niedrigeren Ebenen. Die Göttlichkeit des Pharao war daher die Basis für das verzweigte System der Tempel-Priesterschaften, die nicht nur für die Kulte verantwortlich waren, sondern auch ungeheure ökonomische Ressourcen verwalteten und die politische Organisation der Gesellschaft durchdrangen.[12]

Die primären, wenn auch nicht exklusiven Organisationsprinzipien waren wahrscheinlich mit dem Königtum und dem Landbesitz verbunden. Der Grad der Verwandtschaft mit dem königlichen Geschlecht war selbstverständlich ein primäres Statuskriterium. Die Polygynie und die großen Harems, die vom König und den Mitgliedern seines Geschlechts und anderen hohen Adligen unterhalten wurden, schufen ein großes Reservoir von Personen, die durch ihren hereditären Status für hohe Ehrenämter qualifiziert waren – es war vermutlich nicht ungewöhnlich, daß ein Pharao zweihundert leibliche Söhne hatte.[13] Die Klassenstruktur mochte sich also in der Pyramide selbst symbolisieren, wobei die enge Verbindung zur göttlichen Welt das primäre Statuskriterium war. Diese Statusordnung war hier diffus, sie überlagerte die schärfere Differenzierung späterer Gesellschaften in religiöse und säkulare Organisationen und Funktionen. Sie konnte jedoch die ganz strikten Formen der Verwandtschaftszugehörigkeit durchbrechen und ermöglichte es befähigten Leuten, routinemäßig von niedrigeren zu höheren Dienststellen aufzurücken. Sie konnte daher wesentlich stärker bürokratisch werden als jede primitive Gesellschaft. Die wichtigste unter diesen Entwicklungen war eine Verschärfung des hierarchischen Unterschieds zwischen der sakralen und der säkularen Welt. Verglichen mit primitiven Systemen, war die Spitze sakraler und die Basis profaner. Diese Differenzierung führte aber noch nicht zu dem allgemeinen Dualismus, der die von Bellah analysierten historischen Religionen kennzeichnet.[14] Beide Sphären blieben innerhalb eines einzigen Ordnungssystems, sie waren weder »natürlich« noch »übernatürlich« in dem Sinn, wie dies innerhalb der westlichen Kultur verstanden wird, denn die fundamentale Differenzierung zwischen ihnen beiden war noch nicht eingetreten.[15] Die archaische Entwicklung beinhaltet anscheinend eine Differenzierung zwischen solchen Aspekten eines sozial strukturierten Systems des Handelns, die unmittelbar auf sakrale Seinsgründe bezogen sind, und solchen, die nur sekundär, vermittelt durch den König und die Priester des Pharaonenkults, auf diese bezogen sind.

Die »Erhabenheit« des Pharao verlieh nicht nur einem Individuum einen besonderen Status, sondern schuf auch eine massive institutionelle Struktur, das königliche *Geschlecht*, das einer offenbar recht fest integrierten Aristokratie vorstand. Anscheinend besetzte diese Hierarchie die höheren Stufen der beiden wichtigsten institutionellen Strukturen, welche – neben der Monarchie selbst – etwas grundsätzlich Neues darstellten: das komplizierte religiöse Kultsystem mit seinen Priesterschaften, und die »zivile« Bürokratie, welche beide zahlreiche, über den »gewöhnlichen Menschen« stehende Stufen bildeten.

Unter dem Gesichtspunkt der Entwicklung betrachtet, erscheint die »zivile« Bürokratie als die auffälligste Neuerung. Seit Herodot haben die Beobachter stets die großen Errungenschaften der ägyptischen Baukunst bewundert – die Pyramiden, die Tempel, die Paläste, die Bewässerungssysteme des Niltals. Diese Tatsachen beruhten auf der Organisation menschlicher Dienstleistungen im Sinn kollektiver Ziele aufgrund einer Legitimation, welche die Verwandtschaftsbindungen transzendiert. Allgemein gesagt, obgleich die Aufsichtsfunktionen ausschließlich durch eine hereditäre Aristokratie ausgeübt wurden, innerhalb deren der Status grundsätzlich durch die Verwandtschaftsbeziehung zum oder durch direkte Berufung durch das königliche Geschlecht selbst bedingt war, wurden qualifizierte Arbeitskräfte und massenhaft Hilfskräfte für »öffentliche Arbeiten« mobilisiert – und dies primär aufgrund anderer Zusammenhänge als der Verwandtschaft oder des späteren »Feudalismus«.[16]

Physische Produkte, vor allem Korn, konnten in Mengen mobilisiert werden, die eine Speicherung und territoriale Umverteilung erlaubten und ein allgemeineres Unterhalts- und Zahlungsmittel für die komplexere Arbeitseinteilung und zur Sicherung gegen Hungersnöte darstellten. Unter antiken Imperien vergleichbarer Größe nimmt Ägypten sich bemerkenswert nichtmilitaristisch aus. Es ist unwahrscheinlich, daß die bloße Behauptung überlegener Macht, die anderen keine Alternative zur Unterwerfung ließ, der wichtigste Prozeß war, durch den ein Geschlecht sich in einer so hervorragenden Position wie jener der pharaonischen Institution behauptete. Wahrscheinlich waren die kulturellen Aspekte dieses Prozesses bedeutsamer. Wie wichtig die politische Macht im engeren Sinn auch sein mochte, sie beruhte wohl weitgehend auf diesem einmaligen System der kulturellen Legitimation.

Diese Entwicklung bedingte erhebliche technologische Neuerungen.[17] Das zivilisierte Ägypten war immer eine seßhafte Agrarwirtschaft gewesen. Das erreichte Maß der Schriftbeherrschung war sehr wichtig für die bürokratische Administration, und die Techniken der Steinbearbeitung, Metallurgie, Textilproduktion usw. gingen erheblich über frühere Stufen hinaus.

Doch die entscheidenden Neuerungen betrafen offenbar die Organisation der menschlichen Arbeitskraft, die Mobilisierung menschlicher Dienstleistung für große kollektive Unternehmungen. Deren Grundlage war offenbar die diffuse Verpflichtung der Bevölkerung einem »Wohlfahrts«-Staat gegenüber, dessen Führung eindeutig beim Königtum lag.[18] Es handelte sich jedoch nie um eine moderne Bürokratie, vor allem weil dem Dienst in derselben die Form der Berufsrolle fehlte. Nach Webers Schema läßt sich die ägyptische Verwaltung wohl am besten als patrimonial bezeichnen, obwohl dies nur eine sehr angenäherte Charakterisierung ist. Die Arbeitskräfte wurden aufgrund diffuser, religiös-politischer Loyalitäten und Verpflichtungen requiriert. Wenn auch relativ wenig über die genauen Arbeitsbedingungen, über Belohnung, Freistellung und dergleichen bekannt ist, so scheinen doch die allgemeinen Formen relativ klar zu sein.

In Ägypten waren nicht einmal jene Rudimente einer Differenzierung vorhanden, die wir bei modernen Systemen als selbstverständlich ansehen. Die Haltung derer, deren Rollen primär Dienstleistungen – im Unterschied zur Übernahme von Führungsverantwortung – beinhaltete, war anscheinend eine Reaktion auf von der Führung angeforderte Pflichten, welche den Status der Mitgliedschaft in der gesellschaftlichen Gemeinschaft und ihren verschiedenen Segment-Einheiten begleiteten. Die naheliegendste moderne Analogie ist der Militärdienst, den ein Normalbürger leistet, außer daß der Führer der ägyptischen Bürokratie keines besonderen Notstandes bedurfte, um legitime Verpflichtungen einzufordern. Es gab daher im wesentlichen keine Privatsphäre, in welcher der »Bürger« autonom gewesen wäre und welche die »Regierung« legal verpflichtet hätte, mit ihm die Bedingungen seiner Dienstleistung auszuhandeln. Für den Dienst bei den öffentlichen Programmen Ägyptens wurden keine Arbeitskräfte etwa im modernen Sinn angeworben. Vielmehr arbeiteten die Menschen nach ihnen zugewiesenen Pflichten, wobei diese Pflichten nicht in feudaler Weise gegenüber bestimmten aristokratischen Geschlechtern, sondern mehr oder minder gemeinschaftlich gegenüber der ganzen Gesellschaft bestanden, welche hauptsächlich nur zwischen dem Komplex Königtum und dem gemeinen Volk differenziert war. Dies war eine Art archaischer Sozialismus.

Innerhalb der ägyptischen Bürokratie bildete die Führung kein »Beamtentum«, sondern eine hierarchische Ordnung von mehr oder minder zugewiesenen Positionen mit diffusem Status und diffuser Autorität, in denen die Amtsträger – wenn auch nicht im differenzierten Sinn der frühen modernen Monarchie – kraft der abgestuften Teilhabe am Charisma des Königs dessen Autorität ausübten.[19] Anscheinend war diese Teilhabe, wie im Fall der Priesterschaften, eng mit der strikten Verwandtschaft zum königlichen Geschlecht verbunden. Doch es ist unklar, wieweit dieses Kriterium in einem so komplexen System ausschließliche Geltung hatte.

Daher gab es eine abgestufte Diensthierarchie. Eine religiös bürgerliche Bürokratie umfaßte die höheren Stufen mit einiger Differenzierung, doch deren zwei Aspekte waren nicht streng voneinander geschieden. Die Beamten erhielten ihre Legitimation und sogar – mehr oder minder formal – ihre Berufung durch den König und seine hohen Funktionäre. Doch das entscheidende Kriterium einer entwickelten Bürokratie, nämlich die klare legale Abgrenzung zwischen dem Amt und anderen persönlichen Statuspositionen, existierte nicht. Das bürokratische Amt war ein mehr oder minder grober »Status«, der viele residuale, nicht-administrative Pflichten und Privilegien mit sich brachte, von denen einige eine dauernde Dienstleistung erforderten, während andere nur zu verschiedenen Gelegenheiten eingefordert wurden. Dementsprechend wurden die für die Amtsführung benötigten Mittel mehr oder minder zentral bereitgestellt, einschließlich der persönlichen Ausgaben (offenbar ohne klare Abgrenzung) der Beamten und ihrer Verwandtschaft sowie möglicherweise ihrer Klienten. Da uns die betreffenden Informationen fehlen, aber auch aus positiven Gründen, dürfen wir uns das Maß dieser Kontrolle nicht übertrieben vorstellen. Das Fehlen legaler Grenzen der Amtspflichten schloß nicht aus, daß verschiedene Gruppen die Macht besaßen, die Bedingungen ihres Dienstes zu beeinflussen, sich Freistellungen vom Dienst zu sichern oder unabhängig von der jeweiligen Position Eigentumsinteressen zu verfolgen.[20] Dieser letzte Punkt weist auf einen weiteren Aspekt der Mobilität innerhalb des Systems hin. Offenbar bestand, ähnlich wie in feudalen Systemen, die Tendenz, daß bestimmte Personen und Verwandtschaftsgruppen mehrere – priesterliche wie auch zivile – Ämter kontrollierten und von einem Amtstyp zum anderen überwechselten.[21] Ein solcher Pluralismus stützt in der Regel effektiv den Widerstand gegen die zentrale Autorität. Daher war dieses System, wie viele andere, weit davon entfernt, gegen »Machtkämpfe« immun zu sein.[22]

Die durch solche partikularistischen »Interessen«-Strukturen aufgeworfenen Probleme sind besonders bedeutsam für die unteren Ebenen der Administration und die lokalen Gemeindeorganisationen. Vermutlich waren die meisten Handwerker, Tempelschreiber usw. bei einzelnen Organisationen – Tempel, Verwaltungseinheiten oder lokale Körperschaften – fest angestellt. Man kann mit Sicherheit annehmen, daß diese Stellen überwiegend vererbt wurden[23], wiewohl die Situation eine gewisse Flexibilität behielt. Auf jeden Fall waren die Massen des einfachen Volkes Bauern, die auf dem Land arbeiteten und nach ganz traditionellen Richtlinien organisiert waren. Auch war die Bevölkerung, ganz gleich ob auf dem Land oder in der Stadt, in Territorien organisiert, die nach dem Modell der pharaonischen Institution durch Gouverneure regiert wurden, welche vom Pharao aus der lokalen Aristokratie berufen wurden und ihm verantwortlich waren. Doch innerhalb der Territorien operierten die nationalen und territorialen Regierungen im allgemeinen unabhängig und setzten ihre eigenen Mittel der Effektivität der Organisation ein.[24]

Die ägyptische Gesellschaft implizierte also verschiedene Grundlagen der Solidarität, welche von der vom Gottkönig ausgehenden Hierarchie unabhängig waren und diese überlagerten. Daher waren nicht alle partikularistischen Elemente so gründlich atomisiert, daß die ganze Gesellschaft der königlichen Führung für alle der nationalen Politik förderlichen Aufgaben zur »Verfügung« gestanden hätte.[25] Nach modernen Maßstäben waren die Möglichkeiten für eine solche Mobilisierung gewiß sehr beschränkt. Doch diese, wenn auch wichtigen Einschränkungen negieren nicht den gewaltigen Unterschied hinsichtlich der Fähigkeit zur Mobilisierung zwischen Ägypten und *jeder* primitiven Gesellschaft. Überall in der Gesellschaft konnten ungeheure menschliche Mittel für bedeutende Ziele eingesetzt werden, solange der Plan weitgehend von der Spitze her entworfen und durchgeführt werden konnte. Die Entstehung einer solchen Fähigkeit zu organisierten kollektiven Anstrengungen war in der sozialen Evolution etwas völlig Neues. Die Prozesse, mittels derer kollektive Ziele bestimmt und die kollektive Führung verantwortlich gemacht werden sollten, stellten eine neue Ordnung von sozialen Problemen dar, die nunmehr ein zentrales Thema unserer Abhandlung sein werden.

Unter diesem Gesichtspunkt kann man feststellen, daß die wichtigsten integrierenden Funktionen der ägyptischen Gesellschaft sich um eine Stratifikationsskala konzentrierten, deren primärer Bezugspunkt das Königsgeschlecht war. Der Status innerhalb des Systems, der, wie wir sahen, sowohl allgemeines Sozialprestige als auch Autorität beinhaltete, war wesentlich durch die Verwandtschaft in ihren Herkunfts- und Affiliationsaspekten bestimmt. Da aber eine integrative Mobilität notwendig war, um durch die Mobilisierung von Dienstleistungen bestimmte Statuspositionen zu artikulieren, entwickelten sich Zwänge, welche die Affiliationsstrukturen flexibler gestalteten, als sie es sonst gewesen wären – gewiß aber flexibler als bei primitiven Systemen. Beim Arrangieren von Ehen oder bei der Berufung von Beamten hatten die hohen Funktionäre des Hofes einen erheblichen Ermessensspielraum in der Auswahl von Personen, deren Geschlechter einen annähernd gleichen Status hatten.

Die Stratifikationshierarchie wies anscheinend eine wichtige funktionale – anstatt hierarchische – Differentiationsbasis auf, nämlich die zwischen der religiösen Hierarchie der Priesterschaften und der säkularen Verwaltungshierarchie, obgleich diese Unterscheidung keineswegs rigide war. Diese Differenzierung leitete sich im wesentlichen aus dem Modus ab, nach dem die Gesellschaft auf allgemeinster Ebene in die Struktur des Systems des Handelns eingegliedert war, wobei die beiden Hierarchien auf den beiden primären funktionalen Bezugspunkten der Gesellschaft beruhten. Der eine dieser Bezugspunkte beinhaltete zum einen die Verwaltung der Umweltbedingungen der Wohlfahrt, in deren Mittelpunkt der Nil als Quelle der landwirtschaftlichen Fruchtbarkeit stand, und zum anderen die Handhabung der instrumentellen Bedingungen des effektiven kollektiven Handelns, insbesondere hinsichtlich der öffentlichen Ordnung und der öffentlichen Arbeiten. Der andere betraf die Verbindung mit den kulturellen Grundlagen der Gesellschaft durch die Beziehung des Pharaos zur göttlichen Ordnung und die *rituelle* Handhabung der sozialen und natürlichen Prozesse.

Ein besonders auffälliges Merkmal des ägyptischen Modus der Verbindung dieser beiden Hierarchien war das geringe Maß an Formalisierung des legalen Systems, besonders im Vergleich mit den mesopotamischen Codices, die wir später behandeln werden. Obgleich die Justiz insofern religiös sanktioniert war, als ihre Ideale der göttlichen Ordnung angeglichen waren, blieb sie doch in so persönlicher Weise die Prärogative des Pharao und seiner Beamten, daß allem »legalen« Handeln die Besonderheiten des Parteienstatus eigneten und daß die wenigen Codices kaum mehr als Sammlungen weiser Entscheidungen darstellten.[26]

Das auffälligste Merkmal des ägyptischen Systems war sein religiöser Aspekt, wobei die »bürokratische« Effektivität weitgehend von diesem Aspekt abhängig war. Und hier kehren wir wieder zu unserem Grundthema zurück: das ägyptische Königtum war *gleichzeitig* religiös und politisch – in einem Sinn, der modernen Vorstellungen völlig fremd ist. Der Pharao war ein Gott ganz besonderer Art und integraler Bestandteil des göttlichen Systems. Daher ist es ebenso wichtig, das System der Göttlichkeit wie die Position des Königs in diesem zu beschreiben. Ganz allgemein können wir davon ausgehen, daß die ägyptische Religion gewisse entscheidende Merkmale der *conditio humana* »symbolisiert«, daß sie aber gleichzeitig deren Ferne und Unterschied zur göttlichen

Wesenheit stärker als sogar die fortgeschritten primitiven Religionen betont.

Das durch die Religion bestätigte zentrale Thema war offenbar die *Kontinuität* des sozio-kulturellen Systems, die als auf einer Integration der göttlichen Ordnung, der menschlichen Gesellschaft und der subhumanen Natur beruhend aufgefaßt wurde.[27] Als König wie als Gott (Horus) war der Pharao das integrative Zentrum des Systems. Sowohl göttlich als auch menschlich, war er das entscheidende Bindeglied der Kontinuität aller sinnvollen Phänomene. Er war der »Sohn« Rhas, des Sonnengottes, der für die primäre Ursache und Begründung alles Lebenden gehalten wurde. Noch unmittelbarer war er auch der »Sohn« von spezifischen göttlichen Eltern, der Muttergöttin Hathor und seines eigenen königlichen Vaters, wie dies in der Gleichsetzung von Horus mit dem Stier symbolisiert wird.[28] Daher stammt seine Menschlichkeit in Zusammenhang mit der allgemeinen Zeugungsordnung des tierischen Lebens. Er war auch tief in die Zyklen der Natur – die Jahreszeiten, die Aussaat und Ernte des Getreides und das jährliche Überfluten des Nil – eingegliedert. Außerdem war das Königtum eine viele Generationen umfassende Institution, welche den lebenden Pharao mit seinen Vorfahren wie mit seinen Nachfahren verband.[29]

Für den psychologisch aufmerksamen Beobachter ist die explizite Einbeziehung eines komplexen Inzestthemas in die Schöpfungsordnung besonders auffällig. Im allgemeinen scheinen alle religiösen Systeme symbolisch mit einer sozio-psycho-sexuellen Basis verbunden. Der Fall Ägyptens illustriert dies sehr deutlich durch die Erscheinung des Inzestthemas auf zwei Ebenen. Zum einen stellt Ägypten einen der historischen Fälle dar, bei denen der Inzest zwischen Bruder und Schwester innerhalb der königlichen Familie vorgeschrieben war, um die königliche Linie fortzuführen.[30] Doch der Pharao und seine Schwester vereinigten sich offenbar nur zu ganz formellen Gelegenheiten, und nur, um für einen Thronerben zu sorgen. Ansonsten waren sie scharf voneinander getrennt. Sie waren also gewiß nicht in dem Sinne »verheiratet«, daß sie sie Belange des täglichen Lebens teilten und in diesem Kontext sexuelle Beziehungen unterhielten.

Zweitens aber kehrte das Inzestthema, wie Frankfort nachweist, auf höherer symbolischer Ebene wieder. So wurde jeder Pharao, als Gott Horus, bei seinem Tod schließlich Osiris, der Vater des

Horus, der sowohl für den göttlichen Aspekt des jeweiligen, gerade gestorbenen Königs als auch kollektiv für *alle* toten Pharaonen der ägyptischen Geschichte einstand.[31] Der symbolische Übergang des Pharao vom Leben zum Tod war durch zwei bemerkenswerte Sachverhalte gekennzeichnet. Zum einen trat er wieder in den Leib seiner symbolischen göttlichen Mutter, Hathor, ein. Aber gleichzeitig zeugte er in ihrem »übernatürlichen« Körper den neuen Pharao, welcher in seinem göttlichen Aspekt Horus war.[32]

Auf bestimmten Ebenen beruhte also die Kontinuität der religiösen Basis der Gesellschaft auf dem Inzest. Es ist ein Gemeinplatz der modernen Psychologie, daß der Inzest zwischen Bruder und Schwester der am wenigsten »schwerwiegende« der drei innerhalb der Kernfamilie möglichen Inzesttypen ist, wobei der Inzest zwischen Mutter und Sohn als der »schwerwiegendste« gilt. Es erscheint bedeutsam, daß das ägyptische System den ersten institutionell aktualisierte, wenn auch im begrenzten Kontext der Sicherstellung einer korrekten königlichen Nachfolge, dabei aber den letzteren symbolisch ausspielte, um auf die religiöse Bedeutung dessen hinzuweisen, was Horus wirklich tat, wenn er zu Osiris wurde. Vielleicht war dies die göttliche »Belohnung«, die er mit dem Tode erhielt, wenn er das jenseitige Leben akzeptierte. In gewissem Sinn können wir dies, in Anlehnung an Weber, als die »nicht-familiale Spitze« einer verwandtschaftsstrukturierten Oberschicht auffassen, wobei die Inzestprivilegien und -pflichten des Pharao seinen ganz besonderen Status symbolisieren.[33]

Frankfort warnt uns davor, den religiösen Symbolismus Ägyptens zu »rationalisieren«, als wäre er eine philosophische Theologie – wobei z. B. die ägyptische Vorstellung, daß der Fötus der primäre Zeugungsagent sei, dem modernen Menschen als offenkundig irrational erscheint. Er meint, daß die »Logik« des ägyptischen symbolischen Systems der Logik des von Freud analysierten Primärprozesses vergleichbar ist. Auf jeden Fall hat das Thema der Kontinuität besondere Bezüge zum Problem des Todes und – was besonders wichtig ist – zur Sterblichkeit des Königs. Die wesentliche symbolische Behauptung, die anscheinend besagt, daß der Tod einer höheren Realität in einer den Tod transzendierenden Kontinuität angehört, ist wohl für alle Religionen charakteristisch. Doch in diesem Fall verleiht die besondere Beziehung des Pharao zur ganzen kosmischen Ordnung dieser Behauptung einen ganz einzigartigen Sinn.[34]

Die Vorstellung dieser höheren Realität steht jedoch in scharfem Gegensatz zu denjenigen »historischer« Religionen, denn sie betont die erotischen Interessen des Menschen und ihre Beziehung zur Verwandtschaftsstruktur und Zeugung. Die Kombination des Wiedereintritts in den Mutterleib mit der Inzestzeugung setzte offenbar Geburt und Tod symbolisch in einem primär *psychologischen* Bezugsrahmen einander »gleich«. Es fand ein Austausch statt: wenn der alte Horus zu Osiris wurde, entstand der neue Horus aus Osiris *cum* Hathor – das *Gleichgewicht dauerte an*. Außerdem war das Pyramidengrab ein Uterus-Symbol, und die Mumifizierung symbolisierte die unendliche Erhaltung einer »lebensähnlichen« Form als Fötus, also in dem Zustand, in dem die menschlichen Organismen bei minimaler Störung »leben«.[35] Die Kontinuität dieser Äquivalenz war anscheinend der thematische Kern des berühmten Totenkultes – und ein eindeutiger Grund für den Konflikt mit der in Kapitel VI diskutierten hebräischen Orientierung. Er leugnete nicht einfach die Realität des Todes – sonst wäre er ja nicht authentisch religiös in unserem Sinne gewesen –, vielmehr behauptete er ganz klar den Primat der Kontinuität, nicht nur der genetischen Linie des Menschen, sondern auch ihrer *sozialen* Organisation durch die psycho-soziale Nachfolge.

Dieser »konstitutive Kult« der dauernden Re-Kreation des psychischen und sozialen Lebens war in die Elemente eines begrifflichen Ordnungssystems eingewebt. Einmal enthielt dieses, wie Frankfort nachweist, die Vorstellung einer »kosmischen« gerechten und richtigen Ordnung, genannt *Maat*. Die wichtigste Funktion der pharaonischen Institution bestand darin, in Übereinstimmung mit *Maat* zu handeln und dieses durch ihr Handeln zu erhalten.[36] Unterschiede zwischen den aktiven und passiven Bezügen scheinen in diesem Zusammenhang nicht deutlich hervorgetreten zu sein. Es ist jedoch erwiesen, daß die ägyptische Gesellschaft von Glaubensinhalten durchdrungen war, welche die enorme Bedeutung der Erhaltung des vollentwickelten Kultes bestätigten. Die Folgerung, daß die Ägypter glaubten, die Verfassung des Kosmos sei gefährdet, wenn der Pharao und seine Priester den Kult nicht aufrechterhielten, ist daher nicht ganz abwegig. Wir müssen jedoch klarstellen, daß *Maat kein* Ordnungskonzept war, wie die moderne Philosophie oder sogar die biblische Genesis es voraussetzen.[37] Es wäre vielleicht als »rituelle« Ordnung zu bezeichnen, denn es enthielt wesentlich mehr »Projektionen« menschlicher Interessen und Motive als bei fortgeschrittenen Konzeptionen wie denen der Juden und Griechen.

Der zweite Aspekt dieser Ordnung war in gewissem Sinn ein »natürlicher«. Er schien zwei Hauptthemen zu beinhalten, die Frankfort als »Zeugung« und »Auferstehung« bezeichnet.[38] Das erste bezog sich auf das Verhältnis der menschlichen Gesellschaft zur Tierwelt. Hier weist Frankfort auf die Bedeutung des Rindes hin und zeigt in diesem Zusammenhang die engen Beziehungen zwischen Ägypten und den Gesellschaften des oberen Nil, bei denen das Rind ebenfalls eine wesentliche religiöse Rolle spielt.[39] In diesem Zusammenhang waren Horus und Hathor im Stier und in der Kuh symbolisiert. Tatsächlich überwog in der ägyptischen Kunst der Synkretismus zwischen Mensch und Tier. Es erscheint also bedeutsam, daß dieses Thema in enger Beziehung zum erotischen Komplex des Schöpfungskultes stand, denn im allgemeinen ist die Tiersymbolik mit erotisch regressiven Elementen der menschlichen Motivation verbunden.

Das von Frankfort als »Auferstehung« bezeichnete Thema bezieht sich auf einen Komplex, der um die Fruchtbarkeit des Bodens und den Jahreszeitenzyklus der Ernte kreist. Da es in Ägypten wenig regnete, war der Jahreszeitenzyklus, der auf den jährlichen Überfluten des Nil beruhte, scharf ausgeprägt und entscheidend für die Landwirtschaft. Diese Bedingungen waren direkt in die Religion integriert; symbolisch repräsentierte die Aussaat das »Töten und Begraben« von Osiris, und das Erblühen der Pflanzen unter dem Einfluß der Flut war seine »Auferstehung«.[40] Die menschliche Kontinuität basierte also auf den tiefsten Stufen des organischen Lebens, dem jahreszeitlichen Vegetationszyklus und der prokreativen Unsterblichkeit der Tierarten. Das rituelle System Ägyptens »dirigierte« also nicht nur die menschliche Gesellschaft durch den Pharao und die Götter, sondern auch seine Beziehung zur ganzen organischen Welt.

Wir stellten fest, daß die göttliche Ordnung der ägyptischen Kultur nicht einmal im Sinne der Göttlichkeit des frühen Judentums »übernatürlich« war. So dürfen das Zeugungs- und Auferstehungsthema auch nicht als Aspekte einer »Naturordnung« etwa im Sinne der spätgriechischen Kultur aufgefaßt werden. Die ägyptische Religion stellt tatsächlich in groben Zügen eine Hierarchie dar, die sich von der Sphäre der Götter über die menschliche Gesellschaft und die höheren Tierarten bis hin zur Vegetation erstreckt. Doch die Ordnung dieser Ebenen, sowohl intern als auch hinsichtlich ihrer Interrelationen, erreichte keine ausreichend scharfe Differenzierung um die Anwendung von Begriffen wie »übernatürlich« und »natürlich« im Sinne der westlichen Religion und Philosophie zu rechtfertigen.

Eisenstadt wies eine Parallele zwischen Ägypten und China nach, insofern beide Gesellschaften, jede auf ihre Weise, ein ungewöhnliches Maß an Integration und struktureller Dauer erreichten.[41] Doch auf dieses wichtige Thema können wir erst eingehen, nachdem wir China behandelt haben, denn wie Eisenstadt betont, sind die Ähnlichkeiten zwischen den beiden Systemen in wesentliche Unterschiede hinsichtlich der Entwicklungsstufe eingebettet.

## *Die mesopotamischen Imperien*

Ägypten war ein Beispiel für den stärker hierarchischen Typ der archaischen Gesellschaft, es war in seinen religiösen und säkularen Aspekten durch eine Reihe von geordneten Abstufungen vom Pharao abwärts über eine Vielzahl von Ebenen strukturiert. Tatsächlich kann man die Pyramide als Symbol für die Struktur der Gesellschaft selbst auffassen. Obgleich es wie alle Gesellschaften in geographischer (wie auch in anderer) Hinsicht segmentiert war, ist schwer zu erkennen, wie ein Verbindungsmuster zwischen autonomen, vorgeblich gleichen Einheiten mit einer solchen Gesellschaft vereinbar sein oder sich unmittelbar aus dieser entwickeln konnte.

Gerade in dieser entscheidenden Hinsicht bieten die mesopotamischen Reiche einen deutlichen Kontrast. Sie sind Beispiele einer Grundstruktur, die sich vom zentralen Mittelmeerraum mit seinen Inseln, Halbinseln und Küsten bis zum Tal des Tigris und Euphrat im Osten über die ganze Region erstreckte – nämlich die frühe Entwicklung relativ autonomer Stadtgemeinden. In gewissem Sinn entwickelten sich die breiteren, gesamtgesellschaftlichen Strukturen durch Prozesse der Überlagerung und/oder Verschmelzung dieser Einheiten, die derart erfolgte, daß die Einheiten selbst nicht völlig absorbiert wurden. Dieses eher assoziative Organisationsmuster erreichte offenbar erstmals in Mesopotamien einen hohen Entwicklungsstand und gewann dort einen Umfang und eine politische Effektivität, die selbst über die ägyptischen Verhältnisse hinausgingen.

Die mesopotamische Gesellschaft ermangelte der für Ägypten charakteristischen bemerkenswerten Abgrenzung und Abgeschlossenheit und damit auch dessen ungewöhnlicher und langfristiger Stabilität. Selbstverständlich ist dieser Aspekt durch geographische Faktoren bedingt. Obgleich die Region um Tigris und Euphrat ebenfalls ein Flußtal inmitten unfruchtbarer Gebiete darstellt, ist sie nicht so in sich geschlossen wie die Nil-Region. Die dortige Gesellschaft hat eine lange Geschichte von Kontakten, Handel und Wanderungen zwischen den Gesellschaften der Mittelmeerküste, Persiens und der arabischen und syrischen Wüsten.[42] Und das Delta des persischen Golfs hat sich stets ausländischen Kontakten über den Seeweg angeboten.

Seit frühester Zeit nahm die Sozialstruktur offenbar die Form multipler Stadtstaaten oder, wenn nicht dies, dann relativ autonomer urbaner Gemeinschaften an, welche die sie umgebenden landwirtschaftlichen Territorien kontrollierten.[43] Deren dominierende Elemente waren Gruppen von Oberschicht-Geschlechtern, welche einen relativ gleichen formellen Status bekleideten. In gewisser Hinsicht beruhte die formelle Autorität hauptsächlich auf einem Ältestenrat, der sich aus den Häuptern dieser Geschlechter zusammensetzte.

Auch die zentralisierten Aspekte der Autoritätsstruktur waren eher pluralistisch. Auf lokaler Ebene bestand eine noch engere Integration der funktionell diffusen religiösen und politischen Organisation als in Ägypten. Die Götter galten als letztliche Eigner des Landes – eine Vorstellung, die insofern institutionalisiert wurde, als die Tempel die Haupteinheiten der ökonomischen Organisation waren. Anscheinend war ihre religiöse Legitimation die wichtigste Ursache der flexiblen Mobilisierung von Ressourcen, denn die Verteilung wurde, zumindest in gewissem Umfang, durch die Tempelautoritäten kontrolliert, und die Arbeitskräfte für die verschiedenen kollektiven Projekte wurden durch die Tempelfron (Arbeitsverpflichtungen) mobilisiert.[44] Diese Tempel waren das Zentrum von Kulten, welche nicht so eng mit *spezifischen* – verwandtschaftlichen oder territorialen – Sozialeinheiten integriert waren, wie dies bei primitiven Gesellschaften üblich ist.

Der große Stadtstaat wurde also durch eine Konföderation *mehrerer* landbesitzender Tempel gebildet, wobei der größte wahrscheinlich der des wichtigsten urbanen Zentrums, zum *primus inter pares*, zum Ersten unter Gleichen wurde. Der Oberpriester dieses Tempels beanspruchte dann die Position eines »Gouverneurs« und war für die primären instrumentellen Funktionen der Gemeinschaft, vor allem für den Betrieb der Bewässerungssysteme und die Handhabung der Handelsbeziehungen zu anderen Gemeinden verantwortlich.[45] Das Gouverneursamt war anscheinend normalerweise im Geschlecht des Oberpriesters erblich.

Diese Struktur wurde allmählich von der Institution des Königtums »überlagert«. Die ganz frühen mesopotamischen Stadtstaaten hatten für gewöhnlich keine Könige. Diese wurden durch die Ältestenräte nur in bestimmten Notfällen, besonders militärischer Art, gewählt.[46] Vielleicht machte der religiöse Status des Gouverneurs diesen für den Militärdienst ungeeignet. Vielleicht ist es in diesem Zusammenhang auch bedeutsam, daß die meisten mesopotamischen Stadtstaaten über keine starken geographischen Schutzwälle verfügten, wie etwa die griechischen Poleis, die entweder auf Inseln oder auf kleinen, von hohen Bergketten umgebenen Küstenebenen lagen. Auf jeden Fall wurde von den ersten Königen erwartet, daß sie nur für die Dauer des jeweiligen Notstandes fungierten. Doch es bestand die Tendenz, solche Situationen als andauernde Notstände zu definieren. Allmählich gewann das Königtum in einzelnen Stadtstaaten einen permanenten und sogar erblichen Status. Sodann wurden die vielen Stadtstaaten der Talregion zu Imperien unter verschiedenen Dynastien zusammengefaßt. Doch die Institution des Königtums trug weiterhin den Stempel ihrer relativ *ad hoc* erfolgten Begründung, und dies bedingt den erheblichen Unterschied zum ägyptischen Königtum.[47] Nach unserer hier aufgestellten Klassifikation war die mesopotamische Gesellschaft jedoch definitiv archaisch. Ihre Schriftbeherrschung blieb eindeutig auf die zünftische Ebene beschränkt. Die enge Verbindung zwischen den Priesterschaften und der Verwaltung der ökonomischen Angelegenheiten ist vermutlich durch diesen Umstand bedingt. Wahrscheinlich wurden die religiösen und die buchhalterischen Funktionen, zu denen schriftliche Arbeiten gehörten, häufig von denselben Leuten verrichtet.

Die mesopotamische Gesellschaft bekannte sich zu einem religiösen Primat, der sich erheblich von jedem anderen, in späteren Phasen der religiösen Entwicklung festgestellten, unterscheidet. In der lokalen Organisation des Stadtstaates ging die Fusion der politischen und religiösen Strukturen ebenso weit (wenn nicht weiter) wie in Ägypten, was sich auch symbolisch im Status des Gouverneurs als Tempelpriester ausdrückt. Obgleich das Königtum primär auf säkulare Zusammenhänge zurückging, wurden seine Funktionen auch stark religiös definiert. Die Wahl des Königs wurde in erster Linie den Göttern selbst zugeschrieben. Er war der Vermittler zwischen der Gesellschaft und dem Göttlichen, er repräsentierte die Götter gegenüber seinen Untertanen und legte sich ihnen gegenüber für sein Reich und sein Volk ins Mittel.[48] Zu seinen Hauptpflichten gehörte also die Förderung der säkularen Wohlfahrt seines Reiches.

Obgleich das Königtum aus kleinen Stadtstaaten entsprungen war, lag seine Bedeutung vor allem in der Rolle, die es schließlich bei der Konsolidierung der ganzen mesopotamischen Region zu einem »Imperium« spielte. Wie Griechenland hatte auch Mesopotamien noch vor der Kaiserzeit eine gemeinsame, auf dem Polytheismus beruhende Kultur, welche trotz lokaler Variationen im Grunde einheitlich war. Daher gelang es den großen Königen, zu primären Mittlern zwischen dem ganzen Pantheon der Götter und allen unter ihrer Herrschaft stehenden Gesellschaften zu werden.[49] Keine andere Institution konnte diese Stelle ausfüllen, denn die Stadtstaaten, ihre Tempel und ihre Gouverneure waren wesentlich lokal begrenzt. Angesichts der allgemeinen Tendenz archaischer Gesellschaften zum Primat des Religiösen ist die starke Betonung der religiösen Funktionen des Königs auf supra-lokaler Ebene wohl nicht überraschend.

Die Konsolidierung der ganzen Region unter einem einzigen religiös-politischen System stratifizierte die religiöse wie die politische Sphäre in einen dreistufigen Komplex, der einige Parallelen zu den ägyptischen Verhältnissen aufweist. Wie bereits erwähnt, hatte der typische mesopotamische Stadtstaat eine Adelsschicht weltlicher Notabeln und Priester, die über dem gemeinen Volk – Bauern, Handwerkern und (mit zunehmend größerer Bedeutung als in Ägypten) Händlern sowie Kaufleuten – standen. Um den König aber entwickelte sich eine zentrale Priesterschaft und Bürokratie. Wie in allen archaischen Gesellschaften, überwog das hereditäre Prinzip auf dieser Stufe, doch offenbar bestand auch ein erheblicher Spielraum für eine Vielzahl von patrimonialen Verhältnissen.

Die Entstehung kaiserlicher Institutionen wurde – wir wissen nicht, unter welchen Kausalbeziehungen – von einer Verallgemeinerung der Hauptelemente der kulturellen Tradition, besonders des konstitutiven Symbolismus begleitet. Der Status des Königs beruhte, wie gesagt, vor allem auf seiner religiösen Legitimation durch einen oder mehrere Götter aus einem komplexen Pantheon, welche eine pan-sozietäre Bedeutung gewonnen hatten, die über die eher lokalen Kulte hinausgingen – wiewohl letztere anscheinend auch weiterhin bestanden. Sie bildeten sogar – durch die politischen Loyalitäten, die sie weiterhin legitimieren konnten – eine Hauptursache der Instabilität der größeren politischen Struktur.

Unterhalb des Königtums blieb eine Pluralität lokaler Stadtstaaten erhalten, welche untereinander viel weitergehende Wechselbeziehungen unterhielten als die ägyptischen Territorien.[50] Dies war ein fundamentales Hindernis für die enge Integration des Systems. Keine Dynastie konnte eine feste Herrschaft begründen angesichts so vieler Kristallisationspunkte für neue Regimes, besonders in den strategisch und ökonomisch wichtigen Städten, die historische und religiöse Bedeutung erlangten.[51] Das Bedürfnis, sich gegen die Fragmentierung ihrer Reiche zu schützen, war vielleicht der Hauptgrund, warum die Könige so starken Nachdruck auf ihre religiöse Legitimation legten.[52] Trotz dieses religiösen Primats war das mesopotamische Königtum typischerweise nicht als göttlich definiert.[53] Einige Könige beanspruchten für sich Göttlichkeit, doch dies geschah in begrenzter Form, sporadisch, und sehr wahrscheinlich mit zweifelhafter Legitimität. Vor allem gab es keine religiöse Heiligung der königlichen Thronfolge, die der ägyptischen Form vergleichbar gewesen wäre. Die königliche *Linie* wurde niemals als göttlich aufgefaßt, und häufig gab es scharfe Konflikte über die Frage der Nachfolge. Ganz abgesehen von den Problemen konkurrierender Seitenlinien, verursachten die Söhne eines Königs, der einen Harem hatte, häufig selbst erhebliche Schwierigkeiten, In diesem Zusammenhang ist das völlige Fehlen einer rituellen Symbolisierung der königlichen Kontinuität besonders wichtig. Das Begräbnisritual für den toten König war völlig von der Krönung seines Nachfolgers getrennt. Dies war, wie Frankfort zeigt, ein Hauptunterschied zu Ägypten, wo das Königtum grundsätzlich mehrere Generationen einbegriff.

Auch die wichtigen Neujahrs-Zeremonien zeigen, daß dem Königtum, verglichen mit dem ägyptischen, eine feste Verankerung in der göttlichen Ordnung fehlte. Diese Riten sollten die Solidarität des Königs mit den göttlichen Kräften wiederherstellen, deren jährliche Erneuerung als wesentlich für die Prosperität des Reiches angesehen wurde.[54] Wiederum erscheint hier die menschliche

Ordnung als von göttlicher Gnade abhängig, und nicht als integrierender Bestandteil der göttlichen Ordnung, wie in Ägypten der Fall.

So bestand in den mesopotamischen Vorstellungen, verglichen mit den ägyptischen, ein größerer Abstand zwischen dem göttlichen und dem menschlichen Bereich, und es wurde mehr Nachdruck auf die *Abhängigkeit* zwischen beiden gelegt. In Ägypten war es die primäre Pflicht des Königs, die etablierte Ordnung dieses Verhältnisses *aufrechtzuerhalten*, in Mesopotamien hingegen bestand sie darin, dieses wesentlich prekäre Verhältnis aktiv zu handhaben. In diesem Sinn lebte die Gesellschaft in einem dauernden, mit erheblicher Angst befrachteten religiösen Notstand, dessen adäquate Behebung die vordringliche Pflicht des Königs und die wichtigste Grundlage der Legitimation seiner institutionellen Position war. Wir können dies ganz allgemein als einen weiteren Schritt der Differenzierung zwischen der religiösen und der säkularen Sphäre auffassen.

Im Ganzen hatte Mesopotamien anscheinend eine höhere säkulare Entwicklungsstufe erreicht als Ägypten. Obgleich es schwerwiegenden politischen Wechselfällen unterlag, zu denen auch der Aufstieg der sumerischen, assyrischen und babylonischen Dynastien sowie die Fremdherrschaft unter den Persern gehörten, leistete diese säkulare Entwicklung wichtige Beiträge zur nachfolgenden Evolution, besonders auf dem Gebiet des Rechts und des Handels.[55] Die schriftlich festgelegten Rechtsvorschriften gehen in Mesopotamien weit bis ins dritte Jahrtausend vor der Zeitrechnung zurück. Der Codex von Hammurabi, das berühmteste Dokument aus der ersten Hälfte des zweiten Jahrtausends, kündigte sich schon durch eine ganze Reihe früherer Spruchsammlungen an und war vielleicht gar nicht so originell wie lange angenommen.[56] Selbstverständlich war er kein Kodex wie der Code Napoléon, sondern eine Zusammenstellung juristischer Fragen, die, weil Unsicherheit bestand, autoritativer Feststellungen bedurften. Er war schwerlich ein komplettes »System« in dem Sinn, daß er den ganzen Themenbereich umfaßt hätte, doch er behandelte eine breite Skala von Fragen des Privatrechts, besonders im Zusammenhang mit dem Eigentum, dem Vertrag und der Familie. Obgleich er im Sinne der Feststellung von Rechtsprinzipien nicht sehr verallgemeinert war, war er in der unparteiischen Anwendung seiner Bestimmungen auf große Kategorien von Fällen recht universalistisch.

Selbst die frühesten mesopotamischen Kodizes enthielten klare legale Beschreibungen fundamentaler Statuspositionen. Die wichtigste Entwicklung, die sich aus den aufeinander folgenden Kodizes ergab (ähnlich jener, die für die griechische und römische Zivilisation entscheidend war), betraf die Konzeption des freien Bürgers eines Stadtstaates, der Land und Eigentum besitzen, Verträge, Ehen usw. eingehen und zuverlässigen Rechtsschutz als Rechtsobjekt beanspruchen konnte. Innerhalb der Kategorie der freien Bürger trafen die mesopotamischen Kodizes jedoch systematische Klassenunterscheidungen zwischen Angehörigen und gemeinen und aristokratischen Geschlechtern, was die legalen Rechte und Pflichten, besonders die Strafen und Bußen betraf, die über jene zu verhängen waren, die sich der Übertretung von Gesetzen schuldig machten.[57] Die späteren Systeme erweiterten offenbar die Konzeption des aristokratischen Status, um höhere Statuspositionen und mehr Kontrolle über die Mittel für die Beamten der kaiserlichen Bürokratie zu erlangen.[58] Auch der Sklavenstatus, in den jemand durch Gefangennahme im Krieg und bei Sklaven-Raubzügen oder durch Verschuldung geriet, wurde legal definiert. In archaischen und historischen Gesellschaften bestanden große Teile dessen, was wir als Unterschicht bezeichnen, aus Sklaven.[59] In mancherlei Hinsicht legten diese Kategorien des Personenstatus offenbar den Grundstein für jene, die sich später in der mediterranen Gesellschaft der griechisch-römischen Zeit entwickelten.

Das Konzept, auf dem dieses Rechtssystem beruhte, ging weit über die Idee der wiederherstellenden Gerechtigkeit hinaus. Die Kodizes enthielten zahlreiche Feststellungen, welche die Verpflichtung des Königs, gerechte Maßstäbe einzuhalten, Schwache zu schützen usw., betonten. Besonderen Raum nahmen ökonomische Beziehungen ein – ein interessanter Hinweis auf die beträchtliche Mobilität der ökonomischen Ressourcen. Zum Beispiel war das Schuldverhältnis ein ganz aktuelles Problem. Ohne die Befreiung der Ressourcen aus rein askriptiven Bezügen ergab sich natürlich keine Gelegenheit, Schwächere durch das Schuldverhältnis »auszubeuten«. Die Verschuldung ist daher ein eindeutiger Index für die vertraglich gesteuerte Mobilität der Ressourcen, und ein wahrscheinlicher Index für die beträchtlich hohe Entwicklung des Geldes. Zusammen mit der dadurch bedingten Steigerung der ökonomischen Anpassung erlaubt die Mobilität »Ungerechtigkeiten«, welche andernfalls kaum im Rahmen juristischer Dokumente auftauchen würden, wie »ungleich« die askriptiven Beziehungen auch sein mochten. Ähnliche Überlegungen gelten auch für die hervorragende Stellung des Familienrechts, die eindeutig auf einen Mangel an Vorschriften hinsichtlich der Affiliationsbeziehungen hinweist.

Offenbar machte die mesopotamische Gesellschaft auch beträchtliche Fortschritte in Richtung auf die Einführung verfahrensmäßiger Institutionen. Wie bei anderen Problemen müssen wir auch hier Abweichungen über einen langen Zeitraum und eine weite Region hin berücksichtigen. Obgleich die Justiz der Imperien letzten Endes Pflicht und Vorrecht des Königs war, spielten anscheinend die Stadtversammlungen, die sich wahrscheinlich vor allem aus aristokratischen Ältesten zusammensetzten, eine wichtige Rolle, ähnlich derjenigen moderner Schwurgerichte.[60] Manchmal fungierten nur die Beamten dieser Versammlungen anstelle der ganzen Körperschaft, und dann werden sie (in der Übertragung) als »Richter« der Versammlung bezeichnet. Doch keinesfalls bestand eine voll institutionalisierte Rechtsprechung im römischen, geschweige denn im modernen Sinn.

Auch eine Art öffentliches Recht, das sich auch auf die »internationalen« Beziehungen erstreckte, entwickelte sich in Mesopotamien. Tatsächlich verlangte die lockere Struktur der politischen Verfassung nach Kontinuität zwischen den »Tribut«-Verhältnissen mit »Vasallen«-Staaten und den »Vertrags«-Verhältnissen mit angrenzenden unabhängigen Staaten, zu denen relativ stabile Verbindungen unterhalten wurden.[61] Hierzu gehörten verschiedene Vereinbarungen über die Rechte von Handel treibenden Gruppen, die sich auf den Territorien etabliert hatten oder sie durchzogen, und sogar die Ausweisung von Kriminellen.

Kurz, die mesopotamische Gesellschaft entwickelte eine normative Ordnung, die beinahe den in »historischen« Systemen festgestellten Grad der Systematisierung und Universalität erreichte. Ihr wesentlicher Mangel war der fehlende Bezug auf eine einheitliche Konzeption der Sinnbegründungen der durch sie festgestellten Pflichten. In mancher Hinsicht aber war das Rechtssystem das eindrucksvollste Merkmal dieser Gesellschaft. In dieser Beziehung war Mesopotamien zweifellos weit über Ägypten hinaus fortgeschritten.

Daher überrascht es nicht, daß das wirtschaftliche Unternehmertum in der mesopotamischen Gesellschaft recht hoch entwickelt war und die ägyptische Stufe weit überschritt. Dies ist durch das Überwiegen von Vertragsbestimmungen im Gesetz durch den umfangreichen Gebrauch des Geldes, wie die Festsetzung von Preisen für wichtige Güter durch die Regierung zeigt, sowie durch die Vorrangstellung des Problems der Verschuldung erwiesen.[62]

Zweifellos unterlagen dieser Handel und die an ihm beteiligten Personen einer scharfen Regulierung durch die Regierung und die Tempel, doch es scheint festzustehen, daß ein großes Maß an Unabhängigkeit bestand.[63] Bei kommerziellen Transaktionen wurde Geld verwendet, und es wurden Darlehen auf Zinsen vergeben, aber die sehr hohen Zinssätze zeigen, daß die Sicherheitsbedingungen – nach späteren Maßstäben – deren Volumen stark einschränkten.

Der Binnenhandel war jedoch sehr bedeutsam, wobei die Flüsse die wichtigsten Transportmittel darstellten. In Anbetracht der sozialen und politischen Verhältnisse jener Zeit war auch der Umfang des »Außenhandels« ganz erheblich. Er schloß den Seehandel durch das Delta und den Persischen Golf sowie den Überlandhandel nach Persien., Ägypten und zur Mittelmeerküste ein. Anscheinend wurden sogar durch den Handel viele Elemente der mesopotamischen Kultur bis nach Kreta und sogar in die Ägeis und nach Griechenland verbreitet.[64]

Die in diesem Zusammanhang entscheidende Feststellung ist, daß sich sehr früh und in großem Maßstab institutionalisierte Markt- und Kreditformen der Tauschaktivität entwickelten und Unabhängigkeit einerseits von der relativ askriptiven und wesentlich lokalen Organisation der Agrar- und Handwerksproduktion und andererseits von der Zentralregierung gewannen. Die Tatsache, daß sie sich so weit entwickeln konnten, war zweifellos durch die oben dargestellten legalen Entwicklungen bedingt. Unternehmungen außerhalb der askriptiven Solidaritäten, welche ihre Unabhängigkeit von der unmittelbaren Funktion und dem Mandat der Regierung behielten, waren zwangsläufig gefährlich. Mit großer Sicherheit hätte sich eine solche Institution ohne legalen Schutz – eine Bedingung, die sich stark von der Verkörperung des Rechts in der Regierung selbst unterscheidet – nicht so weit entwickeln können. Diese Entwicklung weist eine wichtige Kontinuität mit der griechischen und römischen Gesellschaft auf.

Zum Abschluß wollen wir zum religiösen Aspekt der mesopotamischen Gesellschaft zurückkehren. Im Vergleich zu Ägypten wurde sicher eine wesentlich stärkere Differenzierung zwischen der sakralen und der säkularen Ordnung erreicht. Wir nannten bereits das vielleicht wichtigste Anzeichen hierfür, nämlich das Überwiegen der *Abhängigkeit* in der Beziehung zwischen Göttern und Menschen. Dies wiederum trägt dazu bei, die Vorherrschaft dessen zu erklären, was uns Modernen als »Aberglaube« erscheint – z. B. die hohe Entwicklung der Astrologie und das Vertrauen auf Omina und ganz allgemein deren Auslegung durch die Priester –, kurz, die Abhängigkeit von *magischen* Komponenten. Hier ist hauptsächlich anzumerken, daß die Handlungen der Götter, im scharfen Gegensatz zu Ägypten, als grundsätzlich unvorhersehbar aufgefaßt wurden. Wie Frankfort sagt, kannten die Ägypter keine Gottes*furcht*, weil sie so sicher in eine göttlich regulierte Ordnung eingebettet waren, daß diese nur noch richtig gehandhabt werden mußte. Für die Babylonier bestand eine solche Sicherheit nicht.

Die weitere soziale Evolution führte zur Entstehung von menschlichen Ordnungssystemen, die innerhalb dieser grundlegenden *Abhängigkeits*beziehung zwischen dem göttlichen und dem menschlichen Zustand bestehen und sich entwickeln konnten.

# V
# Die »historischen« intermediären Imperien

In diesem Kapitel wollen wir kurz Fälle oder Komplexe des fortgeschritten intermediären Gesellschaftstyps abhandeln, wie er bereits im vorigen Kapitel definiert wurde. Sie alle entwickelten unabhängige politische Organisationen relativ großen Umfangs und integrierten große Bevölkerungen und Territorien, doch es gelang ihnen nur in recht unterschiedlichem Maße, Stabilität zu erreichen und ihre Unabhängigkeit zu wahren.

Sie alle beinhalteten – oder stützten sich gewissermaßen auf – wichtige kulturelle Entwicklungen, welche sie eindeutig von dem in Kapitel IV diskutierten archaischen Gesellschaftstyp unterscheiden. Mit der möglichen partiellen Ausnahme Chinas waren sie alle in einem Sinn, der auf keine archaische Gesellschaft anwendbar ist, mit einer oder mehreren der sogenannten »Weltreligionen« verbunden. Die Probleme der historischen Ursachen hinsichtlich der *Genese* dieser Systeme sind sehr komplex und liegen weitgehend außerhalb des Rahmens der vorliegenden Abhandlung. Wir werden uns hauptsächlich mit gewissen formalen Regelmäßigkeiten hinsichtlich des von ihnen erreichten Niveaus und ihrer Variationsbreite wie auch mit dem Problem befassen, warum keine dieser Gesellschaften, die sich aus eigenen Mitteln entwickelten, das erreichten, was wir als Modernität bezeichnen.

Die für unsere Untersuchung ausgewählten Systeme sind China, Indien, die islamischen Reiche und Rom. Wir werden sie in dieser Reihenfolge behandeln, die etwa einer progressiv zunehmenden Affinität zum modernen Gesellschaftstyp entspricht. Unter diesem Gesichtspunkt lassen sie sich auch in zwei Gruppen unterteilen. China und Indien waren nur minimal oder gar nicht durch die kulturellen Bewegungen beeinflußt, welche die westliche Gesellschaft begründeten. Indien wurde vielleicht durch die griechische Kultur und – nach dem islamischen Einfall – über den Islam durch das Judentum beeinflußt, doch diese Einflüsse traten zu einem späteren Zeitpunkt der Entwicklung ein. Der Islam und Rom jedoch wurden grundlegend durch Israel bzw. Griechenland beeinflußt. Daher ist es in diesen beiden Fällen schwieriger, die zu diesem Kapitel gehörigen Themen von den zum nächsten gehörigen zu trennen.[1]

Die in diesem Kapitel behandelten Gesellschaften sind durchweg durch die Radikalität und Tragweite ihrer *kulturellen* Neuerungen gekennzeichnet, die gerade auf der Ebene des konstitutiven Symbolismus stattfanden. Sie waren unmittelbare Orte oder direkte Erben der entscheidenden kulturellen Bewegungen, die als *philosophische Durchbrüche* bezeichnet worden sind. Das gemeinsame Grundmerkmal dieser Bewegungen – das sie über ihre erheblichen Unterschiede der Orientierung hinweg verband – war das Erreichen eines höheren Verallgemeinerungsgrades der konstitutiven Symbolsysteme ihrer Kulturen. Diese Leistung warf entscheidende Fragen hinsichtlich der »Vereinbarkeit« der neuen kulturellen Orientierungen mit den Sozialstrukturen auf, in denen jene entstanden oder von denen aus sie verbreitet wurden.

Für unsere Zwecke ist es nicht erforderlich, jene Prozesse zu analysieren, welche diese Durchbrüche verursachten, oder gar die relative Bedeutung der verschiedenen kulturellen und sozialen Faktoren abzuschätzen. Doch es ist eine ins Auge springende Tatsache, daß diese Durchbrüche innerhalb einer relativ kurzen Zeitspanne in mehreren unterschiedlichen Gesellschaften – vom östlichen Mittelmeer (Griechenland und Israel) über Indien bis China – eintraten. Die entscheidende Periode fiel etwa in die Mitte des ersten Jahrtausends vor der Zeitrechnung. Wir befassen uns vor allem mit den Konsequenzen dieser Veränderungen für die Institutionalisierung im Rahmen großer Gesellschaften – in dem Maßstab, den die Hauptkräfte jener Zeit bereits erreicht hat. Hinsichtlich der in China und Indien erfolgten Durchbrüche können diese Konsequenzen direkt aufgewiesen werden; was aber jene angeht, die in Israel und Griechenland stattfanden, so betreffen sie notwendig Nachfolge-Gesellschaften, den Islam und Rom – die in diesem Kapitel ausgewählten Fälle. Die unmittelbareren Prozesse in Israel und Griechenland werden im nächsten Kapitel behandelt, und die christlichen Nachfolge-Gesellschaften sollen im zweiten Band behandelt werden.

Gemäß unserem analytischen Schema beeinflußten die ersten wichtigen Auswirkungen der kulturellen Durchbrüche – ganz gleich, wie sie sich ereigneten – offenbar die gesellschaftlichen Gemeinschaftsstrukturen der Gesellschaft, in denen sie eintraten oder in die sie verbreitet wurden. Alle diese kulturellen Bewegungen entwickelten eine Differenzierung zwischen der Ordnung der Repräsentation der letzten Realität und der Ordnung der Repräsentation der *conditio humana*. Jegliche Anmaßung eines göttlichen Status durch einen Menschen war nunmehr ausgeschlossen, so daß die Institution des Gottkönigtums mit der archaischen Periode beendet war. Doch gerade die Schärfe der neu aufgeworfenen Dichotomie zwischen dem Übernatürlichen und dem Natürlichen ließ das Problem der Definition des Verhältnisses menschlicher Elemente zur höheren Realität um so größer und wichtiger erscheinen. Ganz allgemein untergrub dies die – besonders in Ägypten auffällige – archaische Tendenz zur Erweiterung der sozialen Statusgliederungen. Es bedingte die Einführung einer tiefgreifenden Dichotomie zwischen jenen menschlichen Elementen, die die Fähigkeit und die Gelegenheit hatten, unmittelbar nach der neuen Vorstellung von der letzten Ordnung zu handeln, und jenen, die diese nicht hatten. Ein neuer Typ der Zwei-Klassen-Strukturierung der menschlichen Gesellschaft scheint daher eine universelle Folge dieser kulturellen Neuerungen zu sein. Diese Gesellschaften zerfallen nun hauptsächlich in zwei Kategorien, nämlich jene, die tatsächlich oder potentiell vollkommen für den nächsten menschlichen Stand gemäß der kulturellen Definition der transzendenten Ordnung qualifiziert sind, und jene, die von dieser Qualifikation ausgeschlossen sind, entweder grundsätzlich oder bis sie (und nur falls sie) bestimmte Bedingungen der Befähigung erfüllen.

Wenn diese Dichotomie auf bereits etablierte Gesellschaften aufgepfropft wird, so kann dies sehr komplexe Neuanpassungen zur Folge haben. Diese wirkten sich in den verschiedenen Fällen, die wir behandeln werden, ganz unterschiedlich aus.

Unsere Verallgemeinerung trifft offenbar auf alle Gesellschaften zu, in denen diese Situation entstand und in denen in großem Maßstab versucht wurde, sie zu institutionalisieren. Schließlich mußte die Tatsache akzeptiert werden, daß die bestehende Gesellschaft wichtige Elemente einschließen mußte, welche *nicht* alle Kriterien der Zugehörigkeit zur höheren Ordnung der auf kulturellen Definitionen der erwünschten Zugehörigkeit beruhenden kulturellen Standards erfüllen konnten. Die chinesische Gesellschaft mußte einfache Menschen einbegreifen, die keine »Adligen« waren. Indien hatte die Sudras und Parias, die kein Anrecht auf die Disziplin der religiösen Aufklärung hatten, der Islam hatte die Ungläubigen, die nicht zum rechten Glauben bekehrt waren; und Rom hatte die »Barbaren« innerhalb seines Gemeinwesens. Im Gegensatz dazu besteht ein sehr wichtiger Trend der modernen Gesellschaften, den

Entschluß aller der politischen Jurisdiktion unterstehenden Personen in den vollen Mitgliedsstatus innerhalb einer einzigen gesellschaftlichen Gemeinschaft für möglich und erwünscht zu halten.

## China

Bellah[2] stellte fest, daß unter allen von ihm so bezeichneten Religionen der Konfuzianismus den am stärksten archaischen Charakter aufweise. Damit ist zweifellos die Tatsache verbunden, daß unter den hier behandelten vier Fällen nur in China die neue kulturelle Stufe *vollkommen* in einer *einheitlichen* großen Gesellschaft institutionalisiert wurde. Auch war China, wie bereits gesagt, hinsichtlich seiner außerordentlichen fundamentalen Stabilität und seiner hohen Wertung der Grundlagen dieser Stabilität mit Ägypten vergleichbar.

Das chinesische Reich nahm etwa um das Jahr 200 v. d. Z. mit seiner Vereinigung unter der kurzlebigen Ch'in-Dynastie und der daraufsolgenden Konsolidierung und Stabilisierung unter der nahezu 400 Jahre dauernden Han-Dynastie Gestalt an.[3] Die Han begründen die ersten Formen der für dieses Reich bezeichnendsten Institutionen, besonders der Gelehrten-Bürokratie.

Dem Reich ging die Chou-Gesellschaft voraus, ein System von patrimonialen Staaten auf feudaler Grundlage. Die Chou waren eindeutig eine archaische Gesellschaft, obgleich sie vielleicht insofern von andereren abwichen, als sie den extensiven patrilinearen Geschlechtern, den *Shih*[4], eine sehr bevorzugte Stellung einräumten. Der Prinz war, wie die archaischen Könige, über die wir sprachen, das Seniorhaupt des herrschenden Geschlechts. Doch um seinen Hof versammelte sich eine beträchtliche Klasse von Gefolgsleuten, die nicht mit ihm verwandt waren, sondern auf deren rituelle und administrative Dienste er angewiesen war. Auch erlangten diese Männer eine erhebliche Bewegungsfreiheit, so daß ein großer Teil von ihnen bei verschiedenen Prinzen dienen konnte, wobei sie, wie jene Männer, die während der italienischen Renaissance den verschiedenen Stadtstaaten dienten, von einer Anstellung zur anderen wanderten. Sie bildeten die Klasse der Gelehrten-Beamten (deren artikuliertester Sprecher Konfuzius selbst war), die mit der Zeit in der ganzen neu entstehenden Gesellschaft den Ton angaben.

Diese Tatsachen zeigen, daß das China der Chou sich zu einem *System* von patrimonialen Gesellschaften entwickelte, welche, obgleich sie einander bekriegten, eine Vielzahl integrativer Beziehungen unterhielten. In sehr hohem Maß besaßen sie eine gemeinsame Kultur mit einer gemeinsamen Schriftsprache und einem wachsenden Fundus »klassischer« Dokumente von rituellem wie philosophischem Charakter. Diese gemeinsame Kultur bildete eine wesentliche Voraussetzung für das Entstehen einer einzigen, politisch organisierten Gesellschaft, des Reiches, auf einem so weiten und so unterschiedlich beschaffenen Subkontinent. Konfuzius hielt sich offenbar für denjenigen, der diese akkumulierte schriftliche Tradition kodifizierte; er leugnete, selbst irgendwelche Neuerungen eingeführt zu haben, sondern wollte nur die »Weisheit der Alten« übermitteln.[5] Doch gerade durch die Kodifizierung der Tradition und die Hinzufügung aphoristischer Kommentare und Bemerkungen erreichten Konfuzius und seine Nachfolger eine neue Stufe der Ordnung des Materials. Obwohl er selbst die metaphysische Spekulation als völlig vergeblich zurückgewiesen hatte, wurde der Konfuzianismus zu einem *neuen* kulturellen System, von dem legitimerweise gesagt werden kann, daß es auf einer Religion fußt.

Die konfuzianische Kodifizierung wurde die Grundlage der berühmten klassischen Bildung Chinas. Die Institutionalisierung dieser Bildung bedingte den entscheidenden Übergang von der zünftischen Schriftbeherrschung zu der – eine ganz besondere Tradition entwickelnden – Schriftkundigkeit der *ganzen* Oberschicht, d. h. ihrer erwachsenen Männer. Danach war der chinesische »Edle«, wie es in der Natur der Sache lag, ein Gelehrter in den konfuzianischen Klassikern.

Die Institutionalisierung der konfuzianischen Tradition in einem Bildungssystem beinhaltete schließlich auch die im System der Examina fest begründete Anforderung, daß die Inhaber kaiserlicher öffentlicher Ämter (außer dem Kaiser selbst und bestimmten Sonderkategorien von Höflingen) durch die Disziplin dieser Bildung – und damit durch die gesellschaftliche Bedeutung der kulturellen Tradition selbst – qualifiziert sein sollten.[6] Die Mandarine bildeten damit eine breite Regierungsschicht, deren Status kulturell definiert war. Dies war etwas in der gesellschaftlichen Evolution völlig Neues. In archaischen Gesellschaften war die kulturelle Legitimation viel weniger unabhängig von der Struktur der Gesellschaft. Vor allem konzentrierten sich die Auswirkungen des chinesischen Legitimationssystems nicht auf die Spitze der Gesellschaft, wie dies beim ägyptischen, um den Pharao kreisenden System der Fall war. Der chinesische Kaiser besaß nur ein recht unbestimmtes »Mandat des Himmels«. Statt die vielen Stufen eines Kosmos von den Göttern bis hin zur physischen Natur zu integrieren, wie es die regierenden Elemente in Ägypten taten, nötigten diese in China der Gesellschaft ein kulturell definiertes, final begründetes Muster auf.

Um zu erkennen, wie dieses Arrangement funktionierte, müssen wir die beiden vom Knotenpunkt des Gelehrten-Beamten-Status ausgehenden Fäden verfolgen. Der erste betrifft das Wesen des kulturellen Systems selbst. Der zweite betrifft den Modus seiner Artikulation innerhalb der Struktur der Gesellschaft, der sich sowohl auf die erreichte positive Integration als auch auf die Grenzen dieser Integration bezieht.

Insofern der Konfuzianismus einer archaischen Verfassung sehr nahe stand, zeichnete er sich auch ganz wesentlich durch eine besondere Konzeption der Abgegrenztheit aus. Er vertrat eine bemerkenswerte sinozentrische Auffassung der menschlichen Welt und, darüber hinaus, des ganzen kosmischen Systems. China galt als das »Reich der Mitte«, das Zentrum der Welt. Die verschiedenen – kulturellen oder sozialen, allgemeinen oder spezifischen – Ordnungssysteme verbanden sich mit diesem gesellschaftlich manifestierten Zentrum bzw. bildeten eine Folge konzentrischer Kreise um dieses herum. Doch nach oben war dieses Zentrum mit einem »kosmischen« Bezugspunkt, dem System des *Tao* und *Yang* und *Yin* in einer Weise verbunden, welche die rituelle Handhabung der menschlichen Beziehungen zu diesen letzten »Kräften« oder, wie Granet sie besser bezeichnete, »Emblemen« erforderte.[7] Der Kaiser war eine Art Papst. Ganz entschieden war er nicht selbst göttlich, sondern er besaß ein göttliches Mandat. Seine gesellschaftlichen Funktionen waren in weit spezifischerem Sinn rituell als jene des Pharao, wobei seinen »Untergebenen« in der Regierung viel mehr Freiheit blieb. Das Entscheidende war offenbar, daß die Sphäre des Übernatürlichen so stark von der gesellschaftlichen Ordnung differenziert war, daß es nicht notwendig war, für jeden Regierungsakt eine direkte Sanktionierung durch die höchste legitimierende Autorität zu beanspruchen. Die Mandarine als Klasse übernahmen die Verantwortung für spezifische Regierungsakte und wurden mit dieser betraut. Sie waren verantwortlich für die Erfüllung der Regierungspflichten, doch hinsichtlich der *Art*, wie sie regierten, waren sie autonom. Der Himmel war nach chinesischer Auffassung keine politische Agentur.

Die kosmische Ordnung und die menschliche Sozialordnung waren, so glaubte man, in ähnlicher Weise abgegrenzt und vermöge eines gewissen Isomorphismus oder einer Formähnlichkeit wesentlich miteinander kongruent. Ihre Ordnungsprinzipien waren nicht rationalistisch im westlichen Sinn (d. h. vom griechischen Denken abgeleitet), sondern symbolisch-ritualistisch. Die Ordnung war eine Frage der richtigen Beziehungen zwischen diffusen Entitäten, die als multipel miteinander verschränkt definiert waren. Auf kosmischer Stufe wurde die Dichotomie von *Yin* und *Yang* daher mit einer ganzen Reihe spezifischerer Gegensätze: Nord-Süd, warm-kalt, männlich-weiblich, hoher Status-niedriger Status, links-rechts usw. identifiziert. *Tao* war das Prinzip der Erhaltung eines adäquaten Gleichgewichts zwischen diesen Entitäten, unter entsprechender Berücksichtigung der verschiedenen Situationen, in denen sie im einzelnen vorherrschten und in denen ein zyklischer Wechsel das wichtigste Beziehungsmuster darstellte.[8] Den analytisch orientierten Beobachter überrascht es vielleicht besonders, daß die Dimensionen von Überlegenheit/Unterlegenheit sowie der qualitativ funktionalen Differenzen ohne hierarchische Unterscheidung nicht eindeutig bestimmt waren. *Yang* war im allgemeinen *Yin* überlegen sowie qualitativ von diesem verschieden.[9]

In gewissem Sinn bestand die Hauptfunktion der kaiserlichen Institution darin, die rituelle Verbindung zwischen dem kosmischen und dem menschlichen Bereich zu stiften; in dieser Hinsicht war sie der des ägyptischen Königtums ähnlich.[10] Die menschliche Gesellschaft war im Grunde gemäß einer *Harmonie* von differenzierten, einander entgegengesetzten und irgendwie »kooperierenden« Entitäten organisiert. Ihre Ordnung war diffus und partikularistisch, mit der bemerkenswerten Ausnahme eines strukturellen Merkmals, nämlich des Bruchs zwischen den oberen und den unteren Stufen. Das soziale Äquivalent von *Tao* war *Li*, die Einhaltung der Anstandsformen. Jedes Element der Gesellschaft hatte seinen eigenen, ihm zugewiesenen Platz. An diesem Platz sollte ihm »das Seine gegeben« werden, doch gleichermaßen war es ihm nicht erlaubt, ihn zu verlassen.

Die institutionelle Verkörperung von *Li* war die gebildete Klasse, besonders die Minorität derer, die tatsächlich durch die Berufung in Regierungsämter ausgewählt wurden. Als Klasse trugen diese die Verantwortung für die Verwirklichung des kaiserlichen Mandats, das System in harmonischem Gleichgewicht zu halten. Der Kaiser hatte die primär »rituelle« Verantwortung gegenüber der übernatürlichen, kosmischen Ordnung; die Amtsträger hatten die mit der Führung der menschlichen Angelegenheiten verbundene praktische Verantwortung. Diese beiden Aspekte waren jedoch nie scharf voneinander differenziert, und der Beamte trug sowohl eine praktisch administrative als auch eine rituelle Verantwortung, welche den Standort seines jeweiligen Amtes in beiderlei Hinsicht mit dem gesamtgesellschaftlichen System verband.

Die Sozialstruktur war also besonders eng mit dem primären kulturellen System verwoben. Die kulturell qualifizierte Gruppe übernahm kraft ihrer Verkörperung der ideellen kulturellen Formen – in sehr eindrucksvollem Maßstab – die Kontrolle über die Gesellschaft und zwar in einer Weise, wie wir es bei keiner archaischen Gesellschaft finden. Doch sie konnte sich nie zu einer korporativen Einheit entwickeln, welche die Gesellschaft als ganze definierte, denn sie war lediglich eine Körperschaft von »Edlen«, die Prestige und Regierungsgewalt in besonderer Kombination besaßen. Doch zwischen ihnen und dem »einfachen Volk« bestand eine grundsätzliche Trennung, so daß das klassische China im wesentlichen eine Zwei-Klassen-Gesellschaft blieb. Selbstverständlich war es ohne weiteres möglich, daß einzelne Unter-Geschlechter diese Grenze durch eine aufwärts (oder abwärts) gerichtete Mobilität überschritten – und sie taten dies oft, wenn auch mit unterschiedlicher Häufigkeit in verschiedenen Perioden.[11] Was die Sozialstruktur betraf, bestand jedoch niemals die Möglichkeit, die »unteren« Gruppen, besonders die Bauern, in die positiv bewertete gesellschaftliche Gemeinschaft einzuschließen.

Diese Klassenschranke war komplexer Natur. Im Grunde war sie durch Chinas besondere Auffassung der Verwandtschaftsbeziehung – sowohl tatsächlich in der menschlichen Gesellschaft als auch symbolisch im kulturellen System – bedingt. Das Entscheidende ist hier, daß die Verwandtschaftsebene der Organisation nicht transzendiert wurde, wie es in anderen »historischen« Systemen geschah. Selbstverständlich zeichnete sich der Hauptknotenpunkt der Gesellschaft, das bürokratische System, durch eine ganz besondere Art der Universalität aus. Die Ämter standen allen offen, die durch ihre mittels des Examenssystems überprüfte Bildung qualifiziert waren. Dieses jedoch stellte ein »Differentialgelenk« dar, dessen Flexibilität es ermöglichte, darüber und darunter den Verwandtschafts-Partikularismus innerhalb der Sozialstruktur beizubehalten.

Die konfuzianische Ethik begründete eine Art mikroskopisch-makroskopischer Kongruenz zwischen der Familie und der Gesellschaft als ganzer. Die berühmte Doktrin von den fünf Beziehungen enthielt drei spezifisch familiäre Beziehungen – Vater/Sohn, Gatte/Gattin, älterer Bruder/jüngerer Bruder –, die sämtlich die oben erwähnte besondere Fusion von hierarchischen und qualitativen Unterschieden exemplifizieren. (Die beiden übrigen Beziehungen waren: Vorgesetzter/Untergebener im amtlichen Kontext, sowie Freund/Freund, wobei der eine, der »ältere« Freund, eine Art Patron war.) Diese Doktrin besagte, daß, wenn diese Beziehungen von jedem einzelnen korrekt eingehalten würden, die ganze Gesellschaft sich in richtiger Ordnung befinde. In modernen Gesellschaften kann die Familie und ihr jeweiliges unmittelbares Milieu *nicht* einen solchen Prototyp der gesamten Gesellschaftsstruktur abgeben.

Als soziale Schicht konnte sich der Adel nicht ausschließlich auf die von ihm geleisteten Regierungsdienste stützen, was zum Teil durch das dem Berufungssystem zugrundeliegende Auswahlprinzip bedingt war. Es mußte mehr präsumptiv qualifizierte Kandidaten als zu besetzende Ämter geben, sonst wäre die Auswahl der Besten sinnlos gewesen. Aus der Perspektive des Einzelnen betrachtet, erfolgte der lange Ausbildungsprozeß auf eigenes Risiko – er konnte eine erfolgreiche Laufbahn einschlagen, oder auch nicht.

Wie Creel behauptet, war die entscheidende institutionelle Entwicklung, welche den Übergang vom Chou-Feudalismus zum kaiserlichen System markierte, die Entstehung der *Hsien* – für gewöhnlich als »Grafschaft« oder »Distrikt« übersetzt.[12] Hsien war die unterste Ordnungseinheit der kaiserlichen Verwaltung, die durch einen berufenen Beamten besetzt wurde. Für diese Beamten wie für die höheren Positionen war ein bürokratisches Organisationsprinzip verbindlich – dem Vordringen von Verwandtschafts- und anderen säkularistischen Bindungen wurde durch sorgfältige Vorsichtsmaßnahmen vorgebeugt, etwa durch die dreijährige Begrenzung der Amtszeit für einen Posten oder das Verbot, in der Provinz Dienst zu tun, in der das Geschlecht des Betreffenden lebte.

Die Stadt, die der Sitz des Hsien-Amtes war, war auch die Residenz des lokalen Adels, der in großen Haushalten mit vielen Dienern lebte. Typischerweise bestand ihre wichtigste ökonomische Grundlage im agrarischen Landbesitz in den angrenzenden Gebieten, obgleich viele auch handwerkliche Werkstätten oder Handelsunternehmen betrieben. Sie bildeten eine lockere, recht informelle korporative Gruppe, mit der der Beamte sich bei der Durchführung politischer Maßnahmen zu einigen hatte, und vice versa.[13] Daß sie in der Stadt wohnten und gleichwohl normalerweise Land besaßen, unterschied sie deutlich von den mittelalterlichen und nach-mittelalterlichen Oberschichten-Gruppen Europas. In China konnte kein »Bürgertum« – durch die politische Kontrolle der Städte – Unabhängigkeit von den wichtigen landbesitzenden Klassen des »feudalen« Groß- und Kleinadels gewinnen.

Der Haushalt des Edelmanns, meist als *Chia* bezeichnet, war grundsätzlich eine Drei-Generationen-Einheit[14], nicht ein Kernfamilien-Haushalt modernen Typs. Zu ihm gehörte normalerweise ein Elternpaar – häufig erweitert um mehrere Frauen und/oder Konkubinen –, deren Söhne, die Frauen und Kinder der Söhne, unverheiratete Töchter, Diener und manchmal Handwerker. Besonders bedeutsam war die Institution der fundamentalen Gleichheit der Söhne, besonders im Erbfall – ein scharfer Kontrast zum in Japan und großen Teilen Europas herrschenden Erstgeburtsrecht –, die durch die Han-Dynastie begründet wurde. Beim Tod der Eltern teilten die Söhne für gewöhnlich sowohl den Haushalt als auch seinen Besitz.

Die Einschaltung der *Hsien*-Beamten und das gleiche Erbrecht der Söhne brachen sehr wirksam die Macht der »feudalen« Geschlechter auf dem Niveau der Shih und verwandelten den Adel in eine Ober*schicht*, die viel mehr Ähnlichkeit mit der des Westens als mit der eines feudalen oder archaischen Systems aufwies. Gleichzeitig verhinderte die auf der Hsien-Stadt wie auf den Bauerndörfern des Landes fußende Position des Adels, daß die universalistischen bürokratischen Institutionen eine effektive Routine des organisatorischen Kontaktes mit der Masse des Volkes entwickelten.[15] So beruhte z. B. die Besteuerung nicht auf zentral festgelegten Sätzen. Vielmehr war jeder Beamte gegenüber seinem Provinzgouverneur für eine gewisse jährliche Summe verantwortlich. Die Steuern wurden nicht von Individuen, sondern von den *Chia*-Einheiten erhoben, wobei es beträchtlichen Spielraum für Verhandlungen zwischen der *Chia* und dem Magistrat wie zwischen den *Chias* untereinander gab. Wie der Beamte die Steuern bei der Chia und den Bauern eintrieb, blieb ihm überlassen; er kam für die Verwaltungsaufgaben auf und entschädigte sich von dem, was er eintreiben konnte.[16] Wiewohl er über Polizeikräfte und möglicherweise auch über den Einsatz von Militär gebot, mußte er sich doch hauptsächlich auf seine guten Beziehungen zum lokalen Adel verlassen, um die Steuern einzutreiben und Unterstützung und Dienstleistungen für Regierungsaufgaben sicherzustellen. Der Adel wiederum übte die primäre Kontrolle über die Massen der unteren Gruppen aus, und diese Kontrolle wurde durch seine Beziehungen zum Regierungssystem verstärkt.[17]

Die Massen des einfachen Volkes waren Bauern, sie lebten in mehr oder minder korporativen Dörfern und bestellten den Boden. Bei ihnen herrschte dieselbe Grundform der *Chia*-Organisation wie beim Adel, wenn auch meist in bescheidenerer Form, denn ökonomische Zwänge hielten sie davon ab, so große Haushalte zu begründen.[18] Formal konnte das Land frei verkauft oder übertragen werden, und die Bauern waren keine Leibeigenen, sondern legal freie Menschen. Der Adelsbesitz war jedoch soweit verbreitet, daß viele von ihnen, auch wenn die Verhältnisse je nach Periode und Region variierten, generell eher Pächter als unabhängige Eigentümer waren, und ganz abgesehen vom Pachtverhältnis gab es viel Abhängigkeit durch chronische Verschuldung. Doch es war durchaus möglich, daß Bauerngeschlechter durch die Akkumulation von Landbesitz in die Adelsschicht aufstiegen. Wenn sie über die ökonomischen Mittel verfügten, konnten sie ihren Söhnen eine klassische Bildung – das große *Desiderat* – angedeihen lassen und die Lebensformen des Adels annehmen, wobei die Robe des Gelehrten eindeutig symbolisierte, daß ihr Träger keine physische Arbeit verrichtete.

Die strukturelle Bedeutung des Verwandtschaftspartikularismus reflektierte sich im Ahnenkult und wurde von diesem wahrscheinlich wesentlich verstärkt. Unterhalb der Ebene der *Chia* war die effektive Solidarität in Kontexten, wo es einfach um die Entwicklung von instrumentellen Beziehungen ging (z.B. strikt ökonomischen Kontexten), nie sehr stark, doch durch das Ahnensystem wurde eine weiterreichende rituelle Solidarität aufrechterhalten. Da die Ahnen im konfuzianischen System keinerlei göttliche Eigenschaft hatten, ist der westliche Ausdruck »Anbetung« für die Beschreibung des Kultes unangebracht. Vielmehr war der Ahnenkult die Basis der rituellen Schicklichkeit (*Li*) für den Status einer *Chia*-Einheit innerhalb des größeren Systems.[19] In bescheideneren Formen praktizierten auch die Bauern den Ahnenkult.

Creel übertreibt wohl etwas, wenn er behauptet, daß das kaiserliche System Chinas eine vollkommene Bürokratie im Weberschen Sinne entwickelte, wenngleich es gewiß sehr fortgeschritten war.[20] Seine wichtigste Beschränkung lag vielleicht in der Natur der für das Amt erforderlichen Qualifikation (Bildung durch die konfuzianischen Klassiker) – im Vergleich zu den westlichen Traditionen der Ausbildung im Recht, mit Schwerpunkt auf organisatorischen Fähigkeiten oder beruflichen Kenntnissen naturwissenschaftlicher Art. Wie Weber betont, war der Gelehrte-Beamte vor allem ein kultivierter Mann, gewissermaßen ein »Edler«, nicht ein »Fachmann« im westlichen Sinne.[21]

Nichtsdestoweniger war das Verwaltungssystem die Hauptstütze einer eindrucksvollen sozio-politischen Struktur, die in Größe, Stabilität und Dauer bis zur wirklichen Moderne ohnegleichen war; das römische Reich war hinsichtlich der Größe, nicht aber hinsichtlich der Dauer und des Zusammenhalts vergleichbar.[22] China erwies sich als fähig, sich zu verteidigen – obgleich es keinesfalls eine stark militarisierte Gesellschaft war. Als seine Abwehr bei der Eroberung durch die Mongolen und Mandschu zusammenbrach, demonstrierte es seine kulturelle Stärke, indem es die Eroberer durch und durch sinifizierte. Es errichtete große öffentliche Bauten, die Chinesische Mauer, Kanäle, Paläste usf. Doch auf zwei bedeutsamen Gebieten waren der Entwicklung Chinas deutliche Grenzen gesetzt.

Erstens war die Rationalisierung des Rechts und der legalen Verfahren kaum derjenigen Mesopotamiens überlegen und gewiß nicht mit derjenigen Roms vergleichbar. Dies hing zweifellos mit dem Charakter der kulturellen Tradition zusammen. Obgleich *Li* in einer Hinsicht die allgemeine Grundlage für eine Art Recht bildete, unterlag es stark einer substanziellen statt formalen Rationalisierung, und es war mit partikularistischen Themen durchsetzt. Dies zeigt sich deutlich im berühmten Aphorismus des Konfuzius über die Anstandspflicht, den Vater im Namen der Sohnespietät vor den Behörden zu schützen, auch wenn er Schafe gestohlen haben sollte.[23]

Zweitens gelang China nicht die Differenzierung spezialisierter ökonomischer Strukturen. Obgleich es einen relativ hohen Grad der Produktivität erreichte, die Ausbeutung seiner Rohstoffe – etwa durch den Transport und die Speicherung von Getreide – erheblich zentralisierte und hinsichtlich der Rekrutierung von Arbeitskräften für große Unternehmungen vermutlich sogar Ägypten übertraf, wiesen seine ökonomischen Institutionen in zwei wichtigen Kontexten erhebliche Mängel auf. Die Chinesen entwickelten niemals in dem Maße wie die Griechen oder die Römer jene monetären Institutionen, die zur Erhaltung eines weitverzweigten Marktsystems notwendig sind.[24] Auch entwickelte China keine starke, durch *Gesetz* definierte und geschützte Ordnung, welche die ökonomischen Aktivitäten relativ unabhängig von der Notwendigkeit einer partikularistischen politischen Protektion gemacht hätte. Im allgemeinen konnten nur politisch mächtige Gruppen als solche umfangreiche ökonomische Unternehmen durchführen. Ein weiterer Index für den Mangel an legaler Unterstützung für die ökonomische Entwicklung war die Tendenz, daß die ökonomisch-politische Ordnung immer dann, wenn die zentrale Autorität geschwächt wurde, auseinanderbrach und dem Unwesen von »Kriegsherren« und – auf niedrigerer Ebene – »Banden« Platz machte.

*Indien*

Die obige Analyse zeigt, daß das konfuzianische Kultursystem und sein Institutionalisierungsmodus das kaiserliche China daran hinderte, den archaischen Partikularismus durch eine Reorganisation der Gesellschaft zu überwinden, die vor allem die Massen der Bevölkerung in das reorganisierte System eingeschlossen hätte. Auch Max Weber brachte dies klar zum Ausdruck, als er seine Analyse der Religion und Gesellschaft in China mit einer Gegenüberstellung von Konfuzianismus und Puritanismus beschloß: »Konfuzianischer Rationalismus hieß rationale *Anpassung* an die Welt«; puritanischer Rationalismus hieß »rationale Herrschaft über die Welt.«[25] Die konfuzianische Anpassung akzeptierte die Unveränderbarkeit der gesellschaftlichen Substruktur, besonders ihre Verankerung in der Scholle, in den ursprünglichen Verwandtschaftsverhältnissen und ihren kulturellen Begleitumständen – und vor allem in magischen Glaubensinhalten.

Mit der Hervorbringung einer rational konsistenten Orientierung an der »letzten Realität« führte Indiens kulturelle Entwicklung über diejenige Chinas hinaus. Doch dies geschah in einer Weise, die (zumindest für sehr lange Zeit) radikal die wesentlichen Modi der Verwirklichung des Glaubenssystems von den zentralen Belangen der Gesellschaftsstruktur trennte. Wenn der Konfuzianismus nicht genügend zwischen der kosmischen Ordnung und der Sozialordnung differenzierte, dann differenzierten Hinduismus und Buddhismus sie so radikal, daß sie unter den jeweiligen sozialen Verhältnissen nicht so artikuliert werden konnten, wie eine progressive institutionelle Veränderung es gefordert hätte.

In Indien ging eine Zwei-Klassen-Struktur, die jener der fortgeschrittenen intermediären Gesellschaften sehr ähnlich war, tatsächlich der zentralen kulturellen Entwicklung voraus und war für diese ganz entscheidend. Obschon vorher im Nordwesten Indiens eine archaische Zivilisation bestanden hatte, brachten die »arischen« Invasionen aus dem Norden vermutlich eher eine langfristige Infiltration um die Mitte des zweiten Jahrtausends v. d. Z. als eine plötzliche Eroberung – eine neue Sprache, das Sanskrit, und eine neue Religion mit sich, in deren Mittelpunkt die Vedischen Götter standen. Sprache und Religion waren gewiß mit jenen Griechenlands und Roms verwandt, sie waren indo-europäisch.

Während dieser ganzen entscheidenden Periode bildeten die Nachfahren der »Invasoren« die Oberschicht, während die Nachfahren der Einheimischen, häufig als »Draviden« bezeichnet, die Unterschicht bildeten.[26] Historisch stellte auch die Hautfarbe einen Faktor dieses Klassenunterschiedes dar. Mit der Entwicklung des neuen Religionssystems unterteilte sich die Oberschicht in drei *Varnas:* die Brahmanen, die Priesterklasse; die Ksatriaden, der Kriegeradel; und die Vaicyaden, die Landbesitzer und Kaufleute. Gemeinsam bildeten sie die Gruppe der »Zweimal-Geborenen«, die Träger der fundamentalen vedischen Kulturtradition, die Anspruch auf deren privilegierten religiösen Status hatten. Die unteren Gruppen, die *Sudras*, waren einfach von den kulturellen Benefizien ausgeschlossen; sie waren Ackerbauern, Dienstleute und ganz allgemein die Träger der niedrigsten Funktionen und Statuspositionen. Diese fundamentale Trennung blieb im wesentlichen bis in Ghandis Zeit erhalten, wenn auch das Kastensystem sich erst nach der buddhistischen Periode voll herauskristallisierte. Uns interessiert hier mehr diese fundamentale Dualität als die Unterteilung der Oberschicht.[27]

Wenn uns vor allem diese Dualität bedeutsam erscheint, so sind wir uns doch der Vielgestaltigkeit des indischen Kastensystems bewußt. Dessen grober Aufbau aus den drei Kasten der »Zweimal-Geborenen«, den Reinen und den unreinen Sudras und schließlich den Unberührbaren war relativ übersichtlich. Doch die effektive Einheit war nicht die Varna selbst, sondern das lokale oder zumeist regionale Kasten- oder Unterkasten-Kollektiv. Häufig bestand erhebliche Unsicherheit hinsichtlich des genauen Ranges solcher Einheiten, besonders in Form regionaler Variationen in der Rangordnung von Einheiten, die zur selben Varna zu gehören behaupteten. Lange Zeit hindurch gab es auch eine nennenswerte Kasten-Mobilität innerhalb der Varna-Hierarchie, die für gewöhnlich mit brahmanischen Genealogien von oft zweifelhafter Authentizität einherging. Im Großen und Ganzen war das System an der Spitze am »festesten« und wurde, je weiter man die Status-Skala hinabschritt, um so lockerer – zumindest bis hinab zur Grenze zwischen den Sudras und den Unberührbaren, wobei letztere insofern völlig ausgeschlossen waren, als respektable Brahmanen für sie keinerlei rituelle Dienste leisteten. Was wir hier vor allem feststellen wollen, ist nicht, daß das indische Kastensystem ein sauber polarisiertes Zwei-Kasten-System darstellte, sondern daß die für seine religiöse Legitimation entscheidende Dualität niemals in Richtung auf die Einflußnahme der Nichtprivilegierten in einer gesellschaftlichen Gemeinschaft mit mehr Gleichheit transzendiert wurde.

Die vedische Religion beruhte nicht nur auf einem polytheistischen Pantheon, sondern auch auf einem Opferkult, der viele Merkmale mit den Kulten von Mesopotamien und Palästina gemein hatte. Die Brahmanen waren die Priestergruppe, deren Funktion die Opferungen waren. Doch die besondere kulturelle Errungenschaft war die philosophische Spekulation über den Sinn der Opfer, die sie, zusammen mit den nicht-priesterlichen Ariern, darbrachten.[28] Diese Spekulation führte zu der Vorstellung, daß die Welt des Lebenden aus einer Myriade zeitloser, metaphysisch letzter Entitäten oder Seelen bestand, die eine endlose Reihe von Inkarnationen und Reinkarnationen durchliefen. Nicht daß der individuelle Tod (oder die Geburt) nicht als endgültig betrachtet wurde, sondern alles Irdische wurde radikal relativiert. Die ganze Welt des zoologischen Lebens – es ist rätselhaft, warum die Pflanzen ausgeschlossen blieben – bestand aus inkarnierten Seelen, nicht nur von Menschen, sondern von allen Arten, sogar von den niedrigsten Insekten oder Würmern. Über dem Menschen stand das Reich der Götter, die ebenfalls sterbliche Inkarnationen von Seelen waren, wenn auch ihr Leben vielleicht Jahrtausende währte. Nur die Seelen und die letzten »Ursachen« für das Sein des Universums, Atman oder Brahman, waren von der Sterblichkeit oder dieser Art Relativität ausgenommen.

Der letzte Sinn des Zeitablaufs war im Konzept der moralischen Kausation, des *Karma*, formuliert, nach welchem die Konsequenzen jeder Handlung jedes Lebewesens unlöslich den verantwortlichen Individuen zugeschrieben wurden. Nach dieser Vorstellung wurden die Seelen in ihren nachfolgenden Leben für verdienstvolle Handlungen auf der Skala des Seins befördert und für tadelnswerte Handlungen herabgestuft. Ganz eindeutig war dies ein wesentlich hierarchisches System, das sich von den Göttern über die Abstufungen der menschlichen Gesellschaft bis zu den niedrigeren Tieren erstreckte.[29]

Eine so radikale Relativierung warf ganz akut das bedeutsame Problem der Sinnbedeutung des individuellen menschlichen Lebens auf. Dieses Problem fand seine Lösung in einer Doktrin der radikalen Heilserlösung.[30] Das religiöse Ziel war, im Kreislauf der Wiedergeburten über die Optimierung der eigenen Verdienste hinauszugehen, sich vollkommen dem »Rad des Karma« zu entziehen und eine Art Auflösung im Höchsten und Letzten zu finden.

Neben ihrer extremen philosophischen Verfeinerung und Verallgemeinerung zeichnet diese religiöse Orientierung sich durch zwei weitere Merkmale aus, die für unser unmittelbares Interesse besonders belangvoll sind. Erstens: vorausgesetzt, daß der hochkultivierte Inder von diesem Glauben durchdrungen war und daß er daher diese radikale Heilserlösung anstrebte, schloß gerade die Eigentümlichkeit dieser Orientierung aus, daß er dies im normalen Verlauf des weltlichen Lebens tat. Der Weg zur Erlösung führte über den Rückzug von weltlichen Verbindungen und Verantwortungen und über die Praxis asketischer Übungen oder mystischer Konzentration. Auch Weber wies nachdrücklich darauf hin, daß es in Indien kein Gegenstück zur konfuzianischen Wertschätzung der ethischen Verpflichtungen des öffentlichen Lebens gab – ganz zu schweigen von einer puritanischen Konzeption von *Berufung*. Selbstverständlich war die soziale Verantwortung religiös sanktioniert, doch bestenfalls als etwas *Sekundäres*, nicht als eine primäre Pflicht des Lebens.

Zweitens: die Doktrin war auf religiöser Ebene *radikal individualistisch*. Es gab keine Form der Kollektivität, die eine Parallele zum »Volk Israel« oder besonders zur christlichen Kirche geboten hätte. Jeder einzelne suchte ganz allein für sich das Heil, wobei ihn ein eigener geistiger Führer, der *Guru*, leitete.

Diesen beiden Eigentümlichkeiten lag der Hauptinhalt der Doktrin zugrunde, die Abwertung des Lebens in dieser Welt. In der extremen Form, in der sie von gewissen philosophischen Schulen entwickelt wurde, besagte diese Konzeption, daß die konkrete Existenz selbst gänzlich »Illusion« (Maya) sei und daß ein Verständnis der »Realität« nur durch eine Abkehr von »der Welt« zu erreichen sei.[31]

Die Konsequenzen einer solchen Auffassung sind stark von der Vorstellung über die Natur »der Welt« abhängig. In den relevanten Perioden der indischen Geschichte mußte die konkrete menschliche Gesellschaft notwendig entschieden *abgewertet* werden, wenn auch selbstverständlich in einem relativen Sinn. Ich finde daher Max Webers These unbestreitbar, daß dies unter den bestehenden Umständen bedeutete: *traditionalisiert* werden. Doch gerade die Tatsache, daß die brahmanische Revolution nicht für den einfachen Menschen, sondern nur für den »religiösen Virtuosen« radikale Askese bedeutete, ist im Hinblick auf die Lebensfähigkeit dieser traditionalisierten Ethik sehr wichtig.

Die Gesellschaft, in der diese neue kulturelle Bewegung sich entwickelte, war offenbar eine relativ fortgeschrittene archaische Gesellschaft, die sich nicht so stark von derjenigen Mesopotamiens unterschied. Es gab patrimoniale Prinzipate, Hauptstädte von beträchtlicher Größe und Komplexität, eine hohe Entwicklung des Handwerks und gewisser Künste, große öffentliche Bauten. Da es sich aber um beträchtliche Zeiträume handelt und es auch zu jedem Zeitpunkt erhebliche Variationen gab, ist eine solche Charakterisierung notwendig sehr allgemein. Tatsächlich war wohl die Kontinuität und Kommunikation mit Mesopotamien – via Persien – sehr wichtig. Die entscheidende Frage lautet, warum angesichts der im großen und ganzen vergleichbaren sozialen Bedingungen die für eine weitere gesellschaftliche Entwicklung notwendige Konstellation von Faktoren an der westlichen, nicht aber an der östlichen Peripherie zustande kam.

Während der Konfuzianismus die *kulturelle* Institutionalisierung (im kybernetischen Sinn: Kontrolle) der chinesischen Sozialordnung konsolidierte und förderte, schwächte die religiös-philosophische Bewegung Indiens, die in kultureller Hinsicht weit fortgeschrittener war als der Konfuzianismus, den kulturellen Impetus der sozialen Entwicklung und machte die Gesellschaft von relativ archaischen sozialen Konfigurationen abhängig.

Da diese kulturelle Bewegung sich im Rahmen der Oberschichten, vor allem bei den Brahmanen, entfaltete, wurde sie sehr komplex, besonders was ihre Verbindungen mit dem kulturellen System betrifft, und zerfiel in der »klassischen« Periode in drei Hauptzweige: Hinduismus, Jainismus und Buddhismus, die alle aus einem gemeinsamen Boden entsprangen. Der Jainismus gewann eine sehr feste Position als sektiererische Untergruppe innerhalb der Gesellschaft, in mancher Hinsicht vergleichbar mit jener der Juden in der Diaspora, wenn auch nicht annähernd so weit verbreitet. Wie Weber nachwies, hatte er besondere Bedeutung als Grundlage einer kaufmännischen Schicht.[32] Der Buddhismus, wohl die radikalste dieser drei Religionen, wurde völlig aus Indien vertrieben, wurde aber zu einer der drei wichtigsten bekehrenden Religionen der Weltgeschichte und verbreitete sich im Süden und Osten Indiens über ganz Asien, wenn er auch die einheimische Kultur Chinas und Japans nicht gänzlich ersetzte.[33]

Der von den Brahmanen geführte Hinduismus wurde zur überwiegenden Grundlage des späteren kulturellen und organisatorischen Rahmens der indischen Gesellschaft. Aber statt die Entstehung eines korporativen gesellschaftlichen Kollektivs der »Zweimal-Geborenen« zu begünstigen, das danach hätte erweitert werden und die ganze Gesellschaft einschließen können, konsolidierte er die religiöse Jenseitigkeit und den Individualismus der allgemeinen indischen Tradition auf der Ebene der gesellschaftlichen Gemeinschaft. Auf religiöser Ebene bot dies eine mächtige Legitimation für eine fragmentierte hierarchische Ordnung der säkularen Gesellschaft. Die säkulare Gesellschaft wurde also in der Weise als das menschliche Wirkungsfeld von *Karma* und Seelenwanderung aufgefaßt, daß *karmische* Verdienste mit dem *Dharma*, der Erfüllung der traditionellen Pflichten des Kastenstatus, koinzidierten.[34] Der Einzelne war »ein guter Bürger«, sofern er den traditionellen Pflichten der ihm im Leben zugewiesenen Stellung nachkam. Wenn er Verdienste erwarb, stieg er bei der *nächsten* Inkarnation auf; andernfalls stieg er ab. Die Sozialstruktur bestand also in der Hauptsache aus – weitgehend beruflichen – hereditären Gruppierungen, wurde aber durch jene sich überschneidenden »Stammes«-Trennungen und Dorfgemeinschaften ergänzt, die die Mitglieder mehrerer Kasten symbiotisch umfaßten und innerhalb der weitgehend agrarischen Gesellschaft den Rahmen für eine breitere Organisation boten. Die Statuskriterien der Kaste – nicht aber innerhalb der Kaste – waren überwiegend rituelle Kriterien im Hinblick auf die brahmanische Weltvorstellung. Aus diesen Gründen war es ausgeschlossen, daß die hinduistische Orientierung eine Bewegung hin zur sozialen Veränderung hätte legitimieren können.

Das System zum Erreichen von Erlösung war mit dem *Dharma*-System durch die Institutionalisierung des jenseitigen Asketizismus und Mystizismus auf individueller Basis verbunden. Im Idealfall sollte der einer höheren Kaste angehörende Einzelne in den späteren Phasen seines Lebens nach radikaler Jenseitigkeit streben, nachdem er seine traditionellen Pflichten erfüllt und einen Sohn hinterlassen hatte, der alt genug war, um die Linie des Geschlechts fortzuführen.[35]

Der Hinduismus konsolidierte sich erst nach dem Aufstieg der buddhistischen Bewegung, die hinsichtlich der Abwertung des Lebens in dieser Welt zugunsten eines kontemplativ-mystischen Rückzugs noch radikaler war. Der Buddhismus sanktionierte nicht das brahmanische Kastenwesen, sondern behandelte alle weltlichen Dinge als ganz unwichtig. Er entwickelte eine kollektive Struktur, eine Art mönchischer Gemeinschaft, die *Sangha*, in der die Mönche, von der Welt zurückgezogen, zusammenlebten. Doch seine Auffassung von der religiösen Gemeinschaft erstreckte sich nicht auf den Durchschnittsmenschen. Im Buddhismus gab es keine Parallele zum christlichen Laienstand. Auch war sein mönchisches Leben radikal von irgendwelcher sozialen Nützlichkeit entfernt. Dies galt sogar für den Lebensunterhalt der Mönche – die strenggläubigen Mönche durften nicht einmal ihre eigenen Lebensmittel anbauen, sondern mußten betteln, da Arbeit als verunreinigend galt.[36]

Es fällt auf, daß auf der Grundlage des Brahmanentums keine langfristige, stabile politische Organisation größeren Maßstabs sich entwickelte. Obgleich in Indien viele Fürsten- und Königtümer entstanden, erlangte nur *ein* überwiegend hinduistisch orientiertes Reich einige Größe und Dauer, nämlich unter der Dynastie der Gupta im vierten Jahrhundert unserer Zeitrechnung.

Es gab jedoch einen sehr bemerkenswerten *Versuch* zur politischen Konsolidierung unter dem berühmten König Ashoka aus der Maurya-Dynastie (4. Jahrhundert v. d. Z.). Obgleich Ashoka schließlich einem buddhistischen Kloster beitrat, war er nicht wirklich Buddhist.[37] Vielmehr versuchte er durch die Synkretisierung verschiedener Elemente der gesamten brahmanischen, buddhistischen und jainistischen Tradition eine allgemeine Sozialordnung (sein System der Dhamma) zu formen. Dieses kam im Lauf der indischen Geschichte einer dem Konfuzianismus ähnlichen allgemeinen Oberschichten-Kultur am nächsten.

Bezeichnenderweise verfiel Ashokas Synthese politisch wie auch kulturell nach seinem Tode sehr schnell. Danach schritt die Konsolidierung des Hinduismus und des Kastensystems unter der starken Führung der Brahmanen, die als Gruppe erheblichen Widerstand gegen Ashoka geleistet hatten, zusehends fort. Die buddhistische Bewegung wurde allmählich schwächer, und schließlich aus Indien verdrängt.

Es erscheint bedeutsam, daß sich einige Jahrhunderte später die islamische Bewegung in großem Maßstab in Indien ausbreitete. Unter der Herrschaft der Moslems entstanden gewisse extensive politische Strukturen von unterschiedlicher Verbindlichkeit und Dauer. Deren letzte und größte war das Mogul-Reich, das vor dem Einzug der Briten etwa zwei Jahrhunderte lang praktisch ganz Indien beherrschte. Tatsächlich zeigt die Geschichte Indiens, daß dieses besonders anfällig für Fremdherrschaft war. Gleichwohl gelang es den Moslems nicht, die Mehrheit der Bevölkerung Indiens zum Islam zu bekehren, vielmehr mußten sie (wie auch anderswo) einen Kompromiß zwischen einer islamischen Minderheit und einer hinduistischen Mehrheit akzeptieren.[38]

*Die islamischen Reiche*

In China und Indien waren die *entscheidenden* kulturellen Entwicklungen in den Gesellschaften, in denen sie entstanden und auf die sie ihre unterschiedlichen Einflüsse ausübten, unmittelbar heimisch. In den islamischen Gesellschaften und in Rom war dies nicht im gleichen Sinne der Fall. Obgleich der Islam etwa ein Jahrtausend nach dem jüdischen Zeitalter der Propheten und mehrere Jahrhunderte nach der Entstehung des Christentums entstand, war er nichtsdestoweniger ein Produkt dieser selben allgemeinen semitischen Kulturtraditionen.

Ähnlich kam und verging die entscheidende Blüte der griechischen Kultur etwa drei Jahrhunderte, bevor die politische Autorität Roms auf deren Gebiet vordrang und es ihr ermöglichte, einen starken Einfluß auf die römische Gesellschaft zu gewinnen. Doch die charakteristische Entwicklung Roms beruhte weniger unmittelbar auf dem griechischen Erbe als der Islam auf dem jüdischen; sie war sehr weitgehend eine unabhängige Spielart des gemeinsamen Grundmusters – des Systems der *Polis*.

Der Islam und Rom, die auf Israel und Griechenland folgten, entwickelten beide eine Form der gesellschaftlichen Gemeinschaft, die sich deutlich von den im Orient vorkommenden Mustern unterschied.[39] Bei dieser bildeten die Mitglieder der Gemeinschaft nicht eine Klasse in der Art des chinesischen Adels oder der indischen »Zweimal-Geborenen«, sondern sie waren die *gesamte* korporative Entität, welche Träger der kulturellen Haupttradition war.

Im frühen Judentum war diese Entität das *auserwählte Volk*, das korporativ untereinander und mit Jahwe durch den *Bund* vereint war. Dessen Mitglieder unterhielten verschiedene komplexe Beziehungen mit Nicht-Mitgliedern, doch das Konzept »Volk Israel« blieb immer der zentrale Bezugspunkt ihres Gefühls der gesellschaftlichen Zugehörigkeit.

In Griechenland und Rom bildete die Körperschaft des Stadtstaates, der *Polis* oder *Urbs*, die zentrale gesellschaftliche Gemeinschaft, deren wichtigste Mitgliedskategorie der Status des *Bürgers* war. Diese Körperschaft unterhielt oft komplizierte Beziehungen mit Nicht-Bürgern innerhalb und außerhalb der territorialen Grenzen des Stadtstaates, doch sie blieb gleichwohl die zentrale Entität der Gesellschaft.

Im Fall der Semiten wie im Fall von Griechen und Römern war die entscheidende gemeinschaftliche Entität *potentiell* eine völlig unabhängige Gesellschaft. Für die Oberschichten Chinas oder Indiens traf dies nicht zu. Außerdem waren diese westlichen Gesellschaften, bedingt durch das Wesen ihrer kulturellen Traditionen und ihrer gesellschaftlichen Gemeinschaften, weitaus aktiver als die orientalischen Gesellschaften auf die Institutionalisierung der primären Wertstrukturen ihrer Kulturen als konstitutiv für die Gesellschaft selbst – und als ganzer – ausgerichtet.

Der Islam erkannte seine kulturelle Herkunft aus Israel an, indem er den wichtigsten hebräischen Propheten, besonders Abraham und Moses, und sogar Jesus Geltung verlieh.[40] Auch trug er das gleiche Grundmerkmal einer verbindenden gesellschaftlichen Gemeinschaft. Diese kreiste ursprünglich um die führenden Geschlechter von Medina und Mekka, welche die Führung Mohammeds als des wahren Propheten des einen, wahren Gottes Allah anerkannten. Diese Gemeinschaft, die zugleich *Gläubige* und durch ihre gemeinsame Gefolgschaftstreue untereinander solidarisch waren, war die *Umma*.

Von Anfang an war der Islam eine sowohl religiöse als auch politische Gemeinschaft.[41] Aber anders als das frühe Israel beanspruchte er lange Zeit nicht die Jurisdiktion über ein territorial umschriebenes Gebiet oder eine territorial begrenzte Bevölkerung. Sehr früh begann er sich auszubreiten, zuerst auf der arabischen Halbinsel und dann darüber hinaus. Besonders wichtig war daher die Frage des Verhältnisses zwischen den Vollmitgliedern der religiös-politischen Gemeinschaft und den Nicht-Mitgliedern, die sie unterwarf. Im allgemeinen wurde dieses weder nach konfuzianischer Art als Klassenstatus noch nach brahmanischer Art als spezifisch religiöse Qualifikation definiert, sondern es war wesentlich eine Frage des Glaubens an und des Treuegelöbnisses für Allah und seinen Propheten Mohammed.[42] Diejenigen, die dies nicht akzeptierten, waren Ungläubige und konnten nicht die Privilegien der Gläubigen beanspruchen. Das ist die besondere islamische Version des Zwei-Klassen-Systems.

Während der Islam außerordentlich schnell seine Herrschaft über große Teile der zivilisierten Welt ausbreitete, trat eine Schwierigkeit hervor: sie betraf das Problem, die beiden Hauptaskepte der islamischen Gemeinschaft, die *Umma* der Gläubigen einerseits und die politische, territoriale Gemeinschaft andererseits, unter einheitlichem Gesetz zu vereinigen. In der ersten Phase der Expansion boten die arabische ethnische Zugehörigkeit und Sprache eine gewisse Basis der Einheit, doch danach wurde die Tendenz, den Islam mit arabischer Kultur zu identifizieren, zu einem wesentlichen Hindernis der Integration nicht-arabischer Bevölkerungen in die Gemeinschaft.[43] Mohammeds Vision hatte einer einzigen *Umma* gegolten, die zugleich eine einzige politisch organisierte Gesellschaft sein sollte. Doch im Lauf der islamischen Expansion mißlang die Verwirklichung dieses Ideals vor allem in zweierlei Hinsicht. Erstens erwies es sich als unmöglich, alle die unterworfenen Bevölkerungsmassen zum Islam zu bekehren und gleichzeitig eine adäquate politische Kontrolle über sie aufrecht zu erhalten. Beinahe überall (wie wir bereits für Indien feststellten) blieben große nicht-moslemische Bevölkerungselemente erhalten und konsolidierten mit der Zeit ihre Positionen als Nicht-Moslems, so daß allmählich jede realistische Hoffnung auf ihre Bekehrung aufgegeben werden mußte.[44] Außerdem bestand vielfach nur ein relativ nomineller, »verwässerter« Islam, der religiös unklare Strömungen aus anderen Traditionen enthielt.[45]

Zweitens erwies es sich als unmöglich, die politische Einheit aufrechtzuerhalten. Das islamische System zerbrach unter der Belastung seiner rapiden Ausbreitung in eine Pluralität politisch unabhängiger Einheiten; dieser Prozeß war etwa analog jenem, der im westlichen Christentum eintrat, als das nominell einheitliche Heilige Römische Reich in feudale Nationalstaaten zerfiel. So wurden das maurische, das arabische, das persische, das indische und schließlich das türkische politische System unabhängig.

Die islamische Theorie erforderte, daß es ein einziges religiöses Oberhaupt gebe, einen Nachfolger des Propheten, der auch die politische Suprematie über den ganzen Islam ausüben sollte. Doch die Institution des Kalifats war niemals adäquat stabilisiert, sondern sie war vielmehr mehrere Jahrhunderte hindurch rivalisierenden Ansprüchen ausgesetzt und der Anlaß für viele intra-islamische Kriege. Es ging dabei um konkurrierende Legitimationsprinzipien, welche, obgleich sie auf voneinander abweichenden Ansprüchen auf die Abkunft vom Propheten beruhten, gewisse, ganz fundamentale normative Probleme bedingten, die nie autoritativ gelöst wurden.[46]

Wie Israel legte auch der Islam großen Nachdruck auf das religiöse *Gesetz*. Er war vor allem eine Religion des *Buches*, des *Koran*, des durch den Propheten geoffenbarten Wortes Allahs, ergänzt um die *Scharia*, die traditionell als Sammlung seiner Aussprüche galt, und die interpretierenden Glossen von Rechtsexperten vieler Generationen und unterschiedlicher Schulen. Tatsächlich hemmte der rigide Monotheismus des Islam die Beschäftigung mit theoretischen Spitzfindigkeiten und stellte das Gesetz in den Mittelpunkt der religiösen Kultur. Außerdem wurde das Gesetz natürlich für die religiöse Gemeinschaft zur wichtigsten Basis der Einheit, wie dies auch in Israel der Fall war.

In zweierlei Hinsicht mißlang es aber dem Islam, jene Grundlage einer normativen Ordnung zu schaffen, die, wie wir sehen werden, in Rom sich entwickelte. Zum einen verfügte der Islam über keine klar umrissene Körperschaft, auf die sich die Autorität seines Gesetzes bezog, nicht einmal über ein Volk in der Art des hebräischen, denn er hatte während seiner Expansion seine ethnische Identität vollkommen aufgegeben, wenn auch gewisse Aspekte des arabischen Primats informell weiterbestanden. Im allgemeinen war das Gesetz insofern strikt universalistisch, als es gleichermaßen für alle Gläubige galt. Da aber der korporative Bezug fehlte, mußte es sich auf die lose integrierte Tradition des *Koran*, der *Scharia* und der Glossen stützen. Obgleich es durch eine Gruppe von Experten aufrechterhalten wurde, besaßen diese nie einen organisierten Status innerhalb einer korporativen Entität, wie ihn z. B. die Kanoniker der mittelalterlichen christlichen Kirche innegehabt hatten.[47] Dieser Umstand ermöglichte es, daß die Gruppe der Rechtsexperten und sogar das Gesetz selbst in verschiedene, recht unterschiedliche, konkurrierende Schulen zerfielen, wodurch die Autorität der gesetzlichen Kontrollen noch problematischer wurde.[48] Dies ging jedoch auf die Schwierigkeit zurück, daß die *Umma* keine korporative Entität etwa im Sinne der Christenheit bildete.

Zum anderen blieb das islamische Gesetz *legalistisch* in dem Sinn, wie es auch das jüdische Gesetz, besonders in seiner talmudistischen Phase war. Der *Koran* und erst recht die *Scharia* waren sehr aphoristisch und unsystematisch. Im Islam bestand die Tendenz, einzelne Vorschriften und Verbote relativ *ad hoc* zu erlassen und sie an die außerordentlich unterschiedlichen Verhältnisse anzupassen, in denen die Gläubigen sich befanden. Das islamische Gesetz zeichnete sich daher durch ingeniöse Kasuistik, nicht aber durch Integration aufgrund klar formulierter Rechtsprinzipien aus[49]; verglichen mit der römischen Konzeption des Naturrechts besaß es kaum irgendeine philosophische Begründung.

Es scheint tatsächlich so zu sein, wie Gibb behauptet, daß ein fundamentaler Dualismus nie erfolgreich transzendiert wurde und mithin ein zentrales Merkmal aller islamischer Gesellschaften blieb. Einerseits bestand – legitimiert durch die religiöse Mission des Islam – das Bestreben, alle Gläubigen politisch zu einigen. Doch andererseits bestand weiterhin die Verankerung der islamischen Massen in traditionellen agrarischen und nomadischen Gesellschaften, die sich aufgrund von Verwandtschafts- und partikularistischen lokalen Solidaritäten organisierten, welche nie so gründlich strukturiert wurden, daß sie dem religiösen Universalismus entsprochen hätten – oder auch nur jenem, der zeitweilig durch die höchsten politischen Autoritäten und das Recht erreicht wurde. Tatsächlich durchsetzte der Partikularismus häufig die höheren hierarchischen Stufen.[50]

In religiöser Hinsicht trat diese fundamentale Dualität besonders klar zutage. Einerseits huldigte der orthodoxe Islam einem theologischen Rigorismus, der unfähig war, irgendeine Vermittlung mit der Vielfalt menschlicher Interessen und Motive zu legalisieren. Andererseits ließen diese menschlichen Elemente die weitverbreitete und populäre Sufi-Bewegung entstehen, welche eine extreme Emotionalität, Mystik und Magie begünstigte, wodurch die Institutionalisierung jeder eindeutig islamischen Struktur in großen Gesellschaften untergraben wurde.[51]

Abgesehen von seinem gemeinsamen Erbe mit Israel kam der Islam auch in engen Kontakt mit dem Vermächtnis der klassischen Antike. Es waren die Araber, die viele klassische Texte, etwa jene des Aristoteles, für den Westen wiederentdeckten, und auf Gebieten wie etwa der Mathematik verdankt die klassische Kultur ihnen beträchtliche Fortschritte. Tatsächlich führte der Einfluß des klassischen Erbes allmählich zu einer großen Krise der islamischen Kultur, die ihren Höhepunkt mit dem Werk Al Ghazalis, des »Thomas von Aquin« des islamischen Mittelalters erreichte. Die islamische Reaktion auf diesen Einfluß war jedoch das genaue Gegenteil dessen, was im christlichen Europa geschah. Da die islamische Orthodoxie die Reinheit der Tradition des Propheten wahrte, gelang es ihr nicht, die klassische Philosophie als Mittel der Integration von säkularer Kultur auszunutzen, und damit schnitt sie sich von einem weiteren konstituierenden Grundelement moderner Gesellschaften ab.[52] Anders als China und Indien entwickelte der Islam eine radikal aktivistische Orientierung. Von einer kulturell definierten Grundlage ausgehend, versuchte er die menschliche Gesellschaft in eine religiös vorgeschriebene Idealform zu transformieren. Man muß daher sagen, daß er insofern historisch gescheitert ist, als er nicht einmal den überwiegenden Teil der unter seiner politischen Kontrolle stehenden Bevölkerung gründlich moslemisierte; in deutlichem Kontrast dazu steht die relativ vollständige Christianisierung Europas. Darüber hinaus durchliefen seine kulturelle Tradition und seine gesellschaftliche normative Ordnung nicht jene wesentlichen Prozesse der Differenzierung, Einschließung und Aufwertung, welche die *Umma* in eine von universalistischen Normen durchdrungene Gesamtgesellschaft hätten verwandeln können. Ganz ähnlich wie China und Indien, doch in einem besonderen Sinn, blieben die islamischen Gesellschaften daher, trotz ihrer eindrucksvollen Errungenschaften, generell traditionalistisch und in eine große Vielzahl partikularistischer Gruppen aufgespalten, die unter einem relativ dünnen Firniß gemeinsamer islamischer Kultur operierten.

Die mißlungene Anpassung der islamischen Gesellschaften zeigte sich vielleicht am deutlichsten darin, daß die *Umma* sich nicht als vollkommen korporative gesellschaftliche Gemeinschaft *institutionalisieren* konnte, die essentiell die gesamte Bevölkerung der Gesellschaft umfaßt hätte. Gewiß läßt sich dies der islamischen Neigung zur direkten Aktion – d. h. zur Übernahme der politischen Kontrolle, was zumeist durch militärische Mittel geschah – sowie dem Versuch zuschreiben, die Gesellschaft von dieser Position her zu »moslemisieren«. Im Folgeband werden wir darstellen, welch ein Unterschied zwischen diesem Verfahren und jenem bestand, das die Grundlage der modernen christlichen Gesellschaft bildete.

Offenbar waren es gewisse Merkmale der religiösen Tradition selbst, die hauptsächlich für die evolutionären Beschränkungen des Islams verantwortlich waren. Der islamische Monotheismus war trotz seiner Reinheit in eine Fülle archaischer Kulturinhalte eingelagert, was besonders für das *ad hoc* erlassene, unsystematische koranische Gesetz galt, das weitgehend auf die arabische Kultur beschränkt blieb und sogar für Mohammed selbst idiosynkratisch war. Vielleicht noch entscheidender war aber die Tatsache, daß sowohl der Theologie als auch dem Gesetz eine philosophische Begründung fehlte. Hinsichtlich des *Gebrauchs*, den der Islam von der Philosophie machte, befand er sich auf einer mit den indischen Religionen oder dem Christentum vergleichbaren Stufe. Trotz der majestätischen Transzendentalität der Konzeption Allahs war daher die Trennlinie zwischen dem Weltlichen und Jenseitigen nicht klar gezogen, sondern glich etwa der in archaischen Religionen geläufigen Form.[53] So spielten etwa die Vergnügungen des Harems in den islamischen Vorstellungen vom Leben nach dem Tode eine überproportional große Rolle. Die Unfähigkeit des Islam, aus der griechischen Kultur Quellen der Rationalität zu erschließen, machte die Institutionalisierung seiner aktivistischen Ideale unmöglich – soweit dies auf einen einzigen Faktor zurückgeführt werden kann.

*Das römische Reich*

Gemeinsam mit der griechischen Polis ging die römische Gesellschaft insofern über die jüdische Konzeption des Volkes und die islamische Konzeption der *Umma* hinaus, als sie eine Form der gesellschaftlichen Gemeinschaft mit spezifisch *korporativem* Charakter entwickelte. Die griechischen und römischen Stadtstaaten entwickelten sich – gestützt auf weit verbreitete, alte Traditionen der Stadtstaat-Organisation – als kleine, politisch unabhängige Territorialeinheiten, deren Kerne offenbar aristokratische patrilineare Geschlechter bildeten. Die Häupter dieser Geschlechter – z. B. der ursprüngliche römische *pater familias* – waren präsumtiv Gleiche, die sich, ihre Verwandten und ihre »Klienten« in einer korporativen Entität, der *Polis* oder *Urbs*, assoziierten.

In der römischen Frühzeit, noch bevor die große politische Expansion einsetzte, wurde die ursprünglich aristokratische Struktur der *Urbs* »demokratisiert«, ein Prozeß, der Griechenland wie Italien gemeinsam war.[54] Der Unterschied zwischen Patriziern und Plebejern wurde bestimmter Bedeutungen entkleidet, und es stellte sich ein allgemeiner *Bürger*-status her, kraft dessen alle erwachsenen Männer präsumtiv Gleiche waren. Ganz entscheidend für diese Entwicklung war in Rom wie in Griechenland selbstverständlich die Tatsache der allgemeinen Teilnahme am Militärdienst – die Körperschaft der Bürger (d. h. das korporative Rom) *war* zugleich (hatte also nicht) eine Armee. Sie schuf auch ein komplexes System von Wahlämtern, eine Bürgerversammlung mit politischer Macht, und einen universalistisch gewählten Senat, der sich aus früheren Beamten zusammensetzte. Obgleich die durch die Gemeinde Rom regierte Bevölkerung nicht nur aus politisch vollberechtigten Bürgern und ihren Familien bestand, bildeten diese doch den Kern der gesellschaftlichen Gemeinschaft in einem Sinne, wie dies nur für Griechenland und zum Teil für Israel zutraf.

Schon von einer frühen Stufe der Entwicklung an waren nicht nur eine korporative Bürgerschaft und das Wahlamt, sondern auch ein effektives, autoritatives Recht für Rom charakteristisch. Das Rechtssystem durchlief – etwa parallel zum politischen System – eine komplexe innere Entwicklung, besonders hinsichtlich der Erweiterung der legalen Rechte vom *pater familias* als Vorstand eines Geschlechts auf den einzelnen Mann, der *sui juris* wurde (die volle

Rechtsfähigkeit besaß, in eigener Sache zu handeln).[55]

Ähnlich wie der frühe Islam und viele andere Imperien schlug diese ursprünglich sehr kleine korporative Gesellschaft den Weg der Expansion ein, wobei sie erfolgreich ihre unmittelbaren Nachbarn, dann ganz Italien und schließlich die ganze westliche zivilisierte Welt »eroberte«, welche die gesamte Mittelmeerküste umfaßte und sich in der einen Richtung bis nach Britannien und in der anderen bis nach Mesopotamien erstreckte. Auf diesem gewaltigen Territorium umfaßte das frühe Imperium eine auf 60 Millionen geschätzte Bevölkerung[56] – sehr viel für die damalige Zeit.

Die weite Expansion Roms, in der späten Republik beginnend, läßt sich nicht ausschließlich durch seine überlegene militärische Organisation erklären. Diese mochte bei der ersten Vereinnahmung neuer Bevölkerungen und Territorien noch so wichtig sein – die Stabilisierung der römischen Herrschaft beruhte dennoch weitgehend auf dem Rechtssystem, welches ihren institutionellen Rahmen bildete. Sicher ist es bedeutsam, daß zu jener Zeit das römische Recht aufgrund der Prinzipien der stoischen Philosophie und des Naturrechts weitgehend systematisiert war. Besonders das *jus gentium* (siehe unten) und der römische Begriff des Imperiums selbst hätten ohne diese philosophische Begründung und Systematisierung nicht entwickelt werden können.[57]

Durch die Anwendung der Verallgemeinerungsprinzipien der griechischen Philosophie konnte das System der römischen Rechtsordnung daher in Form universalistischer Prinzipien formuliert werden, die auf alle Menschen anwendbar waren und auf allgemeinen normativen Ordnungsvorstellungen gründeten, die für die ganze Zivilisation der klassischen Antike institutionalisiert werden konnten. Die Religion des frühen römischen Reiches war relativ beschränkt und archaisch und hätte für sich alleine eine solche Rechtsordnung nicht entwickeln und legitimieren können. Der Gegensatz zwischen Rom und dem Islam hinsichtlich der Rationalisierung des Rechts verdeutlicht die große Bedeutung dieses Merkmals. Es war insofern entscheidend für das römische Reich, als es ihm nicht nur ermöglichte, die Beziehungen unter privaten Parteien zu ordnen, sondern auch – und dies war wohl noch wichtiger – dem römischen Staat die konstitutionelle Fähigkeit gab, Ressourcen zu mobilisieren und in ganz verschiedenen Kontexten relativ rational und konsistent zu handeln.

Was immer man über die »Gerechtigkeit« oder Humanität der römischen Herrschaft sagen mag, sie zeichnete sich durch einmalige, historisch entscheidende institutionelle Merkmale aus. Als »Eroberer« »regierte« Rom seine Untertanenvölker nicht einfach »imperialistisch«, sondern übernahm in ganz ungewöhnlicher Weise zunehmend deren allgemeinere Elemente in seine eigene korporative Struktur. Der wichtigste Aspekt dieses Prozesses war die Ausdehnung der römischen Staatsbürgerschaft zuerst auf die Eliten und dann auf die einfachen Menschen dieser Völker – zuerst in Italien, dann in Griechenland, Gallien, Spanien, Nordafrika, im mittleren Osten und so fort. Schließlich wurde allen freien Menschen des Imperiums die Staatsbürgerschaft zuerkannt, wiewohl deren Bedeutung zu dieser Zeit so verwässert war, daß sie politisch beinahe inhaltslos war. Ein wichtiges Mittel dieser Erweiterung bestand darin, daß allen Männern gleich welcher Herkunft, die sechs Jahre lang ehrenhaft in den Legionen gedient hatten, die Staatsbürgerschaft gewährt wurde. Dies war ein entscheidender Demokratisierungsprozeß, denn er übersprang die interne Stratifikation der betreffenden Untergesellschaften.

Die Erweiterung der Staatsbürgerschaft bedingte *ipso facto* die Ausdehnung der »Geltung des Gesetzes«, denn das zentrale Rechtssystem, das *jus civilis*, galt für alle Bürger, ob sie in Rom wohnhaft waren oder nicht. Darüber hinaus war die Rechtstradition so stark, daß ein zusätzliches legales System, das *jus gentium*, für die unter römischer Jurisdiktion stehenden »Völker«, soweit sie nicht Staatsbürger waren, entwickelt wurde, um ihre Beziehungen zu der römischen Autorität und untereinander zu regulieren.[58] Das *jus gentium* stand in Verbindung mit dem zentralen Recht und machte daher ein System höchst universalistischer Statuten für die gesamte unter römischer Herrschaft stehende Bevölkerung verbindlich. Diese betrafen vor allem die Rechte von Personen gegenüber der Regierung und im Verhältnis zueinander auf Gebieten, die wir heute als Zivilrecht, Eigentum und Vertrag, Freizügigkeit usw. bezeichnen würden.

Neben diesem System substantieller Vorschriften entwickelte Rom auch ein kompliziertes System juridischer Verfahren. Den Gerichtshöfen standen die Prätoren vor, die nicht Berufsjuristen, sondern reguläre Beamte mit politischer Laufbahn waren. Doch später traten Berufsjuristen auf, Rechtsberater, welche die Klienten und die Richter über technische Fragen des Gesetzes aufklärten, doch keine Rechtsanwälte im modernen Sinn waren. Dies war das bei weitem am höchsten entwickelte überwiegend säkulare Rechtssystem, das bis zur frühen Moderne in *irgendeiner* Gesellschaft entstand. Rom wurde unter seinem Regierungs- und Rechtssystem zur kosmopolitischsten und individualistischsten Gesellschaft seiner Zeit. Im ganzen Imperium gab es eine relativ freie Mobilität von Personen und Gütern. Ein hochentwickelter institutioneller Komplex von Geld, Kredit und Märkten förderte die Entfaltung relativ unpolitischer ökonomischer Unternehmungen. Im eher kulturellen Bereich gab es angesichts der ethnischen und kulturellen Heterognität der Bevölkerung einen ungeheuren religiösen und kulturellen Freiheits- und Bewegungsspielraum. Möglicherweise hätte eine Bewegung wie das Christentum sich in den meisten anderen fortgeschrittenen intermediären – ganz zu schweigen von archaischen – Gesellschaften nicht in diesem Maß durch die Bekehrung ausbreiten können. Die bezeichnendste Errungenschaft Roms war also nicht seine bloße politische Kontrolle großer Territorien und Bevölkerung, sondern sein Rechtssystem.

Während der Expansion des römischen Reiches traf die Verquikkung seines zentralen Komplexes, Staatsbürgerschaft und Recht, mit der übrigen Sozialstruktur in zwei, möglicherweise drei wichtigen Kontexten auf Schwierigkeiten. Erstens ging unter den römischen Verhältnissen die Erweiterung der Staatsbürgerschaft im legalen Kontext notwendig mit einer Verwässerung ihres politischen Inhalts einher. Das expandierte Rom *konnte nicht* als politische Demokratie funktionieren. Dafür gibt es viele Gründe, vor allem aber wahrscheinlich die Tatsache, daß Rom keine *repräsentativen* Institutionen entwickelte. Daran wiederum war jedoch eine Vielzahl komplexer Faktoren beteiligt, vor allem der einheitliche Charakter der Regierungsautorität – das *Imperium* –, worüber wir nun sprechen wollen.[59] Auf jeden Fall konzentrierte sich die effektive politische Macht und Einflußnahme hauptsächlich bei einer kleinen Oberschicht, der Klasse der Senatoren.[60] Auch war Rom der relativ willkürlichen Intervention militärischer Elemente ausgesetzt, nicht nur wegen der bloßen Bedeutung des militärischen Apparats, sondern auch deshalb, weil die militärischen Einheiten als solche traditionell Einheiten mit politischen Machtbefugnissen waren. Nachdem diese Tendenz zur Konzentration der Macht schließlich zur Monarchie geführt hatte, sollte es Rom niemals gelingen, eine stabile Lösung des wichtigen Nachfolgeproblems zu institutionalisieren.

Die politische Konzentration stand in engem Zusammenhang mit der Stratifikation, war jedoch keineswegs mit dieser identisch. Der Senatorenstatus wurde *de facto* überwiegend erblich, wenn er auch weiterhin »neuen Männern«, besonders aus den Provinzen, offenstand. Zusammen mit gewissen »Hilfstruppen« wie etwa den Steuerpächtern, konzentrierte die Senatorenschicht – vor allem für politische Zwecke – ein hohes Maß an Einfluß, Macht und Reichtum auf sich, dem offenbar keine besonders effektiven entgegenwirkenden oder moderierenden Kontrollen gegenüberstanden. Dies konnte nur dazu führen, daß die Position der das ganze Imperium umfassenden Körperschaft der Staatsbürger als Kerngemeinschaft der Gesellschaft untergraben wurde.

In Anbetracht des Charakters der einheimischen römischen Religion und der kulturellen Vielfalt des Imperiums rief schließlich gerade die Entwicklung eines säkularen Rechts und einer relativ unparteilich über so viele verschiedene ethnische, kulturelle und religiöse Gruppen ausgeübten politischen Autorität eine Krise der kulturellen Legitimation hervor. Der »Kaiserkult« war relativ schwach ausgeprägt, denn die kulturelle Vervollkommnung des Imperiums hatte die Stufe des Gottkönigtums längst überschritten. Gleichwohl hatte das Imperium keine adäquate Alternative für eine sinnvolle Verbindung der *moralischen* Grundlage der legal-politischen Ordnung mit dem »letzten Grund« des Systems moralischer Verpflichtungen entwickelt.[61]

Alle diese Schwierigkeiten beschränkten die Institutionalisierung der römischen Grundkonzeption einer gesellschaftlichen Gemeinschaft als Korporation von Staatsbürgern im Maßstab des ganzen Imperiums. Die Überwindung dieser Schwierigkeiten gelang bei weitem am erfolgreichsten auf der Ebene des Rechts. Doch die Erweiterung des Rechtsstatus als Staatsbürger bedingte, wie gesagt, eine Verwässerung seiner politischen Aspekte und wahrscheinlich auch der Rechtssicherheit. So wichtig das *jus gentium* auch war, es war, unter den herrschenden Umständen, wahrscheinlich ein zweischneidiges Schwert.

Positiv betrachtet, wurde in dem Maß, wie sich zwischen selbständigen »ethnischen« Gruppen eine universelle normative Ordnung entwickelte, das *jus gentium* weitaus gründlicher institutionalisiert als jedes frühere System von vergleichbarem Geltungsbereich. Doch negativ betrachtet, bedingte die bloße Tatsache, daß die *gens* (»Volk« oder ethnische Gruppe) als eine Einheit anerkannt wurde, die rechtlicher Beziehungen zu anderen Einheiten ihres Typus bedurfte, eine Konsolidierung ihrer Unverletzlichkeit. Denn es war die Mitgliedschaft in anerkannten *gentes*, welche Individuen, die nicht römische Bürger waren, Rechte innerhalb des römischen Systems verlieh – die *gens* war die äußere Parallele zur *familia*.[62]

Vor diesem Hintergrund wollen wir kurz die Struktur der politischen Autorität Roms untersuchen. Ihr wichtigstes Merkmal war ihre außerordentliche Einheitlichkeit. Die berühmte Formel *Senatus Populusque Romanus* (der Senat und die Bürgerschaft Roms) balancierte in gewissem Sinn das demokratische und das aristokratische Prinzip gegeneinander aus, auch wenn der Senat verfassungsrechtlich ein Organ des Volkes war, da er sich aus früheren Beamten zusammensetzte, die – als Beamten – aus öffentlicher Wahl hervorgegangen waren.[63] Das System wurde insofern *de facto* aristokratisch, als diese Beamten sich aus den Geschlechtern der Senatorenschicht rekrutierten. Doch im Laufe der Zeit gingen die Senatoren aus breiteren ethnischen und geographischen Gruppen hervor, so daß der Senat nicht mehr ausschließlich römisch oder auch nur italisch war. Gleichwohl blieb der römische Staat entschieden einheitlich, da er letzten Endes auf dem Konzept einer Körperschaft von Staatsbürgern beruhte.[64]

Sein Widerstand gegen eine Differenzierung wird wohl am besten durch die Tatsache veranschaulicht, daß er nicht die zivile Exekutive, das Militär und das Rechtswesen als Funktionen von »Spezialisten« differenzierte. Die römischen Beamten trugen das *imperium* (die Autorität) des Staates als eines diffusen Ganzen, wobei sie zur Ausübung eines jeden Aspekts der Regierungsmacht berechtigt waren und sich nur hinsichtlich ihres Ranges unterschieden.[65] Obgleich die gerichtlichen Funktionen durch den *Prätor* ausgeübt wurden, war dieser kein Jurist, sondern ein »Politiker«, der das Prätorenamt als eine Stufe seiner öffentlichen Karriere bekleidete, welche wahrscheinlich mit einem untergeordneten militärischen Kommando begonnen hatte.

Die Konsuln hatten das oberste militärische Kommando inne, doch nicht in jenem allgemeinen Sinne wie der amerikanische Präsident, der als oberstes Exekutivorgan zugleich auch Oberkommandierender ist, sondern insofern, als während der republikanischen Phase von ihnen erwartet wurde, daß sie auf dem Schlachtfeld das Kommando übernahmen. Es gab also keine spezifische

Klasse von Berufsoffizieren. Das Beispiel des Konsulamtes illustriert die Schwierigkeiten, vor welche die Differenzierung das System stellte. Der Zwang, zwischen der militärischen und der zivilen Verantwortung zu differenzieren, wirkte sich dahingehend aus, daß häufig ein Konsul auf dem Felde kommandierte, während der andere die Zivilregierung führte. Doch die Tatsache, daß die beiden mit identischer legaler Macht ausgestatteten Konsuln ein und derselben Amtskategorie angehörten und nicht zwei verschiedene Ämter bekleideten, zeigt, daß dieser Zwang sehr beschränkt war. Jede Differenzierung beruhte auf einer informellen Übereinkunft, ohne daß sie verfassungsmäßig vorgesehen gewesen wäre.

Diese Tatsachen hängen zusammen mit der Verpflichtung sämtlicher Bürger des römischen Reiches (die auch für die der griechischen *Polis* galt), Militärdienste zu leisten. Wie bereits gesagt, kann man sogar davon sprechen, daß Rom weniger eine Armee »hatte« als vielmehr in prinzipieller Hinsicht eine Armee »war«. Vielleicht ist dies der Grund, warum der Dienst in den Legionen ein so wichtiges Mittel der Erweiterung der Staatsbürgerschaft war. Die zivile und die militärische Statusbasis waren eng miteinander verbunden.[66]

Die Funktion der Legislative, insoweit sie getrennt von anderen politischen Funktionen ausgeübt wurde, war grundsätzlich Sache des »Volkes«. Doch die effektive Institutionalisierung von dessen Rechten wurde fortwährend schwieriger. Die Legislative konzentrierte sich daher zunehmend beim Senat, wenngleich die Unbotmäßigkeit des Stadtpöbels und die Neigung der Legionen, besonders der Prätorianergarde, sich in die Politik einzumischen, den fortbestehenden Anspruch des Volkes auf die letzte Souveränität reflektierte. Der Senat entwickelte sich weniger zu einer repräsentativen Körperschaft als vielmehr zu einem Rat älterer Beamter, denen, wie gesagt, *de facto* ein aristokratischer Status zukam. Seine Beziehung zum *princeps* war im wesentlichen unklar und schwierig[67], ein Umstand, der noch dadurch erschwert wurde, daß das Prinzipat dazu tendierte, *de facto* – doch ohne feste Institutionalisierung – erblich zu werden. Dieser Widerstand gegen eine Differenzierung, der sich in mannigfaltigen Kontexten manifestierte, ist ein Grundmotiv der politischen Struktur Roms. Er war von stark zersetzender Wirkung auf ursprüngliche Solidaritäten, und zwar gerade wegen, erstens, seines Alles-oder-Nichts-Charakters und, zweitens, der Verbindungen zwischen dem einheitlichen Autoritätssystem und der Rechtsstruktur der Staatsbürgerschaft. Doch es bestand auch die Tendenz, politische Macht einzusetzen, um die pluralistischen Elemente dieser ungemein heterogenen Gesellschaft in segmentierte Formen zu pressen. Auf diese Tatsache haben wir bereits im Zusammenhang mit der früh-römischen Familie und der Konzentration ihrer Rechte im Status des *pater familias* hingewiesen; da die verheiratete Frau nicht der legale Repräsentant eines autonomen Kollektivs sein konnte, bestand die Tendenz, ihr jeglichen Rechtsstatus abzusprechen. Die Familie mußte über eine *potestas* (das Recht, Macht zu gebrauchen) verfügen, die so einheitlich war wie das *imperium* des Staates.

Doch dieses Problem wog noch schwerer im Fall der *gentes* des *jus gentium*, denn diese waren wesentlich größere Einheiten. So wurden die großen jüdischen Diasporagemeinden, wie in Alexandria oder Rom selbst, weitgehend als Einheiten behandelt, die dem Staat gegenüber kollektiv verantwortlich waren – z. B. für die Entrichtung von Steuern und die Aufrechterhaltung der Ordnung unter ihren Mitgliedern. Trotz der vielen Gegensätze zwischen Rom und China bestand hier wie dort ein gemeinsames beschränkendes Grundelement, nämlich die Unfähigkeit, wichtige Segmente des Systems in den universellen Rahmen zu absorbieren. Besonders außerhalb Italiens blieb ein verzweigtes Mosaik von nicht absorbierten, partikularistisch strukturierten sozio-kulturellen Elementen bestehen.[68] In dieser Hinsicht glich die römische Gesellschaft, wenn auch abgeschwächt, den islamischen Reichen in Indien – wo es unterhalb der politischen Autorität des Islam zahlreiche große »Hindu«-Elemente gab.

Die römische Gesellschaft förderte sehr bedeutende Entwicklungen auf Gebieten wie der öffentlichen Verwaltung, dem Handel und den verschiedensten Arten kultureller Aktivitäten. Besonders im antoninischen Zeitalter sorgte sie für politische Ordnung, Schutz der Rechte des Einzelnen und ökonomische Prosperität in einem Maß, das sowohl hinsichtlich der kontrollierten Landfläche und Bevölkerung als auch hinsichtlich der Gründlichkeit dieser Kontrolle viele Jahrhunderte lang unerreicht blieb. Doch die hier skizzierten Hindernisse bedingten wahrscheinlich nicht nur die Unfähigkeit, eine moderne Stufe der strukturellen Differenzierung zu erreichen, sondern auch Faktoren der Instabilität, welche zur Kurzlebigkeit besonders des Weströmischen Reiches beitrugen.

Diese Überlegungen schließen sich an Max Webers Analyse des

ökonomischen Niedergangs von Rom an. Besondere Bedeutung maß Weber der Tatsache bei, daß das System auf die Sklaverei angewiesen war, vor allem um landwirtschaftliche Produkte in dem von seinen Stadtbevölkerungen und wohlhabenden Schichten verlangten Umfang bereitzustellen.[69] Die Sklavenbevölkerung wiederum rekrutierte sich hauptsächlich aus Kriegsgefangenen. Die Organisation der Sklaven in den Kasernen der *Latifundien* oder Plantagen schloß Familienbeziehungen aus und verhinderte, daß die Sklavenbevölkerung sich durch natürliche Vermehrung erhielt. Mit der Pazifizierung der äußeren Teile des Reiches schmolz daher der Nachschub an Sklaven dahin. Den Sklaven mußten Familienbeziehungen zugestanden werden. Dies führte zur Entstehung einer halb-unabhängigen bäuerlichen Landwirtschaft und zerstörte die Basis der Plantagenproduktion. In diesem Zusammenhang stellten gewisse Merkmale des römischen politischen und legalen Systems zweifellos wichtige Faktoren dar. In gewissem Sinn traf der einheitliche Charakter des Imperiums auch für die Rechtskategorie des Eigentums zu. Etwas war entweder ein Besitzobjekt oder es war dies nicht. Daher bestand die Tendenz zur Zusammenfassung der vielen möglichen Schattierungen von »Unfreiheit« – Männer, die nicht frei waren, wurden uneingeschränkt als Sklaven behandelt. Wirtschaftlich war die Sklaverei jedoch nur im Rahmen einer speziellen Basis der sozialen Organisation, und als diese Basis bedroht war, trat eine Rückkehr zu weniger fortgeschrittenen Formen ein. Die Rollendifferenzierung in bezug auf Verwandtschafts- und Eigentumsrechte war für »formal freie«, individualisierte Arbeitskräfte im Weberschen Sinne unzureichend.[70] Die Eigentumseinheit einer traditionellen, auf Verwandtschaftsbeziehungen gründenden Landwirtschaft konnte nur durch das drastische Mittel der Kategorisierung von »Beschäftigten« als Sklaven zur Beschäftigung von einzelnen Individuen übergehen. Als dies unhaltbar wurde, entwickelte sich eine Situation, in der Sicherheit nur durch eine Retraditionalisierung gewonnen werden konnte.

Es wird häufig behauptet, daß der »Genius« Roms nicht kultureller, sondern legaler, politischer und militärischer Natur gewesen sei. Richtig verstanden, scheint diese Feststellung zuzutreffen. Tatsächlich war die römische Religion im Verhältnis zu der des klassischen Griechenlands eine überwiegend archaische. In dem Maß, wie sich die politische Herrschaft und die Rechtsordnung erweiterte und der politische Inhalt der Staatsbürgerschaft abschwächte, wurde, wie wir sahen, das Problem der Legitimation zunehmend akut. In mancher Hinsicht füllte während seiner kritischen Periode die Hellenisierung der Oberschichten des ganzen Imperiums, nicht nur seiner östlichen Hälfte, diese Lücke aus.[71] Der vielleicht wichtigste bleibende Beitrag dieser Entwicklung war die philosophische Begründung, welche die stoische Naturrechtskonzeption dem römischen Rechtssystem gab.

Um die Gesellschaft seines weiten Imperiums zu organisieren, mußte Rom gewiß die allgemeinsten Aspekte der klassischen Kultur Griechenlands übernehmen. Gleichwohl entbehrte es lange der Fähigkeit, ein dynamisches religiöses System zu entwickeln, welches die ungeheuer expandierte gesellschaftliche Gemeinschaft hätte legitimieren und stärken können. Ein wichtiges Symptom dafür war der eher archaische Versuch, die Kaiser zu vergöttlichen – die Intellektuellen jener Zeit begegneten ihm häufig mit offenem Hohn. Auf die Notwendigkeit einer höheren Ordnung der moralischen Orientierung und Legitimation wies ein buntscheckiger und unstabiler Wirrwarr von exotischen Kulten, Sekten, synkretistischen Glaubenssystemen und breiten religiösen Bewegungen hin, von denen viele dem Individuum irgendeine Art Erlösung versprachen. Für gewöhnlich waren sie aber nicht adäquat in der allgemeinen Kultur begründet, auch verknüpften sie nicht die religiösen Bedürfnisse des Einzelnen zureichend mit dem Wesen der Gesellschaft als ganzer, besonders hinsichtlich der Legitimation und Funktionsweise der Regierung.[72] Ähnlich wie der Islam, doch in einem etwas anderen Sinn, war das römische Reich in diesen wichtigen Aspekten über sich hinausgewachsen. Es gelang ihm nicht, in erforderlichem Umfang eine lebensfähige gesellschaftliche Gemeinschaft aufzubauen, seine Regierung zu stützen und besonders die »Entfremdung« seiner besten Bürger zu verhindern.

Ernest Barker vertritt die Ansicht, daß der Hauptgrund für die schließliche Übernahme des Christentums als Staatsreligion das Bedürfnis nach kultureller Legitimation war, welche die bis dahin bestehende religiöse Kultur nicht bieten konnte.[73] Zweifellos war das Christentum eine religiöse Bewegung, die das Potential hatte, dieses Bedürfnis zu befriedigen. Doch in den Frühphasen seiner Entwicklung war es zu stark jenseitig orientiert, um zur Integration *irgendeiner* Gesellschaft beizutragen; Gibbons berühmtes Urteil, daß das Christentum als *des*integrierende Kraft auf die römische Gesellschaft einwirkte, ist wahrscheinlich richtig. Auch noch später konnte es sich nicht *einfach* in den Rahmen der römischen Gesellschaft einfügen, denn das Imperium implizierte zu vieles, was normalerweise den christlichen Prinzipien fremd war. Es war eine tiefe gesellschaftliche »Regression« notwendig, bevor die Religion zusammen mit der Struktur einer neuen Gesellschaft wachsen konnte, bevor ihr Legitimations- und Regulationspotential sich voll entwickeln konnte.[74]

## Schlußfolgerung

Die Kernfrage dieses Kapitels betraf die Konsequenzen der Differenzierung zwischen dem kulturellen und dem sozialen System über die in archaischen Gesellschaften vorfindliche Stufe hinaus, mit besonderem Bezug auf ihre Implikationen für das Wesen der gesellschaftlichen Gemeinschaft. In *allen* vier dargestellten Fällen drangen die Formen des kulturellen Systems tiefer in die gesellschaftliche Struktur ein, als dies in *irgendeinem* archaischen System geschehen war. Gleichwohl lassen diese Fälle sich in zwei Paare unterteilen.

In China wie in Indien wurde das kulturelle System zur Grundlage des Status von klar definierten Oberschicht-Gruppen, des gelehrten Adels und der »Zweimal-Geborenen«, welche kollektiv in der Gesellschaft den Ton angaben, ohne sich jedoch korporativ zu organisieren. Gleichwohl war in beiden Fällen – wenn auch jeweils verschieden – die gesellschaftliche Ausbreitung dieser »Kulturelten« (falls ein solcher Ausdruck angemessen ist) durch eine Kombination ihrer eigenen Charakteristika und jener der allgemeineren gesellschaftlichen Matrix beschränkt. Dadurch blieb jeweils eine Masse von nicht assimilierten, »ursprünglichen« Populationen und Strukturen erhalten, die unter den gegebenen Umständen nicht in mehr als untergeordnetem Sinne von den durch die Traditionen der Elite als Ideal definierten sozio-kulturellen Muster erfaßt werden konnten.

Der Islam und Rom besaßen viel weitreichendere »weltorientierte« Konzeptionen der gesellschaftlichen Gemeinschaft, die prinzipiell auf alle anwendbar waren, die der kulturell-sozialen Gemeinschaft beitreten konnten – und in keiner spielten askriptive Schranken eine wichtige Rolle. Doch in Anbetracht der durch das Wesen ihrer jeweiligen sozialen Situation bedingten Hindernisse und der Probleme des *Maßstabs*, welche eine volle Institutionalisierung ihrer Idealmuster aufgeworfen hätte, war der Erfolg beider Gesellschaften recht unvollkommen. Dem Islam gelang es nie, die weitläufige *Umma* und eine vergleichbare politische Gemeinschaft adäquat zu integrieren. Rom konnte nicht seine weit ausgedehnte Staatsbürgerschaft mit den Erfordernissen von Politik, Stratifikation und Legitimation koordinieren, was notwendig gewesen wäre, damit eine so große Körperschaft von Staatsbürgern zum effektiven, integrierenden Zentrum einer lebensfähigen Gesellschaft hätte werden können.

Diese Gesellschaften wiesen die wichtigsten Ingredienzien der Modernität auf, auch wenn sie sich nicht zu modernen Gesellschaften entwickelten. In erster Linie versagten sie nicht auf der Ebene der Wertungen, sondern hinsichtlich der komplexen Modi der Integration von Wertungen mit den vielen unterschiedlichen Bedingungen einer komplexen Gesellschaft in einem komplexen Milieu. Die Unfähigkeit, sich auf diese Bedingungen einzustellen, zog wiederum der Entwicklung fortgeschritteneren kulturellen Formen gewisse Grenzen. Dies gilt anscheinend vor allem für unsere letzten beiden Beispiele, welche die Schwierigkeiten veranschaulichen, die mit einem allgemeinen, direkten Herangehen an die Probleme des Aufbaus einer neuen Gesellschaft verbunden sind.

# VI
# Zwei »Saatbett«-Gesellschaften: Israel und Griechenland

Allgemein gilt: je niedriger die sozio-kulturelle Evolution eines Systems, desto koextensiver und weniger unabhängig sind seine gesellschaftlichen und kulturellen Systeme in empirischer Hinsicht. Dies mag erklären, warum Anthropologen häufig versäumen, zwischen sozialen und kulturellen Systemen analytisch zu unterscheiden und das, was wir eine Gesellschaft nennen, gewöhnlich als eine »Kultur« bezeichnen. Das Problem des Verhältnisses zwischen gegebenen sozialen und kulturellen Systemen ist stets komplex, zum Teil wohl deshalb, weil so viele Komponenten kultureller Systeme unabhängig voneinander variieren.

In Ägypten war diese Koextensivität sehr eng – besonders im Vergleich zu Mesopotamien. China wies wahrscheinlich unter den »historischen Zivilisationen« das höchste Maß an Koextensivität auf, wenngleich es sich zeigte, daß Teile seiner Kultur nach Japan und anderen Gegenden Ostasiens exportierbar waren, und es den Buddhismus aus Indien importierte. Die unter der römischen Herrschaft konsolidierte mediterrane Welt hingegen war in kultureller Hinsicht bemerkenswert kosmopolitisch. Doch in den bislang diskutierten Gesellschaften ereignete sich die entscheidende effektive Institutionalisierung kultureller Elemente, besonders der allgemeinen normativen Ordnung, ganz überwiegend innerhalb der konkreten Bevölkerung, des Territoriums und der historischen Phase, in denen diese kulturellen Entwicklungen erstmals auftraten – unter entsprechender Berücksichtigung der Zeit, die solche Institutionalisierungsprozesse benötigen.

Der Buddhismus ist bei weitem der auffälligste unter den bislang erwähnten kulturellen Komplexen, insofern er außerhalb der Gesellschaft, in der er wurzelte, die tiefgreifendsten Wirkungen zeitigte. Da er jedoch nicht zur Modernität führte, und da er für die westliche Gesellschaft kaum fundamentale Bedeutung gewann, haben wir ihn nicht ausführlich diskutiert.

Zwei Gesellschaften waren, obgleich sie für die gesellschaftlichen Systeme ihrer Zeit und ihrer Region relativ geringe Folgen hatten,

Agenten kultureller Neuerungen, die sich als höchst bedeutsam für ein breites Spektrum von Gesellschaften erwiesen, die nicht unmittelbar in ihrer evolutionären Nachfolge standen – nämlich Israel, als Schöpfer der Religion Jahwes (oder des Judentums), und Griechenland als Schöpfer einer großartigen, weitgehend säkularen Kultur. Im letzten Hauptabschnitt dieses kleinen Buches möchte ich diese beiden Fälle analysieren, denn sie illustrieren eine Form des Mitwirkens am Prozeß der Evolution, die in den vorherigen Kapiteln noch nicht zur Sprache kam.

Diese Fälle stellen uns vor zwei Hauptprobleme: Das erste betrifft die Definition der wesentlichen gesellschaftlichen Bedingungen, welche ihre kulturellen Neuerungen ermöglichten. Das zweite betrifft die Erklärung, warum die kulturellen Produkte sich so weit von ihren Ursprungsgesellschaften dissoziieren konnten, daß sie – besonders verglichen mit den meisten anderen kulturellen Komplexen – für ein so breites Spektrum von nachfolgenden Gesellschaften diese besonderen Konsequenzen haben konnten.

Hinsichtlich des ersteren Problems halten wir diese kulturellen Neuerungen für so radikal, daß deren Träger sie unmöglich auf dem weiten Territorium und gegen die verschiedenen begründeten Interessen der großen »Imperien« jener Zeit hätten durchsetzen können. Diese Prozesse mußten in kleinen Gesellschaften mit einem ungewöhnlichen Maß an Unabhängigkeit stattfinden. Außerdem bedingten diese Neuerungen in beiden Fällen notwendig, daß jeweils unter der Führung der wichtigsten Schichten eine Differenzierung der *Gesellschaft als ganzer* von den übrigen, ihnen nahe verwandten Gesellschaften eintrat. Damit entstand ein neuer *Gesellschaftstypus*, nicht bloß ein neues Subsystem innerhalb eines bereits existenten Typus.[1]

Hinsichtlich des zweiten Problems ist festzustellen, daß in beiden Fällen notwendig ein fundamentaler Verlust der politischen Unabhängigkeit und ein Übergang des primären Prestiges innerhalb der jeweiligen Bevölkerungen auf Elemente stattfand, die nicht die Träger der primären politischen Verantwortung auf gesellschaftlicher Stufe, sondern Spezialisten der Aufrechterhaltung und Entwicklung dieser besonderen Kultursysteme selbst waren.

Eingedenk dieser Erwägungen wollen wir uns nun einen gewissen Überblick über die entscheidenden Tatsachen verschaffen und dann versuchen, jene Faktoren zu formulieren, die beiden Beispielen dieses Typus der Evolution gemeinsam waren. Es geht uns dabei nicht primär um den besonderen kulturellen Beitrag jeder dieser Gesellschaften und dessen spezifische Bedeutung für die folgende Evolution – dies sei dem Folgeband vorbehalten. Hier geht es uns in erster Linie um das Wesen jenes Prozesses, durch den so radikale kulturelle Neuerungen entstehen und sich dann scharf von der jeweiligen gesellschaftlichen Matrix ihres Ursprungs differenzieren können.

## *Israel*

Israels Existenz begann als Stammesföderation im Randgebiet zwischen Palästina und der Wüste.[2] Die sozialen Faktoren, welche in der frühen Phase den Tribalismus transzendierten, verschmolzen religiöse und politische Komponenten in der bekannten archaischen Weise. Es ist umstritten, wie weit der universalistische Monotheismus der Religion Jahwes zurückzudatieren sei, doch es ist höchst unwahrscheinlich, daß ein durchgängiger, prinzipieller Monotheismus vor der mosaischen Periode, und vielleicht nicht einmal dann, entstand.[3] Gleichwohl hatten, wie Buber feststellt, jene Merkmale der hebräischen Religion, die es ihr schließlich ermöglichten, den archaischen Typus der kulturellen Ordnung zu durchbrechen, bereits in der mosaischen Vorstellung von Gott und seiner Beziehung zu seinem historischen Volk feste, wenn auch rudimentäre Formen angenommen.[4]

Der frühe Jahwe war primär der Gott der *politischen* Föderation der Hebräer und als solcher minimal in der inneren Struktur der Stämme verankert, für die wahrscheinlich weiterhin und für lange Zeit andere Götter ihre Bedeutung behielten.[5] Wie Weber betont, war Jahwe vor allem der Gott der »Außenpolitik«, wobei in seiner Verehrung kriegerische Interessen überwogen, wie die Anrufung der »Herrn der Heerscharen« zeigt.[6] Während der Gefangenschaft in Ägypten und der Eroberung des Verheißenen Landes galt Jahwe offenbar nicht als allmächtig, als unfehlbar fähig, seinem erwählten Volk den Erfolg gegen alle menschlichen Feinde und ihre göttlichen Helfer zu garantieren.

Die frühe soziale Entwicklung Israels in Palästina führte im wesentlichen von einem pastoralen, agrarischen Patriarchat zu einer locker strukturierten Gesellschaft von Stadtstaaten. Diese ähnelten anscheinend den Stadtstaaten Mesopotamiens und der syrisch-libanesischen Küste; es gab Oberschichten, deren Mitgliedsgeschlechter fundamental gleichgestellt waren – offenbar war Hiob der »Älteste« einer solchen Gemeinschaft. Die unteren Schichten waren für gewöhnlich »Klienten« der oberen Gruppen, wenngleich wir dieser Abhängigkeitsbeziehung keinen zu rigiden Partikularismus zuschreiben dürfen. Später, als die Monarchie entstand, wurde Israel ein kleines Reich, das sich in seiner wesentlichen Sozialstruktur nicht sehr von dem viel größeren mesopotamischen Typus unterschied. Es war jedoch weder besonders stabil noch gut integriert. Obgleich die Regierung Davids und Salomons das ganze Volk Israel zu einem einzigen Königtum konsolidierte, zerfiel es bald darauf in ein nördliches und ein südliches Königtum. Auf dem Gipfel der Regierung Salomons war das Königtum im großen und ganzen eine kleine »orientalische Monarchie« mit einem »nationalen« Tempelkult (der aber in mancher Hinsicht einzigartig war), einer Patrizierschicht, einer patrimonialen Zentralbürokratie, einem rudimentären Rechtssystem, einer halbfreien Bauern- und Handwerkerschicht, einer beträchtlichen Marktwirtschaft, einer Institution des Frondienstes zur Mobilisierung von Arbeitskräften und nomadischen Randgruppen, welche hin und wieder die politische Sicherheit ernsthaft bedrohten.[7]

Das entscheidende Merkmal der Israeliten war ihre Konzeption von Jahwe und der Beziehung des Volkes zu diesem. Dieses Verhältnis fußte auf der Konzeption des *Bundes*, die sich in verschiedenen Formen entwickelte, unter denen jene, die traditionell Abraham und Moses zugeschrieben werden, (zumindest für unsere Zwecke) am wichtigsten sind. Wie Mendenhall zeigte, beruhte die Vorstellung des Bundes zum Teil auf dem Modell der Verträge zwischen »Vasallen«-Staaten und »Groß-Königen« großer Imperien des antiken Nahen Ostens, besonders des Hethiterreiches.[8] Sie hielt daher drei Themen in einem subtilen Gleichgewicht – die absolute Souveränität Gottes, die Gegenseitigkeit zwischen Gott und seinem Volk und die Beziehungen innerhalb des Volkes.

Das erste Thema akzentuiert die Kluft zwischen dem Göttlichen und dem Menschlichen, die für die allgemeinere Differenzierung dieser beiden Bereiche kennzeichnend ist. Wie die spätere Entwicklung auch immer verlaufen mochte – mit diesem Thema tritt der Begriff eines transzendenten Gottes auf den Plan, der schließlich die Attribute dieses Gottes für den Menschen unbegreiflich machte. Seine Pläne und sein Wille waren nicht nach menschlichen

Bedürfnissen oder Maßstäben zu bewerten. Im Sinne von Versöhnung »zur Rechten Jahwes zu stehen«, war zwar (sogar entscheidend) wichtig, doch noch wesentlicher war die Vorstellung, daß sein Volk als Kollektiv nach Seinem Willen lebte. Dieser Glaube ist die Substanz des sehr wichtigen Wechsels in den Beziehungen zum Göttlichen vom – für archaische Religionen typischen – »Handeln« mit diesem zum »Dienen« als *dessen Instrument*.[9] Unter den von Frankfort dargestellten Hauptthemen der ägyptischen Religion überwog in Israel die Schöpfung, während die Fortpflanzung und die Wiederauferstehung (im Sinne Frankforts) zu praktischer Bedeutungslosigkeit zurückfielen. Das Erwählte Volk war durch Gottes Schöpfungsakt mit einer göttlichen *Mission* betraut – eine Vorstellung, die einen großen Schritt nicht nur über das ägyptische sondern auch über das mesopotamische Glaubenssystem hinaus bedeutete.

Daher konnte kein israelitischer König innerhalb der Grenzen der strikten hebräischen Religion irgendwelche Gottähnlichkeit beanspruchen. Er war lediglich der menschliche Führer einer menschlichen Gemeinschaft, die ihr Mandat von Gott erhielt, doch er »partizipierte« in keiner Weise am Göttlichen. Die Neigung Salomons, eine Art göttlichen Status zu beanspruchen, war anscheinend sogar ein Hauptgrund für die Opposition der Propheten gegen die Monarchie.[10] Jedenfalls etablierte die Hauptströmung des israelitischen Denkens eindeutig eine Kluft zwischen dem Göttlichen und dem Menschlichen, die für die höheren Stufen der menschlichen Hierarchie ebenso unüberbrückbar war wie für die niedrigeren. Damit hängt sicher auch die Tatsache zusammen, daß für die israelitische Priesterschaft nie ein besonderer Prestigestatus fest institutionalisiert wurde. Da dem König selbst keine Göttlichkeit eigen war, hatte er, ganz anders als seine mesopotamischen und besonders seine ägyptischen Gegenstücke, kein besonderes priesterliches Charisma.

Tatsächlich war der Bund von weitreichender Bedeutung für die organisatorische Entwicklung des religiösen Handelns. Charakteristisch für archaische Zivilisationen war eine primär religiöse Betonung des Kultes. Diese fehlte in Israel keineswegs, doch der Entwicklungstrend der auf dem Bunde fußenden Religion zielte auf die ethische Unterweisung und vor allem das Gesetz.

In der Frühzeit wurde der Opferkult Jahwes von allen wichtigen Würdenträgern, besonders von den »Patriarchen«, den Häuptern der Geschlechtergruppen praktiziert.[11] Schließlich aber wurde der Kult, der (in Befolgung der Bedingungen des Bundes) die Vermittlung zwischen Gott und dem Volk Israel als Kollektiv herstellte, im großen Tempel zu Jerusalem zentralisiert und von einer speziellen Priesterschaft praktiziert. Zahlreiche kultische Elemente blieben über das Land verstreut, doch sie bekleideten für gewöhnlich in diffuser Weise einen anderen Status von zumeist interner Bedeutung für den jeweiligen Stamm, hatten häufig nichts mit der Verehrung Jahwes zu tun und waren, wie die Baal-Kulte, diesem entgegengesetzt und durch ihn zurückgedrängt worden.[12] Daher fehlten in Israel extensive Priesterschaften, die einen strukturell selbständigen, mit hohem Status verbundenen Sektor der Gesellschaft – wie in Ägypten oder Mesopotamien – gebildet hätten. Wie Max Weber betonte, führte dieses Merkmal der Gesellschaft zu einer für antitraditionalistische Einflüsse relativ offenen Interessenstruktur.

Während der Phase der politischen Unabhängigkeit wurde der Opferkult im Tempel zu Jerusalem zusammengezogen und effektiv aus den konstituierenden Einheiten, etwa den Geschlechtern und lokalen Gemeinschaften, eliminiert. Gleichwohl war der Tempel Salomons als das zentrale Symbol Israels ein archaisches Element. Die Erfahrung des Lebens in der Diaspora ohne einen Tempelkult – besonders während der babylonischen Gefangenschaft – bereitete den Weg für die spätere Form des Judentums. Diese entstand nach der Zerstörung des Tempels, als das Kultelement vollkommen verschwand, ohne daß aber die ethnische und kulturelle Identität des Volkes Israel zerstört worden wäre.

Parallel zu diesem Bedeutungsverlust des Kultes entwickelte das Judentum ein Merkmal, durch das es sich – neben seinem transzendentalen Theismus – besonders auszeichnet, nämlich den Glauben an die besondere Bedeutung des vom Kult unterschiedenen Gesetzes. Dieser Gesichtspunkt, der wahrscheinlich erst nach Moses klar hervortrat, resultierte aus dem Glauben, daß die primäre religiöse Pflicht weniger darin bestehe, Jahwe zu verehren, als vielmehr, ihm zu *gehorchen*. Das Gesetz, das traditionell auf dem mosaischen Dekalog fußte, wurde zunehmend zur Verfassung des Volkes. Die Tatsache, daß dieses das Gesetz allgemein akzeptierte, sowie seine dadurch bedingte besondere Beziehung zu dessen göttlichem Urheber konstituierten seine Identität als ethnische Gemeinschaft.[13] Wie wir bereits sagten, hatte auch in Mesopotamien eine sehr bedeutende Entwicklung des Rechts stattgefunden. Abgesehen von spezifisch religiösen Paragraphen, wie etwa dem Ersten Gebot, wich das israelitische Gesetz inhaltlich nicht grundsätzlich von dieser Entwicklung ab, wenngleich es dazu tendierte, die Schichtunterschiede in den legalen Rechten und Pflichten zu eliminieren.[14] Seine Einmaligkeit bestand in dem *Sinn*, der ihm zugeschrieben wurde. Es war nicht einfach eine Frage der Machtausübung des Königs über die Beziehungen zwischen seinem Untertanen oder zwischen seinem Regime und seinen Untertanen, sondern es bildete den *Inhalt* des Willens Gottes für sein Volk. Das Gesetz, das waren Jahwes »Gebote«.

Wie immer die menschliche Organisation der politischen Autorität daher auch beschaffen sein mochte, die fundamentale normative Ordnung, welche die menschlichen Beziehungen regierte, mußte als *unabhängig* davon betrachtet werden. Der König – insofern es sich um ein israelitisches Königtum handelte – mußte *nach* dem Gesetz handeln und war nur der Agent seiner Verwirklichung, nicht aber seine Ursache oder sein Ursprung. Unter einer nichtisraelitischen Regierung waren die Juden in erster Linie verpflichtet, dem jüdischen Gesetz, nicht aber der politischen Autorität zu gehorchen[15] – dies ist die Aussage der Episode mit Daniel und seinen Genossen in Babylon. Die religiösen und säkularen Komponenten dieser normativen Ordnung waren noch nicht voneinander differenziert, und beide Aspekte des sich entwickelnden Gesetzes waren in ihrer Substanz stark partikularistisch. Tatsächlich wurden sie dies in der Zeit nach dem Exil noch mehr.[16] Weitere Fortschritte fanden erst viel später, unter ganz anderen Bedingungen, statt.

Obgleich das israelitische System das Gesetz der Gemeinschaft aus religiösen Gründen legitimierte, behielt es weitgehend seine direkte Bedeutung für die praktischen menschlichen Angelegenheiten. Dieses Transzendieren des Legitimationsgrundes implizierte nicht, daß nur dem jenseitig orientierten Handeln ein hohes religiöses Verdienst zukam, wie es etwa die indische Doktrin postulierte. Jahwes Wille besagte, daß sein Volk als soziale Gemeinschaft die diesseitigen, ja sogar die lltäglichen Angelegenheiten richtig handhabte.

Der Status des Gesetzes als Mittel der Verbindung mit Jahwe bot die wichtigste Begründung für den besonderen Charakter der – gewöhnlich als das *Volk* bezeichneten – gesellschaftlichen Gemeinschaft Israels. Das Volk war dadurch definiert, daß es »erwählt«

worden war und daß es sich (in gewissem Sinn) freiwillig gebunden hatte. Daher war seine Solidarität durch die gegenseitige Verpflichtung sowohl gegenüber Jahwe als auch gegeneinander definiert.

Erstens lieferte diese Konzeption des »Volkes« den konstitutiven Symbolismus zur Aufrechterhaltung der gesellschaftlichen Identität, welche weniger die »Verfolgung« als vielmehr den absorbierenden Sog der in viel größerem Maßstab als Israel organisierten komplexen Gesellschaften überlebte. Die Geschichten von Joseph und Potiphars Weib und von Daniel in Babylon illustrieren die Bedeutung dieser Gemeinschaftsidentität.

Zweitens war diese Identität die Basis einer internen Nivellierungstendenz. Wie bereits erwähnt, war das Königtum Salomons gemäß den Formen jener Zeit rigide stratifiziert. Doch als Israels besonderer Charakter und Status stärker hervortraten, entstand zunehmend der Zwang, alle Hebräer als mit den gleichen Problemen konfrontiert zu definieren.[17] Daher trat die Unterscheidung zwischen Zugehörigkeit und Nichtzugehörigkeit an die Stelle der Unterschiede innerhalb der Gemeinschaft des Volkes Israel selbst.

Drittens gestaltete sich die *Basis* der Verpflichtung nicht nur (wie im Falle Hiobs) gegenüber Jahwe, sondern auch gegenüber der Gemeinschaft Israels als besonders schwierig, und dieses Problem mußte grundsätzlich auf *freiwilliger Basis* gelöst werden. Die benachbarten Gesellschaften boten zahlreiche und attraktive Gelegenheiten zum Abfall von der Gemeinschaft.

Es gibt offenbar keinen Zweifel daran, daß im Mittelpunkt des Judentums die Konzeption des Volkes als einer die spezifische Kultur tragenden gesellschaftlichen Gemeinschaft stand. Doch die Nivellierungstendenz und der Aspekt der freiwilligen Zugehörigkeit entwickelten ebenfalls bedeutsame Keime des religiösen Individualismus, die in späteren Phasen stärker hervortraten und individualistische Strömungen des Christentums nährten.[18]

Das Bündnisverhältnis motivierte also positive Loyalitäten gegenüber der Religion Jahwes und der Gemeinschaft des Volkes, ohne die Hebräer in eine Horde individueller, spalterischer Anhänger eines kleinen, asketischen oder sektiererischen Ordens zu verwandeln, welcher nicht die ganze ethnische Gemeinschaft hätte umfassen können.

Jahwes Transzendenz stand zwar so weit über dem Menschlichen, daß ein menschlicher Vertrag ihn nicht binden konnte, doch der Kern des Bundes waren seine dem Volk gegebenen Versprechen, die – und das ist das Auffälligste am mosaischen Bund – von der Erfüllung seiner Gebote abhängig waren.[19] Es war also nicht gut möglich, den Glauben an Jahwe zum Ausdruck zu bringen, wenn sein Verhalten als vollkommen willkürlich vorgestellt wurde, d. h. wenn die göttlichen Versprechungen nicht »moralisch bindend« waren, so daß der Mensch oder die Gemeinschaft, die getreu nach dem Gesetz lebten, keine legitime Klage erheben konnten, wenn statt der Belohnung eine Bestrafung folgte. Dieses Problem steht im Mittelpunkt des Buches Hiob. Ebenso verbreitet war die komplementäre Erwartung, daß, wenn schon nicht der Einzelne, so doch sein »Samen« belohnt werden würde. Dergleichen Formulierungen kann es viele geben, doch ist eine gewisse Erwartung der Belohnung erforderlich, um den Glauben als entscheidendes Mittel der Motivation von Menschen zu höheren Leistungen zu begründen. Daher konnte ein Bund, durch den Israel »erwählt« war, der es Jahwe aber moralisch freistellte, mit seinem Volk, unabhängig von dessen Verhalten, zu verfahren, wie es ihm beliebte, im Sinne dieser Orientierung nicht sinnvoll sein – auch wenn eine solche Vorstellung seither, z. B. in der Theologie des Augustinus und der frühen Kirchenreformatoren, eine große Rolle spielte. Gleich wichtig war jedoch die Vorstellung, daß der Jude nicht mit *unmittelbarer* Belohnung rechnen konnte.

Bis zur Zeit der Propheten war das Judentum an eine politisch unabhängige Gemeinschaft gebunden, die sich in einer besonders gefährlichen Position zwischen den großen Mächten Ägypten und Babylonien befand.[20] Diese war nicht nur klein und schwach, sondern es konnte auch leicht als arrogant und prätentiös erscheinen, wenn sie behauptete, das Erwählte Volk eines überlegenen, ja *des* überlegenen Gottes schlechthin zu sein. Man sollte meinen, daß infolgedessen die einzige Alternative zur wahrscheinlichen Auslöschung in der Richtung lag, die später der Islam einschlug: in der Expansion und Absorption seiner Nachbarn. Dies war unter den bestehenden Umständen einfach keine realistische Möglichkeit. Aber wie dem auch sei, Israel schlug durch die Bewegung der Propheten eine ganz andere Richtung ein.

Der Hauptgrund dafür war die Verweigerung des *Rechts* auf politische Autonomie: das babylonische Joch wurde nicht nur als unvermeidlich, sondern als irgendwie legitim akzeptiert – als von Gott über sein Volk verhängte Strafe, weil dieses seine Gebote nicht gehalten hatte. Obgleich die Prophetenbewegung weitgehend eine gegen die Monarchie und die Oberschichten gerichtete Reaktion war, versuchte sie nicht, wie bei »revolutionären« Bewegungen meist der Fall, sich an deren Stelle zu setzen, sondern vielmehr den Gang der sozialen Entwicklung in eine grundsätzlich andere Richtung zu lenken.[21] Sie projizierte die Verheißung von einem »Land, in dem Milch und Honig fließen« in eine unbestimmte Zukunft, wobei sie eine entsprechend unbestimmte Periode der bußfertigen Reinigung in der Diaspora akzeptierte.

Mochten auch jeweils innere Spannungen, Gefühle der Ungerechtigkeit und die Gefahren einer Invasion von Mesopotamien her mit im Spiel gewesen sein, die Prophetenbewegung verlagerte jedenfalls die zentrale Frage nach dem Sinn von den hier und jetzt zu erwartenden Belohnungen auf das endliche Schicksal Israels. Dies beinhaltete sowohl eine drastische Schwächung des Optimismus hinsichtlich der Gegenwart und der unmittelbaren Zukunft als auch die Interpretation der nachteiligen Situation als durch die eigene Schuld des Volkes – weil es nicht die Gebote Jahwes eingehalten hatte – bedingt. Die Einbeziehung Babyloniens in dieses System machte es jedoch erforderlich, die Vorstellung auszusprechen, wenn nicht gar zu erfinden, daß Jahwe nicht nur der Gott der Israeliten, sondern der Gott des Universums war, der seinen Willen und seine Macht manifestieren konnte, indem er die Babylonier benützte, um sein Volk für dessen Sünden zu züchtigen.[22]

Durch Prozesse, die mit diesen Entwicklungen zusammenhingen, erreichte die israelitische Kultur eine neue Stufe der Schriftkunde. Der fundamentale Bezugspunkt für die Verfassung der Gemeinschaft war ihre Bündnisbeziehung zu Jahwe. Gerade die Bedeutung dieser Beziehung trat zunehmend als Inhalt des gottgegebenen Gesetzes hervor. Dies führte dazu, daß die Kenntnis des Gesetzes sehr hoch bewertet wurde, was wiederum erforderte, daß dessen autoritative Dokumentation in den Vordergrund trat. Israel wurde daher in erster Linie zu einem Volk des Buches.[23]

Wie bereits erwähnt, spielten in der Frühzeit die Opferriten anscheinend eine sehr wichtige Rolle, der Stamm Levi beanspruchte sogar die askriptive Kontrolle über die korrekte Durchführung des Opferrituals, wenngleich seine Mitglieder in der patriarchalischen Periode noch nicht selbst als Priester fungierten, denn diese Rolle erfüllten die Häupter der Geschlechter, die Patriarchen.[24] Die Stellung der Leviten entsprach der des Diskussionsleiters einer Tagung, sie waren Experten für das korrekte Verfahren. Es war jedoch schwierig, eine klare Grenze zwischen solchen rituellen Belangen und jenen Elementen des Gesetzes zu ziehen, welche die alltäglichen sozialen Beziehungen regelten. Daher wurde die allgemeine Kenntnis des Gesetzes, nicht nur die Kenntnis seiner spezifisch rituellen Elemente, hoch bewertet, und es wurde unmöglich, daß eine einzelne Gruppe die jeweilige Gesetzeskenntnis monopolisierte. In der Folge wurde diese Funktion verallgemeinert – d. h. in den Händen der Rabbiner und Pharisäer wurde das Studium des Gesetzes schließlich unabhängig von zugeschriebenen Positionen oder besonderen Ämtern.[25] Außerdem wurde darauf geachtet, daß *alle* verantwortlicheren Mitglieder der Gemeinschaft eine fundamentale Gesetzeskenntnis besaßen. Dies war offensichtlich davon abhängig, daß sie die Schrift beherrschten und die relevanten Probleme mit den Rabbinern oder Pharisäern diskutieren konnten. Israel ist daher eine der ersten Gesellschaften, die eine vollkommen schriftkundige Oberschicht entwickelten, deren erwachsene männliche Mitglieder praktisch alle an den wichtigsten religiösen Dokumenten geschult waren.

Trotz des dem Begriff des Erwählten Volkes innewohnenden Partikularismus regierte Israel sich als gesellschaftliche Gemeinschaft selbst und definierte seine Identität gemäß einer normativen Ordnung, die nicht seine eigene innere Angelegenheit, sondern von Gott verliehen war. Diese Ordnung war objektiv in den kanonischen Dokumenten enthalten, deren Kenntnis die Legitimität der wichtigsten Formen von menschlichen Beziehungen, einschließlich der politischen Autorität, begründete. Auch besagte der Glaube, daß Jahwe nicht nur der Gott Israels, sondern *der* universelle Gott schlechthin sei, daß seine normative Ordnung im gewissen Sinn für die *ganze* Menschheit verbindlich sein sollte.

Dies führte zur Konzeption einer die menschlichen Angelegenheiten regierenden moralischen Ordnung, welche, da sie durch einen transzendentalen Gott kontrolliert wurde, unabhängig von einer *einzelnen* gesellschaftlichen oder politischen Organisation war. Jahwe konnte die einheimischen Könige bestrafen und dazu ungläubige Kaiser als Instrumente benutzen. Dieser Glaube erhielt die verstreute jüdische Gemeinschaft, als sie ihre politische Unabhängigkeit verlor, trotz der allmählichen Erkenntnis, daß dieser Verlust ein permanenter war, und sogar nachdem der Opferkult durch die Zerstörung des Tempels ausgelöscht worden war.[26] Dieser eigentümliche kulturelle Komplex: erstens ein transzendentaler

»gesetzgebender« Gott; zweitens eine von ihm vorgeschriebene moralische Ordnung; und drittens die Idee einer sakralen Gemeinschaft, die seinen Auftrag erfüllte, war nicht nur imstande, das Ende eines politisch unabhängigen Israel zu überleben, sondern konnte schließlich von den verstreuten Einheiten der israelitischen Gemeinschaft unabhängig und auf nichtisraelitische Gesellschaften und Kollektive übertragen werden. Dies war, so glaube ich, Israels großer Beitrag zur sozialen Evolution.[27]

### Griechenland

Die zwischen den antiken Gesellschaften des Nahen Ostens bestehende soziale und kulturelle Kontinuität wurde bis vor kurzem allgemein stark unterschätzt. Das vorhandene Material zeigt, daß es eine fundamentale Kontinuität der »Stadtstaat«-Struktur von Mesopotamien bis zum griechischen Festland und den Inseln einschließlich Cypern, Kreta und den syrischen und ägäischen Küsten Asiens gab.[28] In dieser Hinsicht stellte die »dorische Invasion« Griechenlands anscheinend einen weniger drastischen Einbruch dar, als lange angenommen wurde.

Doch anders als Israel waren die griechischen Stadtstaaten – abgesehen von gewissen phönizischen Gemeinschaften – die einzigen »zivilisierteren« kleinen Einheiten, die typischerweise ihre politische Unabhängigkeit behielten.[29]

Obzwar Israel, verglichen mit den großen archaischen Imperien, sehr klein war, war es doch eine monarchistische Konsolidierung vieler »Stämme« – und später Stadtstaaten, welche sich wahrscheinlich mit diesen überschnitten. *Diese* konsolidierte Nation definierte und trug das entscheidende kulturelle Merkmal, die Religion Jahwes und das von ihm erlassene Gesetz. Die Einheit des Volkes, mochte es auch nach imperialen Maßstäben klein sein, transzendierte den Stadtstaat erheblich.

Während die winzige *Polis* die primäre gesellschaftliche Einheit war, entstanden die wichtigsten *kulturellen* Formen Griechenlands aufgrund der Sprache und gewisser Formen des schriftlichen Erbes, besonders der unter den frühen Dokumenten herausragenden Dichtungen von Homer und Hesiod.[30] Diese verschiedenartige und diffuse sprachlich-literarische Kultur wurde von vielen politisch unabhängigen *Poleis* getragen, die während der klassischen Periode hauptsächlich auf die Organisationsstufe des Stadtstaates beschränkt blieben. Die Kombination und Interaktion dieser einzigen allgemeinen Kultur mit einer Vielzahl gesellschaftlicher Einheiten hat sicher viel zur besonderen Kreativität der griechischen Zivilisation beigetragen.

Aus dem eben Gesagten ergibt sich daher, daß die Uniformität der griechischen Stadtstaaten *primär* eine *kulturelle* war, obgleich sie auch politisch so relevante Elemente wie das starke Gefühl für den Unterschied zwischen Griechen und Barbaren enthielt. Darüber hinaus aber implizierte sie auch beachtliche Wechselwirkungen. Obwohl die Griechen einander in dauernden Kriegen zwischen den *Poleis* bekämpften, gab es auch viele freundliche und bedeutsame – offizielle wie inoffizielle – Kontakte. Es gab hochentwickelte diplomatische Beziehungen und Bündnisse gegen Außenseiter, besonders gegen Persien während der großen Krise des 5. Jahrhunderts. Gewisse »internationale« Institutionen, vor allem das Orakel und der Schrein von Delphi und die Zentren Olympia und Epidaurus waren ebenfalls von großer Bedeutung. An diesen Orten strömten zu zahlreichen Gelegenheiten und Anlässen die Massen aus ganz Griechenland zusammen.[31] Jedes dieser Zentren war für die allen Griechen gemeinsame religiöse Kultur von Belang, hatte aber daneben auch eine besondere Bedeutung. Delphi, das den höchsten Rang besaß, war der religiös-politische Mittelpunkt – in gewissem Sinn eine UNO der griechischen Welt. Olympia widmete sich dem wichtigen Kult der körperlichen Tüchtigkeit und Schönheit und Epidaurus mehr dem der Gesundheit.[32]

Die in dieser »internationalen« Ordnung Griechenlands zugrunde liegende Religion war entschieden polytheistisch und daher in gewissem Sinne pluralistisch – besonders im Gegensatz zum Judentum, das die Beziehung der ganzen Gemeinschaft zu *einem* Gott und seinen einheitlichen Willen bezüglich ihres Platzes in seiner Schöpfung betonte. Gleichwohl stimmten die Konsequenzen der griechischen und der jüdischen Struktur in einer entscheidenden Hinsicht überein. Da die griechische Kultur panhellenistisch war, transzendierte sie, wie die israelitische Kultur, jede einzelne politisch organisierte Gemeinschaft. In Griechenland wie in Israel konnte kein König – oder später keine Versammlung von Bürgern, gleichgültig ob aristokratisch oder demokratisch konstituiert – eine »Souveränität« der Art beanspruchen wie in Ägypten oder sogar in Mesopotamien, nämlich in dem Sinn, daß *diese* politische

Verfassung mit der letzten Quelle der universalen Ordnung identifiziert werden konnte.[33] Die Israeliten hatten eine transzendentale normative Autorität, den Willen Jahwes, dem sie sich *anpassen* mußten. Die Griechen begriffen diese Autorität nicht als den Willen einer einzelnen Gottheit, sondern als eine göttlich existente und ihnen auferlegte Ordnung, die schließlich als Naturordnung formuliert wurde. Diese war in einem den archaischen Gesellschaften völlig unbekannten Sinne unabhängig von der politisch organisierten Gemeinschaft. Tatsächlich waren sogar die Götter selbst an sie gebunden.[34]

Es gilt als sicher, daß diese allgemeinere Ordnungskonzeption eine wesentliche Bedingung der besonderen griechischen Form der sozialen Organisation war. Sie führte die fundamentale Gleichheit der konstituierenden Elemente der Stadtstaaten weiter als irgendeine frühere kulturelle Struktur. Die früheste griechische *Polis*-Struktur zeigte offenbar eine gewisse Kontinuität mit dem allgemeinen Stadtstaat-Muster des nahen Ostens, einschließlich Mesopotamiens. Jedenfalls wurde sie durch eine religiös fundierte Konföderation von Geschlechtern gebildet, welche die Oberschicht eines Zwei-Klassen-Systems bildeten.[35] Die männlichen Häupter der Oberschicht-Geschlechter waren formal gleich. Die Könige der prä-klassischen Periode, wie Agamemnon, Menelaus oder Priamus in der *Ilias*, galten wohl als Erste unter Gleichen.[36] Auch konnte ein solcher König unter den in Griechenland vorwaltenden Bedingungen nie durch Eroberung die führende Stellung in anderen Stadtstaaten erlangen, wie es die mesopotamischen Könige gewöhnlich taten.

Obgleich auch das klassische Griechenland im aristokratisch-oligarchische und demokratische *Poleis* unterteilt war, galt doch in allen das Prinzip, daß die *Polis* eine korporative Gruppe von Bürgern war, in welcher hinsichtlich der fundamentalen Bürgerrechte formale Gleichheit herrschen sollte.[37] Sogar die Logarchen und »Tyrannen« waren ganz entschieden »Sprecher« für die Gemeinschaft der Bürger; die »Tyrannen« spielten sogar eine wichtige Rolle bei der Demokratisierung gewisser *Poleis*. Aufgrund dieses korporativen Prinzips entwickelten eine Reihe von *Poleis*, vor allem Athen, die volle Demokratie für die männliche Bürgerschaft, mit gleichem Wahlrecht und anderen fundamentalen gesetzlichen Rechten, einschließlich des Rechts, vor einem aus Gleichen zusammengesetzten Gericht Prozesse zu führen.[38] Selbstverständlich näherte sich eine solche Demokratie häufig einer milden Diktatur, um ihren Zusammenhalt und ihre Effektivität aufrecht zu erhalten, wie in Athen und Perikles geschehen; doch dies schmälert nicht die große Bedeutung ihrer Errungenschaft.

In Übereinstimmung mit den allgemeinen Merkmalen »historischer« intermediärer Gesellschaften bildete diese relativ egalitäre korporative Gemeinschaft, die Körperschaft der Bürger, eine Oberschicht innerhalb eines größeren Systems, dessen übrigen Angehörigen die vollen Mitgliedsrechte verweigert wurden. Bezeichnenderweise waren die Bürger der *Polis* normalerweise eine Minderheit. Man schätzt, daß es im Athen des perikleischen Zeitalters nur etwa 30.000 Bürger einschließlich Frauen und Kindern gab, während die Gesamtbevölkerung etwa 150.000 Menschen umfaßte. Der Rest waren Sklaven und »Metöken«, angesiedelte Ausländer, deren Vorfahren mitunter seit Generationen im griechischen Stadtstaat »wohnhaft« waren. Der volle Einschluß in eine gesellschaftliche Gemeinschaft auf einer demokratischen Basis der vollen Mitgliedschaft mußte warten, bis die frühen modernen Gesellschaftstypen entstanden, wiewohl sie in einem Aspekt, wie wir sahen, bereits in Rom entwickelt war.[39] Außerhalb der territorialen Grenzen des ganzen politischen Systems Griechenlands wie auch außerhalb der einzelnen *Polis* lebten die »Barbaren«, die hinsichtlich ihres kulturellen Wertes eindeutig als »Unterschicht« galten.

Da die Gruppe der Bürger, als Oberschicht, soviel von ihrer Zeit primär der Regierung und der Kriegführung widmeten, war sie, oder doch große Teile von ihr, von diesen untergeordneten Gruppen ökonomisch abhängig, und dies sogar unter so einfachen ökonomischen Verhältnissen. Außerdem mußten die *Poleis* eine sehr einfache Regierungsform haben, die vor allem wenig Bürokratisierung erforderte, denn die zur Wahrung der Interessen der Bürger eingebauten Sicherheiten behinderten die zivile wie auch die militärische Administration erheblich.[40] Tatsächlich wurde Sparta, da es sich als militärische *Polis* spezialisierte, ein Hauptfaktor der Desintegration des Systems, denn das nur locker organisierte Athen konnte auf lange Sicht nicht mit dessen militärischer Leistung Schritt halten.

Die wichtigsten Faktoren, die das Polis-System zerstörten, waren innere Stasis, Klassenkonflikte und Kriege zwischen den Poleis.[41] Es war verletzlich durch die Intervention einer äußeren expansionistischen Macht; mit knapper Not entging es der persischen Bedrohung und unterlag nur ein Jahrhundert später Makedonien. Seine Unabhängigkeit während der sehr kreativen Phase währte nur kurz.

Fassen wir die wichtigsten Entwicklungen der kulturellen Struktur Griechenlands noch einmal zusammen. Im gewissen Sinn war seine religiöse Fundierung der Israels entgegengesetzt. Letztere führte den Gottbegriff weit über die Stufe des archaischen Polytheismus hinaus und verlieh ihm Transzendenz, Einheit und Kohärenz, so daß die menschliche Ebene, die sich scharf von der göttlichen absonderte, mit einer eigenen spezifischen Unabhängigkeit und sogar Würde ausgestattet wurde. Die Griechen hingegen vermenschlichten die Götter und schrieben ihnen sogar viele der üblichen menschlichen Schwächen wie Eitelkeit und Eifersucht zu. Doch sie faßten Götter wie Menschen als einer bindenden Naturordnung unterworfen auf, welche in erster Linie normativ war. Diese Ordnungskonzeption selbst unterlag einer sehr wichtigen Entwicklung und Verallgemeinerung.

Bedeutsam ist dabei die dem klassischen Denken, besonders dem Drama eigene Juxtaposition einer archaischen mit einer fortgeschritteneren Ordnungskonzeption.[42] Die Grundkonzeption der Ödipus-Trilogie von Sophokles z. B. behandelt die absolut unabwendbaren Konsequenzen der normativen Ordnung hinsichtlich des Inzestproblems. Die pathetische Situation des Ödipus angesichts seines unausweichlichen Schicksals ist zweifellos mit der Hiobs (und jener der calvinistischen Prädestination) vergleichbar. Und wie bei Hiob ist die intentionale Motivation, die Ordnung zu verletzen, ausgeschlossen: Ödipus konnte unmöglich wissen, daß er seinen Vater getötet und seine Mutter geheiratet hatte. Gleichwohl folgen diesen Handlungen, ungeachtet ihrer Motivation, unerbittlich die Konsequenzen des Rechtsbruchs.

Dann verallgemeinert Sophokles diese unerbittliche Ordnung auf einer neuen normativen Ebene durch die Intervention von Theseus, der die athenische Zivilisation symbolisiert. Im Tode (bezeichnenderweise!) wird Ödipus von seinen »Sünden« freigesprochen, als im Grund schuldlos apotheodiziert und der heiligen Bruderschaft der athenischen Bürger überantwortet. Anscheinend will Sophokles sagen, daß die auf Verwandtschaft und Inzest beruhende archaische Ordnung der *Polis* durch eine auf »bürgerlichen« Beziehungen beruhende Ordnung aufgehoben ist.[43] Letztere, so kann man sagen, dissoziierte sich völlig von den Verwandtschaftsaspekten der normativen Ordnung, außer daß im Fall Athens das Anrecht auf den Staatsbürgerstatus weiterhin eng mit der Verwandtschaft verbunden blieb – doch selbst dies wurde im Falle Ödipus' symbolisch durchbrochen.

Noch schärfer wurden solche Themen von den Philosophen formuliert. Sokrates' Polemik gegen die Sophisten richtete sich im Grunde gegen deren Relativismus. Er behauptete die ultimative Richtigkeit einer bürgerlichen Gerechtigkeit, welche sowohl den Relativismus der Sophisten – z. B. das »Recht des Stärkeren« – transzendierte als auch die traditionellen Normen zurückwies, aus denen die Sophisten das griechische Denken emanzipiert hatten.[44] Die Gerechtigkeit Sokrates' und Platons beruhte auf einer universalistischen Konzeption der allgemeinen Ordnung. Diese Ordnung, die dem Verstehen durch die Vernunft zugänglich war, war – hinsichtlich ihrer begrifflichen Verallgemeinerung und ihres Potentials der sozialen Entwicklung, das durch ihre Institutionalisierung verwirklicht werden konnte – sowohl dem moralisch nihilistischen Akzeptieren des Bürgerkrieges (was Trasymachus vorschlägt) als auch jenem archaischen Traditionalismus überlegen, unter dessen askriptiven Verpflichtungen Ödipus zu leiden hatte und der den willkürlichen Handlungen der Götter einen Sinn unterstellte.[45] Sie war die erste formale und allgemeine Konzeptualisierung des normativen Rahmens des menschlichen Lebens, welche eindeutig die moralischen Pflichten von den in den Bedingungen des Handelns enthaltenen nicht-menschlichen Elementen, auch den göttlichen, abstrahierte. Später wurde sie von den Stoikern als das Naturgesetz neu formuliert.

Wie das politische Denken Platons und Aristoteles' eindeutig zeigt, war das universalistische Potential des Konzepts der Naturordnung nicht in der politischen Organisation ihrer Zeit institutionalisiert. Tatsächlich glaubten beide Philosophen, daß die kleinen *Poleis* die einzig ethisch akzeptablen politischen Organisationen und daß die größeren Gemeinwesen schon von der Form her barbarisch seien. Es wäre wohl interessant, Aristoteles' private Gedanken über die politischen Ziele seines »Arbeitgebers« Philipp und seines Schülers Alexander zu kennen, denn es ist recht unwahrscheinlich, daß er ihre Visionen von einem großen Gemeinwesen einfach als barbarisch ansah.

Wie das Volk Israel entwickelte Griechenland also ein ganz charakteristisches Kultursystem; dies geschah durch einen Prozeß, welche die radikale Differenzierung der *gesamten* gesellschaftlichen Einheit von anderen Gesellschaftstypen beinhaltete. Dessen wichtigstes Merkmal war, daß die *Polis* sich zu einer *korporativen* Körperschaft von Bürgern entwickelte, welche (besonders im führenden, exemplarischen Fall Athens) eine Körperschaft von Gleichen war, wobei angesiedelte Nicht-Bürger ausgeschlossen blieben und eine »Unterschicht« bildeten. Während dieser Entwicklung erfreute sich die griechische Welt einer prekären Freiheit von Interventionen großer Mächte. Dieser Zustand begünstigte nicht nur die Fragmentierung, sondern auch dauernde Vernichtungskriege im Innern. Diese radikale Autonomie der einzelnen *Poleis* war vermutlich eine *wesentliche* Voraussetzung für die Entwicklung ihrer ganz besonderen sozialen und kulturellen Formen. Doch sie trug auch weitgehend dazu bei, daß Griechenland beinahe von Persien erobert wurde und ein Jahrhundert später tatsächlich Makedonien unterlag.[46]

Die griechische Entwicklung war insofern etwas komplizierter als diejenige Israels, als ihr kultureller Komplex in der entscheidenden Periode ihrer Entstehung von einer beachtlichen Zahl sehr kleiner unabhängiger gesellschaftlicher Einheiten getragen wurde. Doch der kulturelle Vorrang Athens gab der ganzen Bewegung Zusammenhalt, besonders da Athen Begabungen aus der ganzen griechischen Welt anzog.

Der Prozeß, welcher die griechische Kultur von ihrer ursprünglichen kulturellen Matrix trennte, wurde durch die makedonische Eroberung eingeleitet, nach der die griechischen *Poleis* nie wieder ihre politische Unabhängigkeit erlangten. Dennoch unterschied dieser Prozeß sich etwas vom Fall Israels. Philipp und Alexander waren marginale Griechen, und die hellenistischen Königtümer machten Griechisch zur Hochsprache und schließlich allgemein zur Sprache der gebildeten Schichten. So entstand zum Beispiel die *Septuaginta* (die Übersetzung des Alten Testaments ins Griechische), weil die gebildeten Juden Alexandrias besser griechisch als hebräisch lasen. Die griechische Kultur überwog also in der ganzen östlichen Mittelmeerregion und erstreckte sich recht weit nach Osten. Im Grunde blieb ihre Bedeutung während der ganzen römischen Periode erhalten. Selbstverständlich lag sie nur als dünne Schicht über dem Durcheinander der übrigen Traditionen jener Epoche, die, wie wir sagten, nie gänzlich von der römischen Gemeinschaft absorbiert wurden. Doch bis zum Aufstieg des Christentums gab es keine allgemeine kulturelle Tradition, die mit der griechischen »Philosophie« um das Interesse und die Anhängerschaft der intellektuellen Elite hätte konkurrieren können.[47] Daher befand sie sich in einer strategisch günstigen Position, um auf jeden kulturellen Erneuerungsprozeß, der in dieser Epoche stattfand, massiv Einfluß nehmen zu können. Tatsächlich wurde sie zu einem primären Bestandteil der christlichen Bewegung, besonders durch den Einfluß der theologischen Schule von Alexandrien.[48] Selbstverständlich waren auch die Mobilität und der Individualismus der hellenistischen und römischen Gesellschaft wesentliche Voraussetzungen eines solchen Einflusses.

Doch seit der makedonischen Ära war die einzelne *Polis* oder das System der *Poleis* nicht mehr der gesellschaftliche Träger der griechischen Kultur. Natürlich behielt Athen sein hohes intellektuelles Prestige während der ganzen römischen Epoche. Zum Beispiel galt es bei den aristokratischen Familien Roms als elegant, ihre Söhne zu einer Art »abschließender« Ausbildung nach Athen zu schicken; und griechische Lehrer, von denen viele in Athen ausgebildet waren, hatten im ganzen Imperium einen bedeutenden intellektuellen Einfluß. Allmählich aber verlagerte sich der intellektuelle Schwerpunkt nach Alexandria, das unter anderem das Zentrum der Entwicklung jener griechischen Naturwissenschaft war, in der Euklid und Ptolemäus eine so hervorragende Rolle spielten.

Obgleich es also keine griechische Diaspora gab, waren doch gewisse wesentliche Bedingungen dieselben wie im Fall des Judentums. Sowohl aus der jüdischen als auch aus der griechischen Kultur gingen Gelehrtenschichten hervor – die Rabbiner und die Philosophen –, denen nicht der gleiche politische Status und verantwortliche Rang zukam wie den Hebräern in der Zeit vor dem Exil und den Griechen des 5. Jahrunderts. Ihr sozialer Status in den jeweiligen Gemeinschaften wurde zum wichtigsten gesellschaftlichen Angelpunkt ihrer relativ unabhängigen kulturellen Traditionen.

# VII
Schluß

Das Konzept der gesellschaftlichen Evolution ist wohl die dominierende Perspektive dieses Buches, doch wollte ich damit keineswegs nur einen neo-evolutionistischen Essay schreiben, der einfach den alten Sozialevolutionisten pauschal Recht gäbe. Eher ordne ich es einer Bewegung der zeitgenössischen Sozialwissenschaft zu, welche insofern der selbstverständlich viel bedeutenderen Renaissance nachzueifern bestrebt ist, als sie mehr tun will als nur alte Ideen wiederzubeleben. Folglich haben wir die Idee der sozialen Evolution erneut im Kontext der großen, seit den Schriften der frühen Evolutionisten akkumulierten theoretischen und empirischen Fortschritte diskutiert.

Hatten jene schon damit Recht, daß diese Idee fruchtbar – ich würde sagen: ganz wesentlich – ist, so haben die in den letzten zwei Generationen erzielten Fortschritte der Sozialwissenschaft sie gewiß noch sehr viel fruchtbarer gemacht. Zudem fügen diese Fortschritte sich in gewisse allgemeinere Entwicklungen der modernen Wissenschaft ein. Die Fortschritte, welche die Biologie etwa seit den Tagen Herbert Spencers machte, haben völlig neue Auffassungen über die fundamentale Kontinuität zwischen der allgemeinen organischen Evolution und der sozio-kulturellen Evolution zutage gefördert.[1] Da die frühe Evolutionstheorie, soweit sie Gesellschaft und Kultur behandelte, die Kausalität von Milieufaktoren[2] innerhalb des alten dichotomischen Rahmens – nicht von Vererbung und Milieu, sondern – von Vererbung *contra* Milieu festmachte, mußte sie notwendig die organische und die »kulturelle« Evolution als radikal diskontinuierlich begreifen. Diese Perspektive spielte eine wichtige Rolle bei der Begründung der frühen Anthropologie und anderer, zum Teil aus idealistischen Quellen fließender Strömungen des sozialen Denkens. Doch diese hypothetisch angenommene Dichotomie ist im Kontext der modernen Biologie nicht mehr gerechtfertigt.

Wer sich als Evolutionist bekennt, muß einen allgemeinen Trend der Evolution zu definieren wissen – man kann nicht ein radikaler Kulturrelativist sein und die australischen Arunta und modernste Gesellschaften wie etwa die Sowjetunion als gleich authentische

»Kulturen« auffassen, die in *jeder* entscheidenden Hinsicht als gleich zu behandeln wären. Unsere Perspektive impliziert eindeutig evolutionäre Feststellungen – z. B. daß intermediäre Gesellschaften fortgeschrittener sind als primitive Gesellschaften und daß moderne Gesellschaften – wiewohl in diesem Band nicht behandelt – fortgeschrittener sind als intermediäre. Dabei versuchte ich, mein Hauptkriterium mit dem in der biologischen Theorie verwendeten in Übereinstimmung zu bringen, indem ich solche Systeme als »fortgeschrittener« bezeichne, die eine größere allgemeine Anpassungsfähigkeit aufweisen.

Die vorliegende Analyse weicht insofern erheblich von den meisten Evolutionstheorien ab, als die hier verwendete Dimension von Entwicklung vollkommen mit der Vorstellung vereinbar ist, daß unter den einzelnen Entwicklungslinien eine beträchtliche Vielfalt und Verästelung besteht. Unser untersuchtes Material zeigt, daß die fundamentalen Gesellschaftstypen *multiple* und *variable* Ursprünge in den frühen Phasen der Evolution haben. Daher ist es nicht notwendig, daß wir einen einzigen primitiven Ursprung aller intermediären Gesellschaften postulieren, auch wenn wir Faktoren wie etwa die unabhängige Legitimation und Stratifikation von Kultur als *notwendige* Bedingungen aller intermediären Gesellschaften voraussetzen. Die Bedeutung solcher Variationen auf allen Entwicklungsstufen kann, so meinen wir, nur durch eine analytische Theorie der variablen Faktoren und Komponenten adäquat erfaßt werden. Die eindrucksvolle Entwicklung dieser Theorie seit Spencers Zeiten erlaubt uns, ein viel anspruchsvolleres Evolutionsschema zu entwerfen als das seine.

Im wesentlichen gibt es zwei Typen von Gesellschaften außer jenen, welche historisch evident durch kontinuierliche Prozesse der fortschreitenden Evolution miteinander verbunden sind. Da sind einmal jene Gesellschaften, die durch die sozio-kulturelle Version des negativen Aspekts der natürlichen Auslese eliminiert wurden – so hat z. B. keine Gesellschaft, die sich in der Form dem alten Israel oder Griechenland annäherte, als solche in der modernen Welt überlebt. Doch die Tatsache, daß das Königtum von David und Salomon sowie die *Polis* Athens eliminiert wurden, zerstörte, wie gesagt, nicht ihren Beitrag zur zukünftigen *kulturellen* Entwicklung. Zum anderen sind da jene Gesellschaften, die sich, obgleich sie sich nicht zum fortgeschritteneren Typus entwickelten, in »Nischen« etablieren konnten, die ihnen trotz der Existenz von fortgeschritteneren Gesellschaften erlauben, lange Zeiträume ohne fundamentale Veränderung ihrer Form zu überleben. Diesem Typ gehören die von vielen Anthropologen untersuchten primitiven Gesellschaften an. Wir müssen aber eindeutig feststellen, daß deren Charakteristika eine bedeutsame Ähnlichkeit mit jenen unserer eigenen prähistorischen Vorfahren aufweisen. Das Maß einer solchen Annäherung läßt sich jedoch nur durch technische Verfahren exakt bestimmen, die immer noch sehr ungenau und unvollkommen sind.

Da wir unsere sehr breit angelegte Analyse auf so beschränkten Raum zusammendrängen mußten, hat sich ein signifikantes Vorurteil eingeschlichen. In der Behandlung der wichtigsten Formen der evolutionären Entwicklung beschränkten wir uns nämlich auf solche Gesellschaften und Strukturkomponenten, aufgrund derer die wichtigsten Entwicklungen einsetzten. Innerhalb der gegebenen Grenzen war es nicht möglich, mit gleicher Sorgfalt einen der beiden oben genannten Typen von »Sackgassen«-Gesellschaften zu behandeln, wenngleich Israel und Griechenland unter dem Gesichtspunkt ihrer jeweiligen kulturellen Entwicklung untersucht worden sind. Ich habe versucht, dem Rechnung zu tragen, indem ich in einer Reihe von Fällen das *Scheitern* der adaptiven Entwicklung einer Gesellschaft betonte. Doch eine adäqute Untersuchung des empirischen *Gleichgewichts* zwischen Erfolg und Scheitern sowie der dafür ausschlaggebenden Faktoren würde eine Studie von ganz anderem Umfang erfordern.[3]

Bei der Behandlung dieser Fragen dürfen wir einen wichtigen Unterschied zwischen der sozio-kulturellen Evolution und der organischen Evolution nicht vergessen: kulturelle Formen und Inhalte können nicht nur innerhalb einer Gesellschaft von Generation zu Generation *diffundieren*, sondern auch von Gesellschaft zu Gesellschaft. Diese Tatsache ist für die Erörterung von Fällen wie Israel und Griechenland bedeutsam.

Hinsichtlich der Methoden unserer Studie gibt es eine weitere äußerst wichtige Parallele oder Kontinuität zwischen der organischen und der sozio-kulturellen Evolution: die strukturelle Analyse muß einen gewissen Vorrang vor der Analyse von Prozeß und Veränderung haben. Dieser Satz gilt vielleicht nicht für alle Sozialwissenschaft, doch für den Gegenstand unseres Buches ist seine Geltung kaum zu bezweifeln. Man braucht nicht erst eine wirklich entfaltete allgemeine Analyse der wesentlichen *Prozesse* der sozialen

Veränderung anzustellen, um allgemeine Aussagen über die strukturelle Form der evolutionären Entwicklung machen zu können. In der Biologie, wo die Morphologie, einschließlich der vergleichenden Anatomie das »Rückgrat« der Evolutionstheorie darstellt, gilt dies als feststehende Tatsache. Obgleich Darwin wichtige Gedanken über den beim Prinzip der natürlichen Auslese wirkenden Prozeß äußerte, stellte er ausdrücklich fest, er habe nicht in einem einzigen Fall nachweisen können, daß eine Spezies sich in eine andere verwandelt hätte; zum Thema Prozeß sagte er lediglich, daß er »eine ganze Reihe von Fakten gruppiert und erklärt ...«, die überwiegend die Struktur betreffen.[4] Darwin hat ganz einfach keine entfaltete »Theorie des Evolutionsprozesses« – besonders hinsichtlich der Genese der Variationen – aufgestellt. Doch dies beeinträchtigt keineswegs den wissenschaftlichen Stellenwert der Theorie der organischen Evolution, wie Darwin sie entwickelte.

Diese Feststellung ist notwendig, denn solche Soziologen insistieren darauf, daß nur eine »dynamische« Analyse wissenschaftlichen Rang beanspruchen könne. Ich bestreite mitnichten, daß Beiträge zur Analyse von Prozeß und Veränderung die Evolutionstheorie wesentlich verbessern können. Wohl aber behaupte ich, daß die Nutzung des vorhandenen soziologischen, anthropologischen, archäologischen und historischen Materials zur Einordnung der Strukturtypen und ihrer Verbindung in Sequenzen eine Angelegenheit von *höchster* Bedeutung ist, die keineswegs übergangen werden darf. Außerdem ist dies, aus Gründen, die nunmehr klar sein dürften, eine sowohl theoretische als auch empirische Aufgabe.

Wenn wir solche eingehenden kulturellen Kenntnisse erwerben und anwenden wollen, dann muß die Sozialwissenschaft nicht nur viel theoretische Arbeit leisten, sondern auch die empirische Forschung fortsetzen. Natürlich übertraf Max Webers großes System der Idealtypen vor einem halben Jahrhundert bei weitem alles, was es bis dahin an struktureller Analyse gab. Außerdem waren Webers Formulierungen eng verknüpft mit umfangreichem historischen und komparativen Material, das er außerordentlich gut zu beherrschen wußte. Besonders bemerkenswert ist dabei, daß seine strukturelle Theorie, ungeachtet seines besonderen Interesses für Religion und kulturelle Bewegungen, sich weitgehend auf die ökonomische und politische Organisation bezog.[5]

Die heutige Soziologengeneration unternimmt nun auf diesen Gebieten die ersten Annäherungen an das Werk Max Webers. Auf theoretischem Gebiet haben wir inzwischen genügend Fortschritte gemacht, so daß die meisten mit Webers »Typenatomismus« verbundenen Schwierigkeiten sich vermeiden lassen. Variation kann heute weit besser als eine Funktion verschiedener Kombinationen ein und derselben analytisch definierten Komponenten analysiert werden.[6]

Da wir den vorliegenden Band mit den fortgeschrittenen intermediären Gesellschaften abschlossen, war es notwendig, primär auf die überwiegend »humanistischen« Traditionen der historischen, archäologischen und anthropologischen Forschung zurückzugreifen. Deren Methoden sind während der letzten beiden Generationen wesentlich verbessert worden. So wäre etwa unsere Erklärung der ägyptischen Geschichte in dieser Form nicht möglich gewesen, hätten wir sie auf die Ägyptologie der Ära Breasteds (zu Anfang dieses Jahrhunderts) gründen müssen. Die entscheidenden Fortschritte der quantitativen Sozialforschung sind weitaus wichtiger für die Beschäftigung mit dem Thema des folgenden Bandes: die modernen Gesellschaften. Doch in einer wichtigen Hinsicht sind sie auch von großer Bedeutung für die weitere Untersuchung des Themas dieses Bandes. Die zeitgenössischen Gesellschaften weisen nämlich in vielen Punkten Ähnlichkeit mit den wichtigsten, in den von uns diskutierten Evolutionssequenzen enthaltenen gesellschaftlichen Typen auf. Die komparative Methode ist daher so weit auszubauen, daß sie sowohl auf eine Vielfalt unterentwickelter Gesellschaften als auch auf die fortgeschrittensten modernen Gesellschaftstypen anwendbar ist. Es wäre zwar verlockend gewesen, solches Material für unsere Zwecke heranzuziehen, doch es hätte große empirische wie auch theoretische Schwierigkeiten bereitet, dieses mit den historischen Daten über die Blütezeit der intermediären Gesellschaften in Beziehung zu setzen – wahrscheinlich wäre dies innerhalb der engen Grenzen dieses Buches sogar unmöglich gewesen, es sei denn, wir hätten an unserer eher historisch orientierten Analyse Abstriche gemacht. Da also eine Entscheidung unvermeidlich war, erschien es für eine evolutionäre Untersuchung logisch, einen eher zeitlich geordneten Rahmen einzuhalten – mit der notwendigen Ausnahme der heutigen primitiven Gesellschaften, über die wir keine unmittelbaren historischen Daten besitzen.

Der komparative Ansatz wirkt sich auch auf einer neuen Ebene der interdisziplinären Forschung stimulierend aus. Hier sind zwei wichtige Veränderungen festzustellen: *Erstens:* die Anthropologie mit ihrer Vorliebe für das Studium kleiner Gesellschaften, weitgehend unter Verzicht auf technische Methoden jüngeren Datums, hat *relativ* an Bedeutung verloren. Die stärker komparativ orientierte Arbeit, besonders über Fragen der »Entwicklung«, wurde in erster Linie von Ökonomen, Politologen und Soziologen geleistet. Dieser Schritt hat stark dazu beigetragen, die komparatistischen Studien in den Korpus der Sozialwissenschaft zu integrieren, ein Faktor, der nunmehr beide wirksam beeinflußt. *Zweitens:* die interdisziplinäre Zusammenarbeit unter den Sozialwissenschaften, die während und nach dem Zweiten Weltkrieg weitgehend auf »Gebietsstudien« über einzelne nationale Gesellschaften und regionale Komplexe beschränkt blieb, geht nunmehr zu einer expliziter komparatistischen Perspektive über. Damit ging ein wachsendes Interesse für theoretische wie auch empirische Verallgemeinerungen einher. Diese Feststellungen gelten insbesondere für die amerikanische Sozialwissenschaft.

Nur vor diesem wissenschaftlichen Hintergrund ist der vorliegende Essay in seiner Art verständlich. Er versucht, eine sehr allgemeine Analyse der *Struktur* zu leisten, während er dem *Prozeß* nur eine beschränktere Analyse widmet. Doch bei der Formulierung und Validierung der Befunde wurde versucht, die besten verfügbaren empirischen Materialien zu verwenden.

Natürlich sollte die strukturelle Anordnung von sozialen Daten, so wichtig sie auch ist, nie zu weit von der Analyse von Prozeß und Veränderung getrennt werden. Zu letzterer hat dieses Buch innerhalb seines strukturellen Bezugsrahmens wichtige Aussagen gemacht. Doch in diesem Schlußwort kann ich nur noch einige, besonders sachdienliche Verallgemeinerungen über das immense Gebiet der sozialen Veränderung anfügen. Bei den wichtigsten Kontroversen über die Makroanalyse, die unmittelbar für das komparatistische und evolutionistische Studium von Gesellschaften von Belang sind, ging es um den Stellenwert der »Faktoren«. In erster Linie, ich wiederhole, resultiert jedes Ergebnis eines Prozesses aus der Wirkung mehrerer Faktoren, die alle voneinander unabhängig sind, insofern es wissenschaftlich begründet ist, zwischen ihnen zu unterscheiden. Logische Prototypen sind hier die Produktionsfaktoren im Rahmen der ökonomischen Analyse.[7] In *diesem* Sinn können wir die Behauptung, daß die soziale Veränderung durch ökonomische Interessen, Ideen, individuelle Persönlichkeiten, geographische Verhältnisse usw. »determiniert« sei *nicht* akzeptieren. Solche Ein-Faktor-Theorien gehören *sämtlich* zur Kindergartenstufe der sozialwissenschaftlichen Entwicklung. *Jeder* Faktor ist stets von mehreren anderen wechselseitig abhängig.

Diese elementare Wahrheit schließt jedoch keineswegs eine hierarchische Ordnung der Faktoren aus. Wir haben zwei fundamentale, in Wechselbeziehung stehende Hierarchien unterschieden – jene der notwendigen Bedingungen und jene der kybernetischen Kontrollen. Ganz allgemein gesagt, erstreckt erstere sich von den physischen über die biologischen und psychologischen hin zu den sozialen und kulturellen Elementen des Handelns. Die verschiedenen Subsysteme dieser Elemente sind ähnlich geordnet. So etwa stellten wir, in Anlehnung an Eisenstadt, fest, daß innerhalb eines sozialen Systems die Verringerung von mobilen ökonomischen Ressourcen – Gütern wie Arbeitskräften – negative Effekte auf die Aufrechterhaltung der differenzierten Regierungsstrukturen des Imperiums hat. Bedingung für die Aufrechterhaltung – wie auch für die vorausgehende Entwicklung – dieser Strukturen ist das Vorhandensein von adäquaten ökonomischen Ressourcen; wenn letztere »versiegen«, dann tritt eine »Feudalisierung« ein. Doch das Vorhandensein solcher Ressourcen in einer Gesellschaft führt nicht automatisch einen differenzierteren Regierungstypus herbei, so wenig wie der atmosphärische Sauerstoff allein, obgleich für die Entstehung und Erhaltung des Lebens notwendig, das menschliche Leben schuf.

Die für unsere Belange wichtigere Hierarchie ist die der kybernetischen Kontrollen. Fundamentale Innovationen innerhalb der Evolution von sowohl organischen als auch sozio-kulturellen lebenden Systemen treten, wie ich glaube, nicht automatisch mit der Zunahme der Faktoren oder der Ressourcen auf den niedrigeren (bedingenden) Stufen der kybernetischen Hierarchien ein, sondern sind von analytisch eigenständigen Entwicklungen auf höheren Stufen abhängig.[8] So wichtig eine große Bevölkerung für eine fortschrittliche soziale Organisation auch sein mag – wahrscheinlicher ist es, daß sie malthusianische Kontrollen freisetzen wird. Entsprechend abgewandelt, ist diese Feststellung auch auf die ökonomische Produktivität und die politische Macht anwendbar.

In diesem Sinne, und *nur* in diesem Sinn der überwiegenden Bedeutung der kybernetisch höchstrangigen Elemente für die Strukturierung von Systemen des Handelns will ich mich als Kulturdeterministen, nicht als Sozialdeterministen bezeichnen. Ähnlich bin ich davon überzeugt, daß innerhalb eines Sozialsystems die normativen Elemente für die soziale Veränderung wichtiger sind als die »materiellen Interessen« der es konstituierenden Einheiten. Je länger die zeitliche Perspektive und je größer das betreffende System, desto größer ist die *relative* Bedeutung höherer – statt niedrigerer Faktoren für die Hierarchie der Kontrollen, ganz gleich ob es die Strukturerhaltung oder die Strukturveränderung ist, die erklärt werden soll.

Die vorliegende Analyse bezog sich selbstverständlich auf die längste zeitliche Perspektive und den breitesten komparativen Rahmen. Daher hat diese Studie besonderen Nachdruck auf die Erklärung der wichtigsten Formen und Prozesse der Veränderung auf höchster kybernetischer Stufe gelegt. Diese Stufe ist nicht eine soziale, sondern eine kulturelle, und innerhalb der kulturellen Kategorie ist sie eher religiös als säkular bestimmt. Innerhalb der sozialen Kategorie stehen Werte und Normen, besonders legale Normen, höher als politische und ökonomische Interessen. Aus einer so exklusiven Beachtung dieser Prioritäten ergibt sich aber die Notwendigkeit, die allgemeinsten Formen der Veränderung zu bestimmen, statt die detaillierteren Strukturen und Prozesse zu erklären.

Außerdem sind wir uns darüber im klaren, daß Innovationen auf höherer Stufe die folgende Entwicklung des jeweiligen Systems nicht so automatisch determinieren, daß wir alle übrigen Faktoren vernachlässigen dürften. Ganz im Gegenteil – jeder Entwicklungsschritt ist von einer langen Reihe bedingender Faktoren abhängig. Diese Abhängigkeit haben wir auf allgemeinster Ebene formuliert, als wir behaupteten, daß Faktoren höherer Ordnung (innerhalb des Sozialsystems: normative Faktoren) die Bedingung des Institutionalisiertwerdens erfüllen müssen, um geeignet zu sein, stabile Formen konkreten Handelns zu definieren.[9] Dies aber besagt nichts anderes, als daß sie Kontrolle über die jeweiligen bedingenden Faktoren erlangen müssen. Richtig verstanden, soll dies *nicht* heißen, daß die Bedeutung letzterer Faktoren zu vernachlässigen sei. Vielmehr geht daraus hervor, erstens, daß bedingende Faktoren, um kontrolliert werden zu können, in gewissen richtigen *Kombinationen* untereinander wie auch in bezug auf normative

Faktoren vorhanden sein müssen, und zweitens, daß bedingende Faktoren eine konkrete Ordnung nicht ohne eigenständige Innovationen auf einer höheren normativen Ebene hervorbringen können.

Die Unterschiede zwischen den nicht-kulturellen und nicht-normativen Bedingungen sowie die Art ihrer Kombination mit den kulturellen und normativen Faktoren sind weitgehend für die Variationsbreite verantwortlich, welche jede lineare Theorie der sozialen Evolution unhaltbar macht. Darüber hinaus ist es ein Hauptmerkmal des Evolutionsprozesses, daß eine progressive Differenzierung zunehmend die kybernetisch höherstehenden Faktoren von den engen Spezifika der bedingenden Faktoren niedrigerer Ordnung befreit, wodurch eine bessere Verallgemeinerung, Objektivierung und Stabilisierung der Grundformen des kulturellen Systems ermöglicht wird.

Diese Entwicklungen vermehren das Potential des Kultursystems, zahlreichere variierende Faktoren auf der Ebene der Bedingtheit zu kontrollieren. Demnach ist eine primitive Gesellschaft nicht nur hinsichtlich ihres Territoriums und ihrer Bevölkerung beschränkt, sondern ihre Kultur ist auch relativ spezifisch für die jeweiligen Bedingungen und integriert sich nicht ohne weiteres in die Kulturen anderer Gesellschaften. Eine intermediäre Gesellschaft ist in gewissem Sinne das Äquivalent der Integration mehrerer primitiver Gesellschaften in ein gesellschaftliches System. Dieses setzt, wie wir meinen, eine Integration auf kultureller Ebene voraus, wobei besonders wichtig ist, daß die Verbindung zwischen den kulturellen Formen und dem normativen System der Gesellschaft gelingt.

Ein wichtiges Thema unserer Diskussion der fortgeschrittenen intermediären Imperien war aber die Tatsache, daß diese Integration eher partikularistischer – also weniger verallgemeinerter – struktureller Elemente typischerweise unvollständig blieb. In China waren die lokalen Elemente, vor allem die Bauernkulturen, nur partiell von der konfuzianischen Kultur durchdrungen. In Indien bedingte die ausgebliebene Integration sowohl das Überwiegen lokaler (manchmal tribalistischer) Elemente als auch die segmentierenden – nicht aber differenzierenden – Aspekte der Kastenvielfalt. In Rom und in den islamischen Reichen waren es ethnische und lokale Partikularismen, deren vollkommene Integration als effektiv »dominierte« oder, besser, als autonom differenzierte Einheiten in die politische und legale Struktur der Imperien besonders zu wünschen übrig ließ.

Die Unabhängigkeit, welche diese Komponenten sowohl durch ihre Differenzierung als auch durch ihr Verhältnis zur Variation gewinnen, hat auch einen zeitlichen Aspekt. Eine differenzierte Komponente braucht weder notwendig an ein konkretes Territorium oder eine konkrete Bevölkerung, noch an eine bestimmte einzelne Periode gebunden zu sein. Vor allem kann eine Kultur durch Dokumente und dergleichen relativ unabhängig von einzelnen »Trägern« oder Mitgliedern einer gegebenen Gesellschaft werden. Die Konsequenzen, die ein Kultursystem für die folgenden Gesellschaften hat, können also nicht direkt aus der Art abgeleitet werden, wie sie in die gesellschaftliche Struktur ihres Ursprungs integriert ist, sondern müssen in einem viel komplexeren Rahmen analysiert werden.

Wir haben die Fälle von Israel und Griechenland als besonders deutliche Beispiele dieser kulturell-zeitlichen Unabhängigkeit dargestellt. Der naiv marxistischen soziologischen Analyse dürfte es, so meinen wir, recht schwerfallen nachzuweisen, wie der enorme Einfluß dieser Gesellschaften auf die später folgenden tatsächlich oder in letzter Konsequenz durch die ökonomischen Interessen sei's der Schöpfer, sei's der Empfänger dieser Kulturformen bedingt war.

Bei der Erörterung von Fragen wie dieser stiftete das oft implizit gelassene Dogma, eine evolutionäre Theorie müsse »historisch« im Sinne des Histori*smus* sein, große Verwirrung. Ganz gleich ob man Hegel, Marx oder spätere deutsche Theoretiker wie Dilthey heranzieht – der Historismus hat stets geleugnet, daß eine verallgemeinerte *analytische* Theorie (welche die Unabhängigkeit von unabhängig variierenden Faktoren systematisch behandelt) möglich oder für die Erklärung sozio-kultureller Phänomene in zeitlicher Sequenz relevant sei. Gerade durch das Infragestellen dieser Vorstellung leiteten Durkheim und Weber eine neue Epoche der Sozialwissenschaft ein. Sobald aber das Problem der kausalen Zuschreibung analytisch formuliert ist, ist das alte Henne-und-Ei-Problem, ob den ideellen oder den materiellen Faktoren Priorität gebührt, einfach gegenstandslos. Ich hoffe, daß die vorliegende Abhandlung zum Problem der gesellschaftlichen Evolution, so kurz sie ist, dazu beitragen wird, diesem Gespenst aus der intellektuellen Vergangenheit des 19. Jahrhunderts Frieden zu schenken.

# Anmerkungen

*Anmerkungen zu: I Das Studium der Gesellschaft* (Seite 9-13)

1 In der biologischen Theorie gilt die Variation als ein wesentlicher, auf jeder Entwicklungsstufe wirksamer Faktor der Evolution. Da die frühen Theoretiker der sozialen Evolution dessen fundamentale Bedeutung übersahen, gelang es ihnen nicht, eine wirklich evolutionäre Perspektive zu entwickeln.

2 Vgl. Talcott Parsons, »Social Systems and Subsystems«, in *International Encyclopedia of the Social Sciences*.

*Anmerkungen zu: II Der Begriff der Gesellschaft: seine Komponenten und deren Verhältnis zueinander* (Seite 14-53)

1 Zum besseren Verständnis dieser Diskussion mag der Leser die am Schluß dieses Kapitels beigefügten Tabellen 1 und 2 heranziehen, welche die zwischen diesen Systemen bestehenden Wechselbeziehungen graphisch veranschaulichen.

2 Einen guten Überblick über den heutigen Stand der evolutionären Biologie geben: George Gaylord Simpson, *The Meaning of Evolution*, New Haven: Yale University Press, 1950; und Ernst Mayr, *Artbegriff und Evolution* (Animal Species and Evolution, dt.) Hamburg, Berlin: Parey, 1967.

3 Siehe Roger Brown, *Words and Things* (Kapitel V), Glencoe, Ill.: The Free Press, 1958.

4 Diesen Sachverhalt verdeutlicht Alfred Emerson in seinem Beitrag »Homeostasis and Comparison of Systems«, in Roy Grinker (ed.), *Toward a Unified Theory of Human Behavoir*, New York: Basic Books, 1956, S. 147-162, bes. S. 152.

5 Eine detaillierte Behandlung der Beziehungen der Persönlichkeit zu anderen Sub-Systemen des Handelns enthält Jesse R. Pitts' »Einleitung« zum Teil Drei von Talcott Parsons, Edward A. Shils, Kasper D. Naegele and Jesse R. Pitts (eds.), *Theories of Society*, New York: The Free Press of Glencoe, 1961.

6 »Some Fundamental Categories of the Theory of Action«, der allgemeine, in Zusammenarbeit verfaßte Aufsatz, sowie »Values, Motives and Systems of Action«, der Beitrag von Talcott Parsons und Edward A. Shils in *Toward a General Theory of Action*, Cambridge: Harvard University Press, 1951; siehe auch Talcott Parsons' Beitrag »Interaction« zur *International Encyclopedia of the Social Sciences*.

7 Hobbes' Feststellung diente mir als wesentlicher Ausgangspunkt für meine eigene Behandlung der Theorie des Sozialsystems in *Structure of Social Action*, New York: Mc Graw-Hill, 1937.

8 Vgl. Talcott Parsons' Beitrag »Social Systems and Subsystems« in der *International Encyclopedia of the Social Sciences*.
9 Die Theorie der Kybernetik wurde zuerst von Norbert Wiener in *Kybernetik* (Cybernetics or Control and Communication in the Animal and the Machine), Düsseldorf, Wien: Econ, 1963 entwickelt und in *Mensch und Menschmaschine* (The Human Use of Human Beings), Frankfurt/M., Berlin: Metzner, 1952, auf soziale Probleme angewandt. Eine gute Einführung für den Sozialwissenschaftler findet sich bei Karl W. Deutsch, *Politische Kybernetik* (The Nerves of Gouvernment, dt.), Freiburg i. Br.: Rombach, 1969.
10 Dieser Absatz betrifft die Beziehungen zwischen Spalte II und den Spalten III und IV in Tabelle 2.
11 Talcott Parsons, »Some Reflections on the Place of Force in Social Process«, in Harry Eckstein (ed.), *Internal War: Basic Problems and Approaches*, New York: The Free Press of Glencoe, 1964.
12 Die folgenden drei Absätze betreffen die zwischen den Spalten III und IV in Tabelle 2 vorherrschenden Beziehungen.
12 Vgl. Talcott Parsons and Robert F. Bales, *Family, Socialization, and Interaction Process*, Glencoe, Ill., The Free Press, 1955.
14 Vgl. Benjamin Nelson, »Self-Images and Systems of Spirtual Direction in the History of European Civilization«, in S. Z. Klausner (ed.), *The Quest for Self Control*, New York: The Free Press of Glencoe, 1965.
15 Talcott Parsons, »The Political Aspect of Social Structure and Process«, in David Easton (ed.), *Varieties of Political Theory*, Englewood Cliffs, N. J.: Prentice-Hall, 1966.
16 Parsons, »Some Reflections on the Place of Force in Social Process, *op. cit.*
17 *Fertigkeit* ist wesentlich die Internalisierung gewisser Elemente der Kultur in den *Organismus*.
18 Talcott Parsons and Neil J. Smelser, *Economy and Society*, Glencoe, Ill., The Free Press, 1956.
19 Neil J. Smelser, *Social Change in the Industrial Revolution*, Chicago: University of Chicago Press, 1957.
20 Die Betonung des Gesichtspunkts der Durchsetzung betrifft hier die Sicherheitsbedingungen einer normativen Ordnung. Wo es, wie oben dargestellt, um das Erreichen kollektiver Ziele geht, wird dementsprechend Nachdruck auf die effektive Mobilisierung von Dienstleistungen und nicht-menschlichen Ressourcen zu legen sein. Beide Gesichtspunkte sind durch die Tatsache miteinander verbunden, daß eine adäquate normative Ordnung in einem politischen System eine Bedingung der effektiven Mobilisierung zum Erreichen von Zielen ist.
21 Offensichtlich schließen solche Prioritäten zweiseitige Beziehungen zwischen den betroffenen Ebenen nicht aus. Eine technische Neuerung, die ein neues Produkt hervorbringt, kann gewiß die Nachfrage

nach diesem Produkt »stimulieren«. Aber eine solche Veränderung wirft stets ein neues Verteilungsproblem auf ökonomischer Ebene auf. Ist es im Hinblick auf die alternativen Arten, die betreffenden Ressourcen zu nutzen, gerechtfertigt?

22 Es ist wichtig, diesen Sprachgebrauch nicht mit dem von Theoretikern wie Thomas und Zaniecki, Lasswell, Easton und Homans zu verwechseln, der sich auf *Wert-Objekte* bezieht.

23 Vgl. Talcott Parsons, »General Theory in Sociology«, in Robert K. Merton, Leonard Broom and Leonard S. Cottrell, Jr. (eds.), *Sociology Today*, New York: Basic Books, 1959, and Harper Torchbooks, 1965.

24 Parsons, »Interaction«, op. cit.

25 Siehe Roman Jacobson and Morris Halle, *Fundamentals of Language*, Den Haag, Mouton, 1956; und Noam Chomsky, *Strukturen der Syntax* (Syntactic Structures, dt.), Den Haag: Mouton, 1973.

26 In zwei Aufsätzen habe ich diesen Standpunkt entwickelt, um gewisse, weitaus komplexere Probleme der Konzeptualisierung des Sozialprozesses in den Griff zu bekommen; siehe »On the Concept of Influence«, in *Public Opinion Quarterly* (Spring 1963), und »On the Concept of Political Power«, in *Proceedings of the American Philosophical Society* (June 1963).

27 In diesem Fall mag es um die Erweiterung des Umfangs der Gemeinschaft gehen, um den Ausschluß neu differenzierter Elemente – z. B. jüngere Herkunftsgruppen mit neuen Wohngebieten – zu vermeiden.

28 Diese Analyse der Prozesse des evolutionären Wandels ist eine Revision des Schemas aus »Some Considerations on the Theory of Social Change«, in *Rural Sociology* (September 1961), 219-239.

29 Henri Hubert u. Marcel Mauss, *Sacrifice: Its Nature and Function*, Chicago: University of Chicago Press, 1964 (engl. Übers. des »Essai sur la nature et la fonction du sacrifice«, *L'Année sociologique*, 1898).

30 Siehe unten, Kapitel IV und V, sowie Robert N. Bellah, »Religious Evolution«, in *American Sociological Review* (June 1964).

31 Vgl. Parsons, Teil II der »General Introduction« zu *Theories of Society*, op. cit.

32 Das heißt, dies ergibt sich aus den in Tabelle 2, besonders Spalten I, II, III dargestellten theoretischen Beziehungen.

33 Bellah verwendet in seinem bemerkenswerten Aufsatz »Religious Evolution« ein Schema von fünf Hauptstufen, das mit dem vorliegenden Schema nicht direkt übereinstimmt. Wir gehen z. T. von verschiedenen Gesichtspunkten aus, wobei Bellah sich spezifischer mit kulturellen als mit gesellschaftlichen Faktoren befaßt. Aber ich glaube, daß unsere verschiedenen Schemata auch durch verschiedene theoretische Auffassungen bedingt sind.

34 Vgl. Jack Goody and Ian Watt, »The Consequences of Literacy«, in *Comparative Studies in Society and History* (April 1963).

35 Vgl. Max Rheinstein (ed.), *Max Weber on Law in Economy and Society*, Cambridge: Harvard University Press, 1954; bes. Kap. 8.

*Anmerkungen zu: III Primitive Gesellschaften* (Seite 54-84)

1 Alfred Emerson, »Homeostasis and Comparison of Systems«, in Roy R. Grinker (ed.), *Toward A Unified Theory of Behavior*, New York: Basic Books, 1956.
2 Ernst Mayr, *Artbegriff und Evolution* (Animal Species and Evolution, dt.), Hamburg, Berlin: Parey, 1967.
3 Ralph W. Gerard, »Brains and Behavior«, in J. N. Spuhler (ed.), *The Evolution of Man's Capacity for Culture*, Detroit, Wayne State University Press, 1957.
4 Harry F. Harlow, »Basic Social Capacity of Primates«, in Spuhler (ed.), op. cit.
5 Mayr, op. cit.
6 Es ist ein unglücklicher Umstand, daß Freuds Ausdruck *Trieb* im Englischen mit *instinct* übersetzt wurde. Wie Freud zunehmend betonte, ist der erotische Komplex eine *allgemeine* Fähigkeit, die organischen Komponenten der Motivation des Handelns zu mobilisieren, nicht eine »Neigung« zu hoch spezifischen Verhaltensformen.
7 Claude Lévi-Strauss, *Das Ende des Totemismus* (Le Totémisme aujourd'hui, dt.), Frankfurt/M.: Suhrkamp, 1965.
8 Vgl. Parsons, »Evolutionary Universals in Society«, op. cit.
9 Emile Durkheim u. Marcel Mauss, *Primitive Classification*, Chicago: University of Chicago Press, 1963 (engl. Übers. von »De quelques formes primitives de classification«, *L'Année sociologique*, 1903).
10 W. Lloyd Warner, *A Black Civilization*, 2nd ed., New York: Harper, 1958, Kapitel IX und X.
11 Marcel Mauss, *Die Gabe* (Essay sur le don), Frankfurt/M.: Suhrkamp, 1968.
12 Emile Durkheim, *Les formes elémentaires de la vie religieuse, le système totemique en Australie*, Paris: Alcan, 1925; vgl. Rodney Needham, *Structure and Sentiment*, Chicago: University of Chicago Press, 1960.
13 Lévi-Strauss, op. cit.
14 Warner, op. cit., Kap. I.
15 Claude Lévi-Strauss, *Les Structures élémentaires de la parenté*, Paris: Presses Universitaires, 1949; Needham, op. cit.
16 Ibid.
17 Ibid. Vgl. Edmund Leach, »The Structural Implications of Matrilateral Cross-Cousin-Marriage«, in seinem Buch *Rethinking Anthropology*, London: Athlone Press, 1961.
18 Man könnte behaupten, daß die strukturelle Kompliziertheit des australischen Verwandtschaftssystems mit der angeblichen Undifferen-

ziertheit der australischen Gesellschaft konfligiere. Unsere Feststellung bezieht sich jedoch auf die Differenzierung anderer funktionaler Kategorien der Sozialstruktur *vom* Verwandtschaftsnexus – z. B. politischen, ökonomischen, rechtlichen, religiösen. Dies ist ein anderes Problem als jenes der internen Differenzierung eines dieser Sub-Systeme einer Gesellschaft. Die in modernen Gesellschaften bestehende Tendenz zum Muster der isolierten Kernfamilie reduziert weitgehend die Komplexität des Verwandtschaftssystems im Vergleich zu primitiven Gesellschaften. Doch gerade diese steigert die Differenzierung anderer Sektoren der Gesellschaft vom Verwandtschaftssystem, und dies ermöglicht (macht sogar notwendig) deren Integration im Hinblick auf einen allgemeineren gesellschaftlichen Code und das ihm zugrunde liegende kulturelle System.

19 Talcott Parsons, »The Incest Taboo in Relation to Social Structure and the Socialization of the Child«, in *Social Structure and Personality*, op. cit.; Lévi-Strauss, *Les Structures* ..., op. cit.; siehe auch Kap. XV in Lévi-Strauss, *Strukturale Anthropologie* (Anthropologie structurale, dt.), Frankfurt/M.: Suhrkamp, 1967.
20 Vgl. Warner, op. cit., Kap. V.
21 Durkheim, op. cit.
22 Ibid.; Lévi-Strauss, *Das Ende des Totemismus*, op. cit., *passim*.
23 Später werden wir, besonders in Ägypten, sehen, daß die religiöse Verwendung des Tier-Symbolismus nicht auf primitive Gesellschaften beschränkt bleibt, sondern auch auf die Kategorie der intermediären Gesellschaften übergreift. Wir dürfen hier nochmals betonen, daß nicht der Totemismus *per se*, sondern die Diffusion der Bezüge in der sakralen Ordnung sowie ihre strukturelle Übereinstimmung mit der gesellschaftlichen Ordnung bei »sehr primitiven« Gesellschaften verbreitet zu sein scheint. Vgl. Lévi-Strauss, *Das Ende des Totemismus*, op. cit., sowie *Strukturale Anthropologie*, op. cit.; ebenfalls Leach, *Rethinking Anthropology*, op. cit.
24 Warner, op. cit., Kap. IX, behandelt den Mythos von Yurlunggur oder Wollunqua und den Wawilak-Schwestern – den zentralen Mythos vieler australischer Systeme des konstitutiven Symbolismus.
25 Vgl. W. E. H. Stanner, »On Abroriginal Religion«, Melbourne: *Oceania Monographs*, No. 11, 1964.
26 Diese Aussage trifft für das sakrale Objekt als kulturelles Objekt in dem in Kap. II definierten Sinn zu. Das Objekt ist nicht selbst »letzte Realität«, sondern deren »Repräsentation«, ein Begriff, den Durkheim selbst verwendete.
27 Emile Durkheim, *De la division du travail social* (7. Aufl.), Paris: Presses universitaires de France, 1960.
28 Bronislaw Malinowski, *Magie, Wissenschaft und Religion und andere Schriften* (Teils., dt.), Frankfurt/M.: S. Fischer, 1973, sowie ders.,

*Coral Gardens and Their Magic*, New York: American, 1935.
29 Warner, op. cit.
30 Mit dieser Verwendung des Ausdrucks »Vorschrift« soll versucht werden, auf dem Sprachgebrauch Needhams und anderer Anthropologen aufzubauen und von ihm aus zu verallgemeinern. Siehe Needham, *Structure and Sentiment*, op. cit.
31 W. E. H. Stanner, »The Dreaming«, in William Lessa and Evon Z. Vogt (eds.), *Reader in Comparative Religion*, Evanston: Row, Peterson, 1958.
32 Warner, op. cit., Kap. VI.
33 Wegen der starken räumlichen Beschränkung dieser Studie kann im folgenden Abschnitt nicht der Versuch gemacht werden, die Übergangsstufen und -prozesse, die hier erwähnt werden, durch spezifische, illustrierende Beispiele zu belegen. Daher handelt es sich, mehr als beim vorhergehenden Abschnitt über die Eingeborenengesellschaft Australiens oder beim abschließenden Abschnitt über die »fortgeschrittenen« primitiven Gesellschaften, um eine Art »idealtypische« Konstruktion. Damit soll lediglich auf minimalem Raum eine Lücke in der Kontinuität ausgefüllt werden, um die Verbindung zwischen den beiden allgemeinen Stufen-Typen verständlich zu machen. Es ist nicht an eine umfassende Analyse einer der vielen Gesellschaften gedacht, die in dieser Lücke angesiedelt zu sein scheinen.
34 Needham, op. cit.; Leach, op. cit.; ebenfalls *The Political Systems of Highland Burma*, Boston: Beacon Paperbacks, 1964; Jack Goody (ed.), *Developmental Cycles of Domestic Groups*, Cambridge: Cambridge Papers in Social Anthropology, 1958, besonders Leachs Kapitel »Concerning Trobriand Clans and the Kinship Category Tabu«.
35 Vgl. Meyer Fortes and E. E. Evans-Pritchard (eds.), *African Political Systems*, Oxford University Press, 1940; I. Schapera, *Government and Politics in Tribal Societies*, London, Watts, 1956.
36 Raymond Firth, *Primitive Polynesian Economy*, London: Routledge, 1939.
37 Es gibt einen Typus von Fällen, der vielleicht eine Ausnahme von dieser Feststellung zu sein scheint: nämlich, wenn eine Gruppe die andere durch eine militärische Eroberung unterwirft. Dabei handelt es sich nicht um Differenzierung in dem hier gefaßten Sinn. Dieser Vorgang spielte eine wichtige Rolle im Prozeß des sozialen Wandels, aber für gewöhnlich sind die Eroberer eine fremde Gruppe, nicht ein strukturelles Segment der Ursprungsgesellschaft. Außerdem ist es ein seltener, beschränkter Fall, wenn eine solche Gruppe völlig auf den Anspruch religiöser Legitimation verzichtet und einzig aus nacktem Eigeninteresse handelt.
38 Charles D. Ackerman, »Three Studies of Affinal Collectivity«, Ph. D. Thesis, Harvard University, 1965; Leach, *Political Systems of Highland*

*Burma*, op. cit.
39 S. F. Nadel, *A Black Byzantium*, Oxford: Oxford University Press, 1951.
40 Daryll Forde (ed.), *African Worlds*, Oxford: Oxford University Press, 1954.
41 Neben vielen Monographien am umfassendsten dargestellt in *African Political Systems*, herausgegeben von Fortes und Evans-Pritchard, op. cit., und in Schapera, op. cit. Auch beziehe ich mich besonders auf Evans-Pritchards Bericht über die Shilluk in seinem Buch *Essays in Social Anthropology*, London: Faber and Faber, 1962; und auf Nadels Bericht über die Nupe in seinem *Black Byzantium*, op. cit.
42 Die benachbarten Dinka und Nuer sind ganz ähnlich segmentiert, es fehlt ihnen aber die Institution der Monarchie, und daher sind sie in unserem Sinn weniger fortgeschritten. Vgl. E. E. Evans-Pritchard, *The Nuer*, Oxford: Clarendon Press, 1940.
43 Siehe Godfrey Lienhardt, »The Shilluk of The Upper Nile«, in Forde (ed.), *African Worlds*, op. cit., sowie den oben erwähnten Aufsatz von Evans-Pritchard.
44 Fortes and Evans-Pritchard (eds.), »Introduction« zu *African Political Systems*, op. cit.
45 Vgl. Max Gluckman, »The Kingdom of the Zulu of South Africa«, in Fortes and Evans-Pritchard (eds.), op. cit.
46 Mehrere Kapitel in Forde (ed.), op. cit., sind in diesem Zusammenhang recht aufschlußreich, vor allem vielleicht »The Fon of Dahomey«, von P. Mercier.
47 Vgl. Schapera, op. cit.
48 Audrey Richards, »The Political System of the Bemba Tribe – North-Eastern Rhodesia«, in Fortes and Evans-Pritchard (eds.), op. cit.
49 Nadel, *A Black Byzantium*, op. cit.

*Anmerkungen zu: IV Archaische Gesellschaften* (Seite 85-110)

1 Robert N. Bellah, »Religious Evolution«, *The American Sociological Review*, June, 1964.
2 Vgl. Talcott Parsons, »Evolutionary Universals in Society«, *The American Sociological Review*, June 1964.
3 Wie die Archäologen seit langem betonen, beinhalten diese Entwicklungen im allgemeinen – in gewissem Sinn – bedeutsame Urbanisierungsschritte. Der komparative Nachweis hierfür ist gut zusammengefaßt in Robert J. Braidwood and Gordon Willey (eds.), *Courses Toward Urban Life*, Chicago: Aldine Publishing Company, 1962.
4 William F. Edgerton, »The Government and the Governed in the Egyptian Empire«, *Journal of Near Eastern Studies*, July, 1947.
5 John A. Wilson, »Egypt«, in A. Frankfort, John A. Wilson and Thor-

kild Jacobsen (eds.), *Before Philosophy*, Baltimore: Penguin Books, 1949, S. 39 ff.
6 Unter den hier erwähnten Stämmen besonders die Shilluk. Vgl. Henri Frankfort, *Kingship and The Gods*, Chicago: The University of Chicago Press, 1948, Buch I, vor allem Kap. 14, über diesen allgemeinen Gesichtspunkt.
7 William F. Edgerton, »The Question of Feudal Institutions in Ancient Egypt«, in R. Coulborn (ed.), *Feudalism in History*, Princeton: Princeton University Press, 1959.
8 Henri Frankfort; *Ancient Egyptian Religion*, New York: Harper Torchbooks, 1961, S. 43.
9 Anders als beim Königtum der Shilluk, war keine niedrigere menschliche Instanz erforderlich, um den nachfolgenden Pharao zu legitimieren.
10 Frankfort, *Kingship and the Gods*, op. cit., *passim*.
11 Wilson, op. cit., S. 96-101.
12 John A. Wilson, *The Culture of Ancient Egypt*, Chicago: Phoenix Books, 1951, bes. Kapitel VIII und X.
13 Edgerton, op. cit.
14 »Religious Evolution«, op. cit.
15 Hier weisen wir hin auf Durkheims Rechtfertigung für seine Weigerung, bei der Diskussion des australischen Totemismus den Begriff des »Übernatürlichen« zu verwenden: Da eine Naturordnung im »historischen« Sinn nicht definiert war, kann man ihr keine übernatürliche Ordnung gegenüberstellen. Wir schließen uns diesem Sprachgebrauch nicht an, aber wir erkennen die Berechtigung einer solchen Auffassung an.
16 Edgerton, op. cit.
17 Wilson, *The Culture of Ancient Egypt*, op. cit., Kapitel II u. III.
18 Wilson, »Egypt«, op. cit., S. 90.
19 Frankfort, *Ancient Egyptian Religion*, op. cit., besonders S. 36.
20 Edgerton, »The Question of Feudel Institutions in Ancient Egypt«, op. cit.
21 Wilson, *The Culture of Ancient Egypt*, op. cit., bes. Kapitel IX und X.
22 S. N. Eisenstadt, *The Political Systems of Empires*, New York: The Free Press of Glencoe, 1962.
23 Wilson, *The Culture of Ancient Egypt*, op. cit.; ebenso Frankfort, *The Religion of Ancient Egypt*, op. cit., S. 33-35.
24 Wilson, *The Culture of Ancient Egypt*, op. cit.; Edgerton, op. cit.
25 Karl August Wittfogel, *Die orientalische Despotie* (Oriental Despotism, dt.), Köln, Berlin: Kiepenheuer & Witsch, 1962, scheint seine Auffassung weitgehend aus diesem irrigen Standpunkt abzuleiten.
26 Sabatino Moscati, *Il profilo del oriente mediterraneo. Panorame di civiltà preclassiche*, Torino, 1956 (*The Face of Ancient Orient*, Garden

City, N. Y.: Anchor Books, 1962, S. 145). Dies bedeutet in Webers Sprache, daß das Recht nicht von einer formalen, sondern von einer substantiellen Rationalität regiert wurde, soweit es allerdings überhaupt speziell rationalisiert war.
27 Frankfort, *Kingship an The Gods*, op. cit., Buch I, *passim*, sowie *Ancient Egyptian Religion*, Kap. I; Wilson, »Egypt«, op. cit., Kap. II.
28 Henri Frankfort, *Kingship and The Gods*, op. cit., Kap. III und Teil III, *passim*.
29 So wurden, gerade auf religiöser Ebene, der Tod des Pharao und die Machtübernahme seines Nachfolgers, anders als nach Auffassung der Shilluk, lediglich als Phasen eines *einzigen*, unteilbaren Prozesses aufgefaßt.
30 Russell Middleton, »Brother-Sister and Father-Doughter Marriage in Ancient Egypt«, *American Sociological Review*, October, 1962, 27:603-611.
31 Frankfort, *Kingship and The Gods*, op. cit., Teil II.
32 Ibid.
33 Dies ist ein Sonderfall des ganz allgemeinen Prinzips, daß der Ursprung eines differenzierten Systems, an seinem eigenen Maßstab gemessen, undifferenziert sein muß.
34 Frankfort, op. cit., Teile II und III; sowie Frankfort, *Ancient Egyptian Religion*, op. cit., S. 88-123.
37 Frankfort, *Kingship and The Gods*, op. cit.
36 Ibid., bes. Teil II; Wilson, *The Culture of Ancient Egypt*, op. cit., Kapitel V und VII.
37 Kenneth Burke, *The Rhetoric of Religion*, Boston: Beacon Press, 1961, Kap. III.
38 Frankfort, *Kingship and The Gods*, op. cit., Teil III.
39 Ibid., Kap. 14; Vgl. z. B. auch E. E. Evans-Pritchard, *The Nuer*, Oxford: The Clarendon Press, 1940, sowie *The Divine Kingship of the Shilluk*, Cambridge: The Cambridge University Press, 1948.
40 Frankfort, *Kingship and The Gods*, op. cit., Kap. 15.
41 Eisenstadt, op. cit.
42 Sabatino Moscati, *Die altsemitischen Kulturen* (Le antiche civiltà semitiche, dt.), Stuttgart: Kohlhammer, 1961.
43 Moscati, *Il profilo del oriente* ..., op. cit., Kapitel II u. III.
44 H. W. F. Saggs, *The Greatness that was Babylon*, New York: Hawthorn, 1962.
45 Ibid.
46 Moscati, *Il profilo del oriente* ..., op. cit.
47 Frankfort, *Kingship and The Gods*, op. cit., Buch II, bietet eine ausführliche Analyse dieser Unterschiede.
48 Ibid.
49 Moscati, *Il profilo oriente* ..., op. cit.; zur anhaltenden Bedeutung des-

sen, selbst bis zu einem späten Zeitpunkt, siehe A. T. Olmstead, *History of the Persian Empire*, Chicago: University of Chicago Press, 1948.
50 Moscati, *Il profilo del oriente* ..., op. cit., sowie Olmstead, op. cit.
51 So wurde es üblich, die Hauptstadt des Reiches zu verlegen, sobald neue Dynastien aufstiegen.
52 Olmstead, op. cit.
53 Thorkild Jacobsen, »Mesopotamia«, in H. and H. A. Frankfort, John A. Wilson and Thorkild Jacobsen (eds.), *Before Philosophy*, op. cit.; Frankfort, *Kingship and The Gods*, op. cit., Buch II, behandelt diesen Sachverhalt wohl am vollständigsten und eindringlichsten, besonders in den Kapiteln 17 und 19.
54 Frankfort, *Kingship and The Gods*, Kap. 22.
55 Man wird feststellen, daß diese beiden Komplexe primär in den Integrations- und Adaptionssektoren der Gesellschaft als System lokalisiert sind. Die strukturellen Schwerpunkte der mesopotamischen Kultur kontrastieren daher mit jenen der ägyptischen Gesellschaft, die in den Bereichen Strukturerhaltung und Erreichen von Zielen lagen. Vgl. Kap. 2.
56 Moscati, *Il profilo del oriente* ..., op. cit.; Saggs, op. cit.
57 Moscati, op. cit.
58 Saggs, op. cit.
59 In diesen wie in anderen intermediären Gesellschaften gab es häufig komplexe Statusabstufungen zwischen den Angehörigen einer einheimischen Unterschicht und denjenigen, denen Mitgliedsrechte radikal vorenthalten wurden, da sie ethnisch oder in bezug auf die gesellschaftliche Gemeinschaft »Außenseiter« waren.
60 Ibid.
61 Ibid.
62 Ibid.
63 Ibid.; und Karl Polanyi, Conrad Arensberg and Harry Pearson (eds.), *Trade and Market in the Early Empires*, Glencoe: The Free Press, 1957. Saggs kritisiert stark Polanyis These, daß eine Marktwirtschaft in Mesopotamien praktisch fehlte.
64 Eric Voegelin, *The World of the Polis*, Vol. II von *Order and History*, New Orleans: University of Louisiana Press, 1957, Kap. I; Moscati, *Die altsemitischen Kulturen*, op. cit.

*Anmerkungen zu: V Die »historischen« intermediären Imperien (Seite 111-148)*

1 Als allgemeine Quelle für diese Gesellschaften wie auch für verschiedene andere (z. B. Persien) sei verwiesen auf S. N. Eisenstadt, *The Political Systems of Empires*, New York: The Free Press of Glencoe, 1963.

2 Robert Bellah (ed.), *Religion and Progress in Modern Asia*, New York: The Free Press of Glencoe, 1965, *Nachwort*.

3 John King Fairbank, *The United States and China*, 2nd ed., Cambridge: Harvard University Press, 1959, gibt eine kurze Darstellung der wesentlichen Gesichtspunkte der chinesischen Geschichte; siehe vor allem Kapitel 2-6. Ausführlicher ist Kenneth Scott Latourette, *The Chinese: Their History and Culture*, New York: Macmillan, revidierte Aufl., 1946.

4 H. G. Creel, »The Beginnings of Bureaucracy in China: The Origin of the Hsien«, in *The Journal of Asian Studies*, February, 1964.

5 Vgl. Fung Yn-lan, *A Short History of Chinese Philosophy*, New York: Macmillan paperback, 1962, Kap. 4.

6 Max Weber, *Konfuzianismus und Taoismus*, Gesammelte Aufsätze zur Religionssoziologie. Die Wirtschaftsethik der Weltreligionen, Bd. I, Tübingen: J. C. B. Mohr, 1922, Kap. V u. VI.

7 Marcel Granet, *La Pensée Chinoise*, Paris: La Renaissance du Livre, 1934; Fung Yu-lan, op. cit., Kapitel 12 und 15.

8 Ibid.

9 Wir werden später zeigen, daß eine solche Isomorphie zwischen der kosmischen Ordnung und den menschlichen Sozialordnungen sowie ein solcher Mangel an Differenzierung nicht für fortgeschrittenere sozio-kulturelle Systeme typisch sind, sondern Aspekte des Archaischen im chinesischen System darstellen.

10 Vgl. Marcel Granet, *Chinese Civilization*, New York: Meridian Books, 1958, S. 92 ff., S. 377 ff.

11 Robert M. Marsh, *The Mandarins: The Circulation of Elites in China*, 1600-1900, Glencoe, Ill.: The Free Press, 1961; Ho Ping-ti, *The Ladder of Success in Imperial China*, New York: Columbia University Press, 1962.

12 Creel, op. cit.

13 Max Weber, *Konfuzianismus und Taoismus*, op. cit., Chang Chung-Li, *The Chinese Gentry*, Seattle: University of Washington Press, 1955.

14 Vgl. Marion Levy, *The Family Revolution in Modern China*, Cambridge: Harvard University Press, 1949.

15 Chang, op. cit.

16 Es galt als ausgemacht, daß ein Beamter sich so gut wie möglich bereicherte.

17 Ibid.; Fairbank, op. cit., Kap. 6.

18 Fei Hsiao-Tung, *Peasant Life in China*, London: Dutton, 1939, sowie *Earthbound China*, Chicago: University of Chicago Press, 1945.

19 Vgl. Francis L. K. Hsu, *Under the Ancestors Shadow*, New York: Columbia University Press, 1948.

20 Max Weber, Wirtschaft und Gesellschaft, Tübingen: J. C. B. Mohr, 1956, I. Halbbd., II. Teil, Kap. I.

21 Max Weber, *Konfuzianismus und Taoismus*, op. cit., Kap. V, VI, VIII.
22 Vgl. Eisenstadt, op. cit.
23 Creel wies auf die Bedeutung dieses Aphorismus hin, op. cit.
24 Zur chinesischen Wirtschaft im allgemeinen, vgl. R. H. Tawney, *Land and Labour in China*, London: Allen and Unwin, 1932.
25 Max Weber, *Konfuzianismus und Taoismus*, op. cit., Kap. VI; Hervorhebg. von T. P.
26 Charles Dreckmeier, *Kingship and Community in Early India*, Stanford: Stanford University Press, 1962.
27 Max Weber, *Hinduismus und Buddhismus*, Gesammelte Aufsätze zur Religionssoziologie. Die Wirtschaftsethik der Weltreligionen, II, Tübingen: J. C. B. Mohr, 1923, Kap. I.
28 W. T. de Bary, S. N. Hay, R. Weiler and A. Yarrow (eds.), *Sources of Indian Tradition*, New York: Columbia University Press, 1958, Kap. I, bes. 15-18.
29 Heinrich Zimmer, *Philosophie und Religion Indiens*, Zürich: Rhein-Verlag 1961.
30 Max Weber, *Hinduismus und Buddhismus*, op. cit., Kap. IV und V.
31 Ibid.; Siehe auch *Wirtschaft und Gesellschaft*, Tübingen; J. C. B. Mohr, 1956, I. Halbld. II. Teil, Kap. V, besonders §§ 11 und 12; sowie Zimmer, op. cit.
32 Max Weber, Hinduismus und Buddhismus, op. cit., Kap. VI.
33 Vgl. Hajime Nakamura, *Ways of Thinking of Eastern Peoples: India, China, Tibet, Japan*; Honolulu: East-West Center Press, 1946.
34 Max Weber, ibid.; Zimmer, op. cit.
35 Zimmer, op. cit.; und de Bary et al., op. cit., Teil III.
36 Ibid., Kapitel VI und VII; ebenso Nakamura, op. cit.
37 Peter Pardue, »The Enigma of the Ashoka Case«, Harvard Doctorals Thesis, 1965; auch A. L. Basham, *The Wonder That Was India*, New York: Macmillan, 1954.
38 Die komplexe Geschichte des Buddhismus außerhalb Indiens kann ich hier nicht verfolgen. Im Hinblick auf unsere Diskussion des chinesischen Beispiels sei jedoch festgestellt, daß der Buddhismus dort einen erheblichen Einfluß ausübte, doch erst nachdem das Reich gründlich konsolidiert war. Obgleich der Buddhismus, ähnlich wie der Taoismus, in China eine wichtige Rolle spielte, drohte er nie an die Stelle des Konfuzianismus als wichtigster kultureller Brennpunkt der Gesellschaft zu treten. Er bekleidete offenbar eine Art Vermittlungs- oder »Sicherheitsventil«-Funktion. Zum Beispiel war er zeitweilig am kaiserlichen Hof besonders stark vertreten, und ganz allgemein unter den Frauen der Oberschicht. Bei vielen Gruppen war er eng mit den Begleitumständen des Todes, mit Bestattungen und Gedächtnisfeiern verschiedener Art assoziiert. Die Unterschiede zwischen dem Buddhismus in China und dem Islam in Indien hinsichtlich der vollen Institutionali-

sierung zeigen anschaulich die Unterschiede sowohl zwischen den beiden Religionen als auch zwischen den betroffenen Gesellschaften. Zur Verbreitung des Buddhismus, siehe Nakamura, op. cit.; Robert N. Bellah, *Tokugawa Religion*, Glencoe, Ill.: The Free Press, 1959, enthält eine wichtige Darstellung des Buddhismus in Japan.

39 Max Weber, *Die Stadt. Eine soziologische Untersuchung*. Archiv für Sozialwissenschaft und Sozialpolitik, Bd. 47, 1920+21, S. 621-772.
40 H. A. R. Gibb, *Mohammedanism*, New York: Galaxy Books, 1962, besonders S. 50.
41 Ibid., Kapitel 2 und 3.
42 Vgl. Reuben Levy, *The Social Structure of Islam*, Cambridge: Cambridge University Press, 1962, besonders die Einleitung und Kap. I. Levys Darstellung zeigt, daß dieses Muster die bei weitem überwiegende Tendenz war, trotz der Schwierigkeiten, es zu institutionalisieren, welche zuweilen zur Einschränkung des einfachen Prinzips der Inklusion führten.
43 Vgl. Gustave E. von Grunebaum, *Der Islam im Mittelalter*, Zürich u. Stuttgart: Artemis, 1963.
44 Ibid., Kapitel V und VI.
45 Vgl. Clifford Geertz, *The Religion of Java*, Glencoe, Ill.: The Free Press, 1960.
46 Grunebaum, op. cit., Kap. V.
47 Ibid.; sowie Gibb, op. cit., Kapitel 6 und 7.
48 Dies wiederum erschwerte die Differenzierung zwischen den politischen, religiösen und rechtlichen Zentren der gesellschaftlichen Organisation noch mehr.
49 Ibid.; sowie Levy, op. cit., Kapitel IV und VI.
50 Vgl. Eisenstadt, op. cit.
51 Insbesondere bezüglich der allgemeinen Feststellung eines solchen Dualismus, aber auch bezüglich meiner ganzen Skizze über den Islam verdanke ich dem Werk von H. A. R. Gibb sehr viel. Siehe vor allem seinen Band *Studies on the Civilization of Islam*, Boston: Beacon Press, 1962.
52 Diesen Sachverhalt hob Bellah in einem persönlichen Gespräch hervor. Er ist auch verschiedentlich belegt in E. I. J. Rosenthal, *Political Thought in Medieval Islam*, Cambridge: Cambridge University Press, 1958.
53 Grunebaum, op. cit., Kapitel III und IV.
54 Vgl. William Warde Fowler, *The City-State of the Greeks and Romans*, London: Macmillan, 1921; dort eine kurze Darstellung der politischen und rechtlichen Aspekte des Demokratisierungsprozesses.
55 Dies, so können wir feststellen, führte die »De-Institutionalisierung« der Verwandtschaftssolidarität einen Schritt weiter als das chinesische System. Das männliche Haupt des Kernfamilien-Haushalts, nicht bloß

der Drei-Generationen-*Chia*, wurde *sui juris*.
56 Adolf von Harnack, *Die Mission und Ausbreitung des Christentums in den ersten drei Jahrhunderten*, Leipzig: Hinrichs, 1924, 2 Bde.
57 Vgl. Ernest Barker, »The Conception of Empire«; sowie F. de Zulueta, »The Science of Law«, in Cyril Bailey (ed.), *The Legacy of Rome*, Oxford: Clarendon Press, 1923.
58 Zulueta, op. cit.
59 Vgl. Martin P. Nilsson, *Imperial Rome*, New York: Norton Library, 1964.
60 Ronald Syme, *Die römische Revolution* (The Roman Revolution, dt.), Stuttgart: Klett, 1957.
61 A. D. Nock, *Conversion*, Oxford: Oxford Paperbacks, 1961.
62 Nebenbei gesagt, glaube ich, daß die radikale Lösung dieses Problems im Westen vor allem vom drastischen geistigen Individualismus des Christentums herrührte.
63 H. Stuart Jones, »Administration«, in Bailey (ed.), op. cit.
64 Syme, op. cit.
65 Jones, op. cit.; Nilsson, op. cit.
66 Nilsson, op. cit.
67 Syme, op. cit., S. 365 ff. und 407 ff.
68 Eisenstadt, op. cit.
69 Max Weber, *Die sozialen Gründe des Untergangs der antiken Kultur*, Gesammelte Aufsätze zur Sozial- und Wirtschaftsgeschichte, Tübingen: J. C. B. Mohr, 1924, Kap. II, S. 289-311.
70 Max Weber, *Wirtschaft und Gesellschaft*, I. Halbbd., I. Teil, Kap. II »Soziologische Grundkategorien des Wirtschaftens«.
71 Charles N. Cochrane, *Christianity and Classical Culture*, New York: Galaxy, 1957.
72 Siehe Nock, op. cit., sowie Franz Cumont, *Oriental Religions in Roman Paganism*, New York: Dover Books, 1956.
73 Ernest Barker, »The Conception of Empire«, in Bailey (ed.), op. cit.
74 Vgl. Ernst Troeltsch, *Die Soziallehren der christlichen Kirchen und Gruppen*, Tübingen: Mohr, 1912 (E. Troeltsch, Ges. Schr. 1).

*Anmerkungen zu VI Zwei »Saatbett«-Gesellschaften: Israel und Griechenland (Seite 149-167)*

1 So mußte es, wenn diese beiden Fälle einen gemeinsamen Hintergrund in dem durchweg neuen, östlichen Gesellschaftstyp dieser Periode hatten, wie Cyrus H. Gordon behauptet (in *The Common Background of Greek and Hebrew Civilizations*, New York: Norton Library, 1965), gerade ein *Hintergrund* sein, der den jeweils besonderen Durchbrüchen, die beiden gelangen, vorherging, und *von* dem sie sich fortentwickelten.

2 Moscati, *Die Altsemitischen Kulturen*, op. cit.
3 Theophile James Meek, *Hebrew Origins*, New York: Harper Torchbooks, 1960, Kap. 3.
4 Martin Buber, *Moses* (2. Aufl.), Heidelberg: Schneider, 1952.
5 Meek, op. cit.
6 Max Weber, *Das antike Judentum*, Gesammelte Aufsätze zur Religionssoziologie. Die Wirtschaftsethik der Weltreligionen, III, Tübingen: J. C. B. Mohr, 1923, S. 129 ff.
7 William Foxwell Albright, *Von der Steinzeit zum Christentum* (From Stone Age to Christianity, dt.), München: Lehnen, 1949.
8 George E. Mendenhall, *Law and Covenant in Israel and the Ancient Near East*, Pittsburgh: Biblical Colloquium, 1959.
9 Max Weber, *Das antike Judentum*, op. cit.
10 Frankfort, *Kingship and the Gods*, op. cit., das Schlußkapitel »The Hebrews«.
11 Meek, op. cit., Kap. 4.
12 Ibid.; Max Weber, *Das antike Judentum*, op. cit., S. 149 ff., 186 ff., 200 ff.
13 Ibid.
14 Moscati, *Die altsemitischen Kulturen*, op. cit.; Albright, op. cit.
15 Martin Buber, *Der Glaube der Propheten*, Zürich: Manesse, 1950.
16 Rudolph Bultmann, *Das Urchristentum im Rahmen der antiken Religionen*, Zürich: Artemis, 1949; Reinbek: Rowohlt, rde. 157/158, 1962.
17 Max Weber, *Das antike Judentum*, op. cit., S. 126 ff. sowie Buber, *Der Glaube der Propheten*, op. cit.
18 Bultmann, op. cit.; Eric Voegelin, *Israel and Revelation*, Vol. I von *Order and History*, New Orleans: Louisiana State University Press, 1956, Kap. 13, besonders Teil 3.
19 Max Weber, *Das antike Judentum*, op. cit., S. 86 ff., 240 ff., 314 ff.
20 Ibid.
21 Ibid.; vgl. auch Buber, *Der Glaube der Propheten*, op. cit.
22 Voegelin, op. cit.; Weber, *Ancient Judaism*, op. cit., Kap. XII.
23 Ibid., besonders Kapitel III, XII, XV.
24 Meek, op. cit., Kap. IV.
25 Bultmann, op. cit.
26 Ibid., S. 80 ff.
27 Max Weber, *Das antike Judentum*, op. cit., S. 351 ff., 434 ff., 436 ff.
28 Siehe zum Beispiel Gordon, op. cit.; Olmstead, op. cit.; Eric Voegelin, *The World of the Polis*, New Orleans: Louisiana State University Press, 1957, besonders Kap. I; Donald Hardin, *The Phoenicians,* New York: Praeger Paperbacks, 1962; und Martin P. Nilsson, *Minoan-Mycenean Religion and Its Survival in Greek Religion*, 2nd ed., Lund: Gleering, 1950.
29 Victor Ehrenberg, *Der Staat der Griechen* (2. erw. Aufl.), Zürich,

Stuttgart: Artemis, 1965.
30 Siehe auch vor allem: Werner Jaeger, *Paideia. Die Formung des griechischen Menschen*, Berlin: De Gruyter, 1944-54 u. 1959, Kap. III.
31 Martin P. Nilsson, *Die Religion der Griechen*, Tübingen: Mohr, 1927.
32 Wie ein Psychiater mir nach einem Besuch dortselbst sagte, »vielleicht die beste Nervenklinik der historischen Zeit«.
33 Voegelin, *The World of the Polis*, op. cit., vor allem seine Behandlung der Ilias, die zeigt, wie sogar das Handeln von Helden und Göttern von Prinzipien der normativen Ordnung transzendiert wurde.
34 Ibid., *passim*.
35 Martin P. Nilsson, *Geschichte der griechischen Religion*, Bd. 1 u. 2, München; Beck, 1941-50; 3. durchges. Aufl., München: Beck, 1967.
36 W. Warde Fowler, *The City-State of the Greeks and Romans*, London: Mac Millan, 1921, Kap. II.
37 Ehrenberg, op. cit., Kap. II, besonders Teil V.
38 C. Hignett, *A. History of the Athenian Constitution*, Oxford: Clarendon Press, 1952.
39 Im Innern kam die jüdische Diaspora-Gemeinde dem Konzept der vollen Inklusion vermutlich näher als irgendeine griechische *Polis*. Sie war jedoch eindeutig nicht eine Gesellschaft, sondern eine »ethnische« Enklave innerhalb einer »Wirts«-Gesellschaft. Die »Goijim«, obgleich sie die machtbesitzende Majorität der Wirtsgesellschaft bildeten, waren, vom jüdischen Standpunkt betrachtet, die disqualifizierte »Unterschicht«. Komplizierte rituelle Vorkehrungen zur Aufrechterhaltung der Trennung von den Gojim waren ein hervorspringendes Merkmal des Judentums nach dem Exil. Vgl. Max Weber, Das antike Judentum, op. cit.
40 W. C. Beyer, »The Civil Service of the Ancient World«, in *Public Administration Review*, 1959, 19:243-249.
41 Olmstead, op. cit.; Ehrenberg, op. cit.
42 Voegelin, *The World of the Polis*, op. cit.; E. R. Dodds, *The Greeks and the Irrational*, Boston: Beacon Paperbacks, 1957.
43 Kenneth Burke, *Poetics* (unveröffentlichtes Manuskript).
44 Jaeger, op. cit., Buch I, Kap. 9; Buch II, Kap. III.
45 Jaeger, *Paideia. Die Formung des griechischen Menschen*, Vol. II *passim*.
46 In einem berühmten Gedankenaustausch mit dem Althistoriker Eduard Meyer behauptete Max Weber, daß ein persischer Sieg bei Marathon oder Salamis den ganzen Verlauf der westlichen Geschichte verändert hätte. Es ist so gut wie sicher, daß er die Entwicklung der säkularen griechischen Kultur abgeschnitten hätte, welche dann also nicht zu einem Hauptbestandteil der hellenistischen, römischen und modernen westlichen Gesellschaft hätte werden können. (Vgl. Max Weber, *Gesammelte Aufsätze zur Sozial- und Wirtschaftsgeschichte*, Tübingen:

J. C. B. Mohr, 1924, Kap. I, Abschnitte 4 und 5.)
47 A. D. Nock, *Conversion*, op. cit.
48 Werner Jaeger, *Das frühe Christentum und die griechische Bildung* Berlin: De Gruyter, 1963.

*Anmerkungen zu: VII Schluß* (Seite 168-177)

1 Siehe Sol Tax (ed.), *Evolution after Darwin*, 3 Vols.; besonders Vol. II, *The Evolution of Man*, Chicago: The University of Chicago Press, 1960.
2 In diesem Fall sowohl physikalisch als auch kulturell.
3 Das Problem des Scheiterns wird ausführlicher behandelt bei S. N. Eisenstadt, *The Political Systems of Empires*, New York: The Free Press of Glencoe, 1963, sowie in mehreren jüngeren Aufsätzen Eisenstadts, von denen einige in seinem Buch *Essays in Comparative Institutions*, New York: Wiley, 1965, enthalten sind.
4 Charles Darwin, zitiert im »Vorwort« zu Talcott Parsons, Edward A. Shils, Kaper D. Naegele and Jesse R. Pitts (eds.), *Theories of Society*, New York: The Free Press of Glencoe, 1961.
5 Vgl. Talcott Parsons, »Value Objectivity in Social Science: an Interpretation of Max Weber's Contribution«, Max Weber Centennial Article in *International Social Science Journal*, 1965, 27: No. 1.
6 Das Versäumnis, dies auf *jeder* primären »Stufe« zu tun, ist ein *Haupt*nachteil der marxistischen Theorien der sozialen Evolution.
7 Vgl. Neil J. Smelser, *The Sociology of Economic Life*, Englewood Cliffs, New Jersey: Prentice-Hall, 1963.
8 Falls dem Leser diese Begriffe unklar sind, sei er auf Kapitel II zurückverwiesen.
9 Vgl. Leon Mayhews geplante Studie über Recht und sozialen Wandel.

# Ausgewählte Literaturhinweise

Die neuere soziologische Beschäftigung mit der sozialen Evolution und der analytische Vergleich von Gesellschaften gehen großenteils auf die klassischen Studien Max Webers zurück, vor allem *Wirtschaft und Gesellschaft* (Tübingen: J. C. B. Mohr, 1956) und die *Gesammelten Aufsätze zur Religionssoziologie* (Tübingen: J. C. B. Mohr, 1922, 1923). Wie Robert Bellah in seiner Studie »Durkheim and History«, *American Sociological Review*, August 1959, zeigte, entwickelte Durkheim ganz ähnliche Auffassungen – z. B. in *De la division du travail social*, Paris: Presses universitaires de France, 1960, und *Leçons de Sociologie. Physique des moeurs et de droit*, Paris: Presses universitaires de France, 1969.

*Theories of Society*, New York: The Free Press of Glencoe, 1961, herausgegeben von T. Parsons, E. Shills, K. Naegele und J. Pitts, bietet die Grundlektüre zur Gesellschaftstheorie, zusammen mit einführenden Aufsätzen von Talcott Parsons und den anderen Herausgebern, welche analytische und evolutionistische Perspektiven in Beziehung zueinander setzen. »Religious Evolution« von Robert Bellah und »Evolutionary Universals in Society« von Talcott Parsons (beide in der *American Sociological Review*, Juni 1964) stellen jüngere Entwicklungen der evolutionären Theorie dar. Der fundamentale Unterschied zwischen allgemeiner und spezieller Evolution wird untersucht von M. Sahlins und E. Service, *Evolution and Culture*, Ann Arbor: University of Michigan Press, 1960.

Durkheims *Les formes élémentaires de la vie religieuse ...*, Paris: Alcan, 1925, bleibt das grundlegende Werk über primitive Gesellschaften. *Strukturale Anthropologie*, Frankfurt/M.: Suhrkamp, 1967 und *Das wilde Denken* (La pensée sauvage, dt.) Frankfurt/M.: Suhrkamp, 1968, von Lévi-Strauss stellen einen in der gegenwärtigen Anthropologie sehr einflußreichen Standpunkt dar. Die beste Einführung in die moderne Verwandtschaftsanalyse ist Rodney Needham, *Structure and Sentiment*, Chicago: University of Chicago Press, 1962. Lloyd Warner, *A Black Civilization*, New York, Harper Torchbooks, 1964, ist ein interessanter allgemeiner Bericht über die Gesellschaft der australischen Ureinwohner; W. E. H. Stanner, *On Aboriginal Religion*, Sydney: Oceania Monographs, 1963, ist jüngeren Datums und spezialisierter. *African Political Systems*, London: Oxford University Press, 1940, herausgegeben von M. Fortes und E. E. Evans-Pritchard; *African Systems of Kinship and Marriage*, London: Oxford University Press, 1950, herausgegeben von A. R. Radcliffe-Brown und D. Forde, sowie *African Worlds*, London: Oxford University Press, 1954, herausgegeben von D. Forde, enthalten nützliche Studien über verschiedene Aspekte ausgewählter afrikanischer Stämme. R. Firths *Primitive Polynesian Economy*, London: Routledge, 1939, ist eine gute Analyse der ökonomischen Prozesse in einer primitiven Gesellschaft.

*Il profilo del oriente mediterraneo* ..., Torino 1956, von S. Moscati, ist eine klare Einführung zu den archaischen Gesellschaften des antiken Nahen Ostens. Henri Frankfort, *Kingship and the Gods*, Chicago: University of Chicago Press, 1948, behandelt meisterhaft das Verhältnis zwischen den politischen und religiösen Aspekten archaischer Gesellschaften und vergleicht die ägyptischen und mesopotamischen Kulturen. J. Wilson, *The Culture of Ancient Egypt*, Chicago: Phoenix Books, 1951, befaßt sich mehr mit der Wirtschafts- und Gemeindeorganisation; dies gilt auch für H. W. F. Saggs, *The Greatness That Was Babylon*, New York: Hawthorn, 1962.

Max Webers Einleitung zu *Die Wirtschaftsethik der Weltreligionen* (Gesammelte Aufsätze zur Religionssoziologie, I, Tübingen: J. C. B. Mohr, 1922) und »Religiöse Ethik und die ›Welt‹« u. »Die Kulturreligionen und die ›Welt‹« aus Wirtschaft und Gesellschaft (Tübingen: J. C. B. Mohr, 1956), I. Halbbd. II. Teil, Kap. V, §§ 11 u. 12, sowie S. N. Eisenstadt, *The Political Systems of Empires*, New York: The Free Press of Glencoe, 1963, sind hervorragende komparative Darstellungen intermediärer Gesellschaften.

Max Weber, *Konfuzianismus und Taoismus* (Gesammelte Aufsätze zur Religionssoziologie. Die Wirtschaftsethik der Weltreligionen, I, Tübingen: J. C. B. Mohr, 1923), bleibt die beste allgemeine soziologische Analyse des traditionellen China. J. K. Fairbank, *The United States and China*, Cambridge: Harvard University Press, 1959, enthält einen guten kurzen Abriß der Sozialgeschichte Chinas. Fung Yu-Lan, *A Short History of Chinese Philosophy*, New York: Macmillan, 1962, ist eine klare Einführung in die chinesische Kultur. Chang Chung-Li, *The Chinese Gentry*, Seattle: University of Washington Press, 1955; sowie Marion Levy, *The Family Revolution in Modern China*, Cambridge: Harvard University Press, 1949, sind führende Analysen der zentralen Aspekte der chinesischen Gesellschaft.

*The Wonder That Was India*, New York: Evergreen, 1959, von A. L. Basham, und besonders *Philosophie und Religion Indiens*, Zürich: Rhein, 1961, von Heinrich Zimmer sind ausgezeichnete allgemeine Darstellungen der indischen Zivilisation.

Die Werke von H. A. R. Gibb enthalten eine ausgezeichnete Einführung in die Thematik des Islam, besonders sein Buch *Mohammedanism*, New York: Galaxy Books, 1962, und seine zusammen mit H. Bowen verfaßte Studie, *Islamic Society an the West*, London: Oxford University Press, 1957. G. E. von Grunebaum, *Der Islam im Mittelalter*, Zürich, Stuttgart: Artemis, 1963, ist ebenfalls zuverlässig und interessant.

Eine gute Einführung zur römischen Geschichte ist Michail Ivanowitsch Rostovtzeff, *Gesellschaft und Wirtschaft im römischen Kaiserreich* (The Social and Economic History of the Roman Empire, dt.), Leipzig: Quelle und Mayer, 1931; das Werk bietet eine detaillierte Analyse der Prozesse, durch die das Imperium am Ende der Republik entstand. *The Legacy of*

*Rome*, Oxford: Clarendon Press, 1923, herausgegeben von C. Bailey, enthält mehrere gute Aufsätze über spezifische Aspekte der römischen Gesellschaft.

Obgleich etwas veraltet, bleibt Max Weber, *Das antike Judentum* (Ges. Aufs. zur Religionssoziologie. Die Wirtschaftsethik der Weltreligionen, III, Tübingen: J. C. B. Mohr, 1923), hinsichtlich der Breite der Darstellung und der soziologischen Einsicht unter den Arbeiten über das alte Israel unerreicht. Martin Buber, *Moses*, Heidelberg: Schneider, 1952, sowie *Der Glaube der Propheten*, Zürich: Manesse, 1950, sind außerordentlich gute Studien über die religiöse Tradition; W. F. Albright, *Von der Steinzeit zum Christentum. Monotheismus und geschichtliches Werden*, München: Lehnen, 1949, vereinigt archäologische und dokumentarische Belege zur Entwicklung der hebräischen Gesellschaft. Werner Jaeger, *Paideia*, Berlin: De Gruyter, 1944-54; 1959, ist wahrscheinlich die erstrangige moderne Abhandlung über die griechische Kultur. M. P. Nilsson, *Geschichte der griechischen Religion* (3. Aufl.), München: Beck, 1967, behandelt gründlich dieses komplizierte Thema. V. Ehrenberg, *Der Staat der Griechen* (2. Aufl.), Zürich, Stuttgart: Artemis, 1965, bietet einen ausgewogenen Überblick über die politische Organisation der Griechen.

## Alphabetisches Verzeichnis der
## suhrkamp taschenbücher wissenschaft

Adorno, Ästhetische Theorie 2
- Kierkegaard 74
- Philosophische Terminologie 1 23
- Philosophische Terminologie 2 50
- Drei Studien zu Hegel 110
Arnaszus, Spieltheorie und Nutzenbegriff 51
Barth, Wahrheit und Ideologie 68
Benjamin, Charles Baudelaire 47
- Der Begriff der Kunstkritik 4
Bernfeld, Sisyphos 37
Bilz, Studien über Angst und Schmerz 44
- Wie frei ist der Mensch? 17
Bloch, Das Prinzip Hoffnung 3
- Geist der Utopie 35
Blumenberg, Der Prozeß der theoretischen Neugierde 24
- Säkularisierung und Selbstbehauptung 79
Bourdieu, Zur Soziologie der symbolischen Formen 107
Bucharin/Deborin, Kontroversen 64
Chomsky, Aspekte der Syntax-Theorie 42
- Sprache und Geist 19
Cicourel, Methode und Messung in der Soziologie 99
Einführung in den Strukturalismus 10
Erikson, Identität und Lebenszyklus 16
Erlich, Russischer Formalismus 21
Foucault, Die Ordnung der Dinge 96
- Wahnsinn und Gesellschaft 39
Griewank, Der neuzeitliche Revolutionsbegriff 52
Habermas, Erkenntnis und Interesse 1

Materialien zu Habermas' ›Erkenntnis und Interesse‹ 49
Hegel, Phänomenologie des Geistes 8
Materialien zu Hegels ›Phänomenologie des Geistes‹ 9
Kant, Kritik der praktischen Vernunft 56
- Kritik der reinen Vernunft 55
- Kritik der Urteilskraft 57
Kant zu ehren 61
Materialien zur ›Kritik der Urteilskraft‹ 60
Kenny, Wittgenstein 69
Koselleck, Kritik und Krise 36
Kracauer, Geschichte - Vor den letzten Dingen 11
Kuhn, Die Struktur wissenschaftlicher Revolutionen 25
Lange, Geschichte des Materialismus 70
Laplanche - Pontalis, Das Vokabular der Psychoanalyse 7
Lévi-Strauss, Das wilde Denken 14
Lorenzen, Methodisches Denken 73
- Wissenschaftstheorie 93
Lorenzer, Sprachzerstörung und Rekonstruktion 31
Luhmann, Zweckbegriff und Systemrationalität 12
Lukács, Der junge Hegel 33
Macpherson, Politische Theorie des Besitzindividualismus 41
Malinowski, Eine wissenschaftliche Theorie der Kultur 104
Marxismus und Ethik 75
Mead, Geist, Identität und Gesellschaft 28
Minder, Glaube, Skepsis und Rationalismus 43
Mittelstraß, Die Möglichkeit von Wissenschaft 62

Mommsen, Max Weber 53
Moore, Soziale Ursprünge 54
O'Connor, Die Finanzkrise des Staates 83
Oppitz, Notwendige Beziehungen 101
Parsons, Gesellschaften 106
Piaget, Das moralische Urteil beim Kinde 27
– Einführung in die genetische Erkenntnistheorie 6
Plessner, Die verspätete Nation 66
Pontalis, Nach Freud 108
Quine, Grundzüge der Logik 65
Ricœur, Die Interpretation 76
v. Savigny, Die Philosophie der normalen Sprache 29
Scholem, Zur Kabbala und ihrer Symbolik 13
Schütz, Der sinnhafte Aufbau der sozialen Welt 92
Seminar: Der Regelbegriff in der praktischen Semantik 94
– Entstehung von Klassengesellschaften 30
– Politische Ökonomie 22
– Religion und gesellschaftliche Entwicklung 38
– Sprache und Ethik 91
Spinner, Pluralismus als Erkenntnismodell 32
Solla Price, Little Science – Big Science 48
Strauss, Spiegel und Masken 109
Szondi, Die Theorie des bürgerlichen Trauerspiels 15
– Das lyrische Drama des Fin de siècle 90
– Poetik u. Geschichtsphilosophie I 40
– Poetik u. Geschichtsphilosophie II 72
Uexküll, Theoretische Biologie 20
Watt, Der bürgerliche Roman 78
Weizsäcker, Der Gestaltkreis 18
Winch, Die Idee der Sozialwissenschaft und ihr Verhältnis zur Philosophie 95
Wittgenstein, Philosophische Grammatik 5
Zimmer, Philosophie und Religion Indiens 26